역사는 지나치게 자세히 설명하면 지루하고 딱딱할 수 있고, 그렇다고 재미 위주로만 풀어가다 보면 역사의 본질을 놓칠 수 있지요. 그런데 이 책은 재미와 사실이 버무려져, 두 마리 토끼를 다 잡은 것 같아요.

— 김현애 서울영림초등학교 교사

단순한 역사적 사실 암기가 아닌 원리와 근본을 이해할 수 있습니다.

— 박성현 상일초등학교 교사

《용선생의 시끌벅적 한국사》를 사회 교과서와 함께 갖고 다니라고 얘기하고 싶습니다. 가장 빠르고 꼼꼼하게 역사 공부를 시작할 수 있는 입문서라고 생각합니다.

— 이종호 순천도사초등학교 교사

아이들이 힘들어하는 역사가 암기 과목이라는 생각에서 벗어나 '왜?'라는 질문만으로도 충분히 멋진 수업이 가능하다는 점을 보여 주고 있습니다. 초등학생뿐 아니라 중학생들에게도 좋은 책입니다.

— 정의진 여수여자중학교 교사

이 책은 시간, 공간, 인간을 모두 다루면서도 전혀 어렵거나 지루하지 않습니다. 내가 주인공들과 함께 역사 여행을 하는 것 같습니다. 이 책을 읽은 6학년 여학생은 "작년에 교과서에서 배웠던 것이 이제야 이해가 돼요"라고 하더군요.

— 황승길 안성초등학교 교사

✔ 읽기 전에 알아두기

❶ 이 책은 2016년 《용선생의 시끌벅적 한국사(전면 개정판)》을 증보·개정하여 출간하였습니다.

❷ 보물, 국보, 사적은 문화재보호법 시행령[대통령령 제32111호]에 의거하여 지정번호를 삭제하여 표기하였음을 알려드립니다.

❸ **저자 현장 강의 전면 개정판**에서는 책 속의 QR코드를 통해 영상을 보실 수 있습니다. QR코드를 스캔하여 회원 가입 및 로그인 진행 후 도서 구매 시 제공된 쿠폰의 시리얼 넘버를 등록해 주세요.

▷ 영상 재생 방법

▲ 용선생 현장 강의
영상 재생 방법

• 회원 가입 후에는 로그인을 위해 다시 한번 QR코드를 스캔해 주세요.

• 시리얼 넘버는 최초 한 번만 등록하면 됩니다. 등록된 시리얼 넘버는 변경하거나 양도할 수 없습니다.

• 로그인이 되어 있으면 바로 영상이 재생됩니다.

• '참고 영상'은 링크 영상으로 시리얼 넘버 인증 없이 바로 시청 가능합니다.

• '용선생 현장 강의' 영상은 **용선생 클래스**(yongclass.com) 홈페이지를 통해 PC로도 시청하실 수 있습니다.

• **저자 현장 강의 전면 개정판**을 구매하지 않은 독자님은 용선생 클래스 홈페이지에서 결제 후 '용선생 현장 강의' 전체 영상을 보실 수 있습니다.

용선생의 시끌벅적 한국사

글 금현진

서울대학교 국어교육과를 졸업하고 월간 《우리교육》에서 기자로 일하였고, 엄마가 된 후 어린이책 작가가 되었습니다. 이 책을 쓰기 시작하면서 어떻게 하면 역사를 어려워하는 우리 아이들에게 역사를 올바르고 재미있게 알려 줄 수 있을까 계속 고민했습니다. 이를 위해 여러 책과 논문들을 읽고, 우리 역사를 생생하게 담아내기 위해 역사의 현장을 직접 돌아보기도 했습니다. 역사 공부에 첫발을 내딛는 어린이도 혼자 읽고 이해할 수 있는 책을 만드는 데 공을 들였습니다.

글 김진

연세대학교에서 한국사를 전공하고 같은 학교 대학원에서 근대사를 공부했습니다. 학교에서 벗어나 전공을 살리는 길을 찾아 헤매던 중에 어린이 역사책을 만드는 기회를 얻었습니다. 역사 공부에 첫발을 내민 어린 친구들에게 길잡이가 되고 싶습니다.

그림 이우일

홍익대학교에서 시각디자인을 공부한 만화가입니다. '노빈손' 시리즈의 모든 일러스트레이션을 그렸으며 지은 책으로는 《우일우화》, 《옥수수빵파랑》, 《좋은 여행》, 《고양이 카프카의 고백》 등이 있습니다. 그림책 작가인 아내 선현경, 딸 은서, 고양이 카프카, 비비와 함께 그림을 그리고 글을 쓰며 살고 있습니다.

정보글 오제연

서울대학교 국사학과에서 박사 학위를 받았습니다. 성균관대학교 사학과 교수로 재직하고 있으며, 앞으로는 격동의 한국근현대사를 살아 온 여러 사람들의 이야기를 정리해 정확하면서도 쉽게 써 보려고 합니다.

정보글 박수현

서울대학교 국사학과에서 박사 학위를 받았습니다. 해방 이후 한국에서 이루어진 미국의 선전·공보 정책과 활동에 대해 연구하고 있으며 논문으로는 〈미군정 공보기구 조직의 변천 (1945.8~1948.5)〉이 있습니다.

정보글 우동현

서울대학교 국사학과 대학원에서 석사 학위를 받고, 미국 캘리포니아 대학교에서 박사 학위를 받았습니다. 현재 카이스트 디지털인문사회과학부 교수로 재직 중입니다.

정보글 조은희

이화여자대학교 사회학과에서 박사 학위를 받았습니다. 숭실대학교 교수로 재직 중이며, 주로 북한 사회 문화에 대한 연구를 하고 있습니다. 지은 책으로는 《한반도 분단과 평화부재의 삶》, 《북한도시읽기》 등이 있습니다.

정보글 정은미

서울대학교 사회학과에서 박사 학위를 받았습니다. 서울대학교 통일평화연구원에서 선임 연구원을 역임하였고, 주로 남북통합, 북한경제, 북한사회변동 등을 연구하고 있습니다. 지은 책으로 《남북통합지수》, 《남북한 교류협력 거버넌스의 구조와 동학》 등이 있습니다.

지도 조고은

애니메이션과 만화를 전공했으며 틈틈이 그림과 만화를 그리는, 계속해서 공부하고 배우는 중인 창작인입니다.

기획 세계로

1991년부터 역사 전공자들이 모여 함께 고민하고 연구하며 한국사와 세계사를 가르치고 있습니다. 역사를 주제로 한 책을 읽어 배경지식을 쌓고 이에 대해 자신의 생각을 이야기하는 '독서 토론 프로그램', 우리나라와 세계 여러 나라의 역사, 문화 현장을 답사하며 공부하는 '투어 캠프 프로그램'을 운영하고 있습니다. 지은 책으로는 《이선비, 한옥을 짓다》 등 역사 동화 '이선비' 시리즈가 있습니다.

검토 및 추천 전국초등사회교과모임

전국 초등학교 선생님들이 모여 활동하는 교과 연구 모임입니다. 역사, 사회, 경제 수업을 연구하고, 학습 자료를 개발하며, 아이들과 박물관 체험 활동을 해 왔습니다. 현재는 초등 교과 과정 및 교과서를 검토하고, 이를 재구성하는 작업을 통해 행복한 수업을 만드는 대안 교과서를 개발하는 데 힘쓰고 있습니다.

자문 및 감수 김영미

서울대학교 국사학과를 졸업하고 같은 학교 대학원 국사학과에서 석사·박사 학위를 받았습니다. 국민대학교 한국역사학과 교수로 재직 중이며, 지은 책으로 《동원과 저항-해방 전후 서울의 주민사회사》 등이 있고, 만든 책으로 《한국생활사박물관》(전 12권)이 있습니다.

문화유산 자문 오영인

서울대학교 대학원 고고미술사학과에서 도자사학 전공으로 석사·박사 학위를 받았습니다. 서울대학교에서 강의를 진행하고, 국가유산청 문화유산 감정위원으로 근무했습니다. 현재 사회평론 역사연구소 연구원으로 역사책을 만들고 있습니다.

10

우리가 사는,
우리가 만들 대한민국

글
금현진 김진

그림
이우일

기획
세계로

검토 및 추천
전국초등사회교과모임

자문 및 감수
김영미

사회평론

여러분! 시끌벅적한 용선생의 한국사 교실에 오신 것을 환영합니다.

먼저 기억에 관한 어느 실험 이야기를 소개할까 해요. 기억 상실증에 걸린 환자들과 평범한 사람들이 똑같은 질문을 받았대요. "당신은 지금 바닷가에 서 있습니다. 앞에 펼쳐져 있는 모습을 상상해 보세요. 자, 뭐가 보이나요?" 질문을 받은 평범한 사람들은 하얗게 부서지는 파도며 노을 지는 해변, 물장구치는 아이들, 또는 다정한 연인의 모습을 떠올리고는 그로부터 여러 가지 상상을 풀어 놓았답니다. 그런데 기억을 잃은 사람들의 대답은 아주 간단했어요. 그들이 떠올릴 수 있는 것이라곤 그저 '파랗다'는 말뿐이었대요. 물론 기억 상실증에 걸린 사람들도 바다가 어떤 곳인지 모르지 않습니다. 파도나 노을, 물장구 같은 말들에 대해서도 알고 있고요. 그런데도 그들은 바닷가의 모습을 그려 내지는 못한 거지요. 이쯤 되면 기억이란 것이 과거보다는 현재나 미래를 위한 것이 아닌가 싶은 생각도 듭니다. 그래서 과학자들은 이 실험 이후 기억에 대해 새로운 해석을 내리게 되었대요. 기억은 단순히 과거의 일들을 기록해 두는 대뇌 활동이 아니라, 매순간 변하는 현재와 다가올 미래를 대비하기 위한 '경험의 질료'라고요.

재미난 이야기지요? 우리가 역사를 공부하는 이유에 대해서도 새삼 생각하게 하는 이야깁니다. 한 사람의 기억들이 쌓여 인생을 이룬다면, 한 사회의 기억들이 모여 역사가 됩니다. 무엇을 기억할지, 또 어떻게 기억할지에 따라 우리의 현재와 미래는 달라지겠지요. 그래서 이런 말도 있답니다. '역사에서 배우지 못하는 이들에게는 미래가 없다!'

책의 첫머리부터 너무 무거웠나요? 사실 이렇게 거창한 말을 옮기고는 있지만, 이 책의 저자들은 어디 역사가 뭔지 가르쳐 보겠노라 작정하고 책을 쓴 것이 아니랍니다. 오히려 그 반대였지요. 이 책을 쓰는 동안 우리는 처음 역사를 공부하던 십대 시절로 돌아갔어요. 시작은 이랬습니다. 페이지마다 수많은 인물과 사건들이 와장창 쏟아져 나오는 역사책에 대고 '그건 무슨 뜻이죠?', '대체 무슨 일이 있었던 건데요?' 하고 묻게 되는 거예요. 그것으로 끝이 아니었어요. 겨우 흐름을 잡았다 싶으면 이번엔 '정말이에요?', '왜 그랬을까요?', '그게 왜 중요한데요?' 하며 한층 대책 없는 물음들이 꼬리를 잇더군요. 그럴 때마다 우리를 도와준 것은 바로 이 책의 독자인 여러분이랍니다. 여러분도 분명 비슷한 어려움을 겪으며 무수한 물음표들을 떠올릴 거라고 생각하니, 어느 한 대목도 허투루 넘길 수가 없었어요.

하여, 해가 바뀌기를 여섯 번! 짧지 않은 기간 동안 이 책의 저자와 편집자, 감수자들은 한마음으로 땀을 흘렸답니다. 우리는 무엇보다 과거에 일어난 일들을 최대한 있는 그대로 파악하려는 노력과 다양한 관점에 따라 풍부하게 해석해 내려는 노력을 동시에 기울이고자 했어요. 널리 알려진 역사적 지식이라도 사실과 다른 점은 없는지 다시 검토했고요. 또 역사책을 처음 읽는 학생들이라도 지루하지 않게 한국사 전체를 훑을 수 있도록 하기 위해 흥미진진한 구성, 그리고 쉽고 상세한 설명에 많은 공을 들였답니다. 한국사를 공부하는 일은 오늘 우리 자신의 모습을 뿌리 깊이 이해하는 일이자, 앞으로 써 갈 역사를 준비하는 과정이기도 해요. 그 주인공인 여러분을 초대합니다. 유쾌하고도 진지하고, 허술한 듯 빈틈이 없는 용선생의 한국사 교실로 들어오세요!

금현진

차례

등장인물

'용쓴다 용써'

용선생

허술하지만 열정만은 가득한 선생님. 하늘을 향해 거침없이 솟아나 있는 용머리와 지저분한 수염이 인간미(?)를 더해 준다. 교장 선생님의 갖은 핍박에도 불구하고, 생생한 역사 수업을 위해 물불을 가리지 않는다.

'장하다 장해'

장하다

'튼튼하게만 자라 다오.'라는 아버지의 소원대로 튼튼하게만 자랐다. 공부는 꽝이지만, 성격은 짱이어서 시험을 못 봐도 씩씩하고, 애들이 공부 못한다고 놀려도 씩씩하다.

'오늘도 나선다'

나선애

똑소리 나는 우등생. 공부도 잘하고 아는 게 많아서 잘 나선다. 차갑고 얄미워 보이지만, 사실 누구보다 따뜻한 마음을 가지고 있다. 티는 안 나지만.

'분단이 웬 말이냐'

김구

민족의 독립 하나만을 위해 뚝심 있게 싸워 온 독립운동가. 나라가 남북으로 갈라질 태세가 되자 사회주의자들과는 손을 잡지 않던 그가 갑자기 남북 협상을 하겠다며 나서는데……. 과연 그는 협상을 하러 38도선을 넘어갈 수 있을까?

'대통령은 나밖에 없어'

이승만

임시 정부 초대 대통령으로 해방 후 가장 유명한 정치인으로 이름을 떨치다 대한민국 초대 대통령으로도 뽑힌다. 다음에도, 그 다음에도 계속 대통령으로 뽑히게 되는데……. 그는 어떻게 계속 대통령이 될 수 있었을까?

'못 살겠다, 갈아 보자!'

4·19 혁명의 주역들

3·15 부정 선거가 일어나자, 더 이상은 이승만 정부의 독재 정치를 참을 수 없다며 수많은 학생과 시민들이 거리로 나와 시위를 벌였다. 초등학생부터 중고등학생, 가정 주부, 대학 교수들까지……! 안 나온 사람 있으면 나와 보라 그래!

'잘난 척 대장'

왕수재

이 세상에서 자기가 제일
잘난 줄 안다. 그래서
친구가 없는데도 담담하다.
'천재는 외로운 법이고,
질투의 대상인 법'이라나.
근데 사실 깐족거리는 데
천재적이다.

'엉뚱 낭만'

허영심

엉뚱 발랄한 매력을 가진
역사반의 분위기 메이커.
뛰어난 공감 능력으로
웃기도 울기도 잘한다.
반짝반짝 빛나는
역사 유물을 좋아한다.

'깍두기 소년'

곽두기

애교가 넘치는 역사반 막내.
나이도 가장 어리고, 타고난
동안이라서 언뜻 보기엔
유치원생 같다. 하지만 훈장
할아버지 덕분에 어려운
한자를 줄줄 꿰고 있는 한자
신동이기도 하다.

'군인에서 대통령까지'

박정희

군사 정변을 일으켜 권력을
잡고 대통령이 되었다.
외화를 벌어 어려운 경제
살리기에 힘썼다. 하지만
그가 오랫동안 대통령 자리에
있으면서 민주주의는 시련을
겪게 되는데……?!

'우리도 한번 잘살아 보세'

노동자들

6·25 전쟁 후 폐허가 된
땅에서 미국의 원조로
물건을 만들기 시작했고,
1960~70년대부터는 수출을
위해 밤낮없이 일했다.
목표는 단 하나! 우리도 한번
잘살아 보자!

'민주주의를 위하여'

6월 민주 항쟁 참가자들

반복되는 독재 정치에 반대하며
길거리로 나온 국민들.
날아오는 최루탄 가스에 눈물
콧물 다 쏟아야 하지만 그래도
시위에 나간다. 이제는 우리
손으로, 우리가 원하는 사람을
대통령으로 뽑고 싶다고!

해방의 기쁨도 잠시 38도선이 그어지고

드디어 해방을 맞은 한반도에는 희망찬 기운이 넘쳤어.

다들 감격 속에서 새 나라를 세우기 위한 준비를 서둘렀지.

하지만 기쁨도 잠시, 한반도는 반씩 나뉘어 미국과 소련의 통치를 받아야 했어.

자본주의의 나라 미국, 사회주의의 나라 소련군이 들어온 한반도에는

어떤 일이 일어났을까?

그리고 해방 후 속속 도착한 지도자들이 그린 새 나라는 어떤 모습이었을까?

해방을 맞이하다

건준이 정부 수립을 발표하다

미군정이 들어서다

신탁 통치 문제로 좌우가 대립하다

대한민국 정부가 수립되다

6·25 전쟁이 일어나다

1945.7

포츠담에서 회담이 열리다

1945.8   1945.9   1945.9   1946.1   1948.8   1950.6

환국 기념, 충칭 대한민국 임시 정부 요원 단체 사진

✔ 알고 있는 용어에 체크해 보자!

☐ 여운형 ☐ 조선 건국 준비 위원회
☐ 38도선 ☐ 좌익 ☐ 우익

"어? 오늘은 사진부터 들어오네!"

출렁거리며 교실 안으로 들어선 사진이 교탁 앞에서 멈추자, 아이들의 눈도 따라서 멈추었다. 용선생이 앞세운 사진 속에는 수많은 사람들이 모인 가운데 한창 연설을 하는 사람의 모습이 담겨 있었다. 곧 사진 뒤에서 "여러분!" 하는 힘찬 목소리가 울려 나왔다.

휘문중학교에서 연설하는 여운형 해방 다음날인 8월 16일, 여운형은 휘문중학교 운동장으로 나가 조선이 나아갈 길에 대해 힘차게 연설했어.

"해방의 날이 왔습니다! 이제 해방의 첫걸음을 내디디게 되었으니 우리가 지난날에 아프고 쓰렸던 것은 이 자리에서 모두 잊어버립시다. 그리하여 이 땅에 참으로 합리적이고 살기 좋

은 나라를 건설합시다. 이때 개인의 영웅주의는 단연코 없애고 끝까지 모두 단결합시다!"

어리둥절하던 아이들 사이에서 장하다가 먼저 "와아!" 소리쳤다.

"드디어 해방이다!"

저절로 시작된 아이들의 박수 소리 사이로 용선생이 모습을 드러냈다.

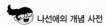

나선애의 개념 사전

해방(解放)
풀 해(解)에 놓을 방(放)으로 '힘든 일이나 다른 사람의 간섭에서 벗어나게 되었다'는 뜻이야. '해방' 대신 '광복'이라는 말을 쓰기도 해. '광복(光復)'은 '빛을 되찾았다', '주권을 되찾았다'는 말이야.

 ## 꿈에 그리던 해방의 날

"오, 뭔가 카리스마가 느껴지네! 누가 한 말이에요?"

"국내에서 건국 동맹이라는 독립운동 단체를 만들어 해방의 날을 준비해 온 여운형이 8월 16일 자신의 집 근처 휘문중학교에서 연설한 내용이야. 이 사진이 바로 그날의 모습이란다."

"해방이 된 건 8월 15일 맞지요? 광복절!"

곽두기가 생글거리며 말했다.

"그래! 조선이 일본의 손에서 놓여난 것은 정확히 1945년 8월 15일 낮 12시, 일본 천황이 라디오 방송을 통해 연합군에 항복을 선언하면서였어. 하지만 여운형은 항복 방송이 나오기 전부터 그 사실을 알고 있었지."

"어떻게요?"

"총독부에서 여운형에게 먼저 알려 줬거든. 여운형이 연락을 받고 총독부의 높은 관리 엔도와 만난 것은 15일 이른 아침이었어. 엔도는 여운형에게 이렇게 말했지.

'일본은 전쟁에서 졌소. 곧 정식으로 그 사실을 발표할 것이오. 이제 선생이 조선의 치안을 맡아 주시오. 우리의 목숨은 선생의 손에 달렸소!'"

"무슨 뜻이지? 자기네를 지켜 달라, 그런 얘긴가요?"

"그렇지. 조선의 치안을 맡을 수 있는 권한을 넘길 테니, 일본인들이 위험해지지 않도록 지켜 달라는 거였어. 여운형은 당시 가장 활발하게 활동하던 정치가이자, 많은 조선인들이 따르던 지도자였으니까. 여운형은 감옥에 갇힌 이들을 즉시 석방하고 앞으로 조선인들이 새 나라를 세우는 일에 절대로 간섭하지 말라는 등의 조건을 걸고서 그 요청을 받아들였단다."

"히야, 그렇게 날뛰던 총독부도 쫄딱 망했구나!"

장하다가 통쾌하다는 듯 소리쳤다.

"그리고 낮 12시, 라디오에서 일본 천황의 목소리가 흘러나왔어. 이제 항복하라는 연합국의 요구를 받아들이겠다는 내용이었지. 하지만 당시에는 라디오가 귀한 데다 방송 음질마저 좋지 않아서 많은 이들이 그 내용을 제대로 듣지 못했어. 그러니 당장은 전과 다를 바 없이 조용한 분위기였어. 천황의 말을 알아듣고 일본이 항복한 줄을 안 사람들이 일부러 큰 거리로 나가 보기도 했지만, 여전히 길에는 일본 경찰들이 늘어서 있었지.

'달라진 게 없는데 갑자기 해방이 되었다고 하니, 이거 믿을 수가

곽두기의 국어사전

치안(治安)
다스릴 치(治)에 편안할 안(安)으로, '나라를 편안하게 다스린다'는 뜻이야. 사람을 다치게 하거나 물건을 훔치는 등의 범죄를 예방하여 사회 질서를 유지하는 일을 말하지. 경찰이 담당하는 게 바로 치안 업무야.

있어야지…….'

아마 해방의 첫 순간은 이렇
게 얼떨떨했던 모양이야."

"곧바로 해방이다! 하고 다
같이 뛰어다녔을 줄 알았는데,
그게 아니었네요?"

"응. 하지만 그날 오후, 그리
고 다음날 아침, 약속대로 감
옥에 갇혔던 이들이 풀려나면

천황의 방송을 듣고 있는 일본인들 8월 15일, 서울에 있는 일본인들이
무조건 항복한다는 천황의 라디오 방송을 듣고 매우 슬퍼하고 있어.

서 여기저기서 만세 소리가 터져 나오기 시작했어. 비로소 해방을

실감한 사람들이 우르르 거리로 쏟아져 나와 만세 소리는 점점 더

커져 갔지!"

"어머, 이제 시작이구나! 다들 얼마나 기뻤을까!"

허영심이 만세를 부르는 사람들의 모습을 떠올리며 감격스러운

표정을 지었다.

"암! 만세뿐이겠니? 사람들은 애국가도 불렀어! 그런데 다들 애
국가를 제대로 알아야 말이지. 어느 신문사 앞에 애국가를 써 붙여
놨더니 사람들이 구름처럼 모여들어서 서로 따라 부르며 너도
나도 그걸 적더라는 거야. 그러면서 눈물을 줄줄 흘리고, 울다
가 또 노래를 부르고. 거리를 가득 메운 사람들의 손에는 어느새
태극기도 들려 있었어."

"어? 사람들이 그래도 태극기는 가지고 있었나 봐요?"

해방의 기쁨을 만끽하는 사람들 8월 16일 서울, 형무소에서 풀려난 독립운동가들이 시민들과 함께 만세를 부르고 있어. 전차가 다닐 수 없을 정도로 많은 사람들이 거리로 뛰어나와 기뻐하고 있어.

참고 영상

해방의 기쁨 현장 속으로!

"어디 그랬겠니. 사람들이 갖고 있는 건 빨간 동그라미가 그려진 일본 국기였지. 급한 대로 그 위에 파란 물감, 검은 물감 칠을 해서 태극기를 만든 거야. 하지만 애국가가 틀린들, 태극기가 엉성한들, 아무 상관없었어. 지팡이를 짚은 노인부터 코흘리개 어린애까지 한데 어울려 얼싸안으며 '해방이다! 만세다!' 외치며 떠들썩하니 감격을 나누었지. 이틀이 지나고 사흘이 지나면서는 조용한 산골 마을에서도 풍악 소리가 울리고 해방을 축하하는 잔치가 벌어졌어. 얼마나 큰 잔치가 많이 벌어졌는지, 오죽하면 걱정 아닌 걱정을 하는 사람도 있었지. '이거 이렇게 소를 많이들 잡아서 내년 농사는 어떻게 지으려나 모르겠네?' 하고 말야."

"하하! 진짜 얼마나들 신이 났으면!"

"그런데 정말로 일본 사람들을 지켜
줬습니까? 그동안 지은 죄가 얼만데."

왕수재가 묻는 말에 용선생이 고개를
끄덕였다.

"응, 물론 해방 뒤 며칠 사이에 일본
인과 친일파들의 집을 습격하거나 경찰
서나 관청에 불을 놓는 사람들도 있었
어. 하지만 이런 모습은 그리 오래 이어
지지 않았단다. 곧 폭력은 사라지고 질
서가 잡혔지."

"누가 질서를 잡았는데요?"

"조선 건국 준비 위원회! 보통 줄여서
'건준'이라고 부르지. 여운형과 그 동료

해방을 축하하는 시가 행진 8월 17일, 전라남도 광양의
목성리에서는 마을 사람들이 해방을 축하하며 시가 행진을 벌였어.
이처럼 해방의 기쁨은 전국으로 퍼져 나갔어.

들은 일본이 항복한 8월 15일 밤에 당장 건준을 만들었어. 건준은
조선 땅, 즉 한반도에 새 나라를 세우기 위한 준비 조직이었단다."

"나라를…… 세워요? 해방이 되었으니까 이제 우리나라를 되찾
은 거 아니고요?"

곽두기가 갸웃거리며 하는 말이었다.

"음, 해방이 되었다고 저절로 나라가 생기는 건 아니지. 해방과
함께 우리 땅도, 사람들도 일본의 손에서 풀려나게 되었어. 하지만

전라남도 광양군의 시국 수습 군민 회의 1945년 8월 15일 오후 전라남도 광양 경찰서에서 시국 수습 군민 회의가 열렸어. 이 회의는 나중에 서울의 건준과 연결되어 전남 지역 조선 건국 준비 위원회가 되었어.

건준 모임에서 연설 중인 여운형 1945년 8월 하순 건준 집회에서 여운형이 연설하고 있는 모습이야. 초기의 건준에는 건국 동맹, 조선 공산당 등 다양한 단체에서 활동했던 사람들이 참여했어.

다시 정식으로 한 나라를 이루기 위해서는 꼭 필요한 게 있어. 바로 주권을 가진 정부지."

"그런데 주권을 가진다는 게 뭐예요? 예전부터 듣긴 했는데 잘 모르겠네요."

장하다가 머리를 긁적이며 말했다.

"주권은 주인 주(主), 권리 권(權)으로 '나라의 주인으로서 갖는 권리'라고 할 수 있지. 나라 안의 일을 다른 나라의 간섭을 받지 않고 자주적으로 결정할 수 있는 것, 다른 나라와 외교 관계를 맺을 수 있는 것, 군대를 가지
고 다른 나라의 침입
을 막을 수 있는 것,
이런 것들을 일컬어 주권을
가졌다고 하는 거야."

"조선이 일본의 지배를 받게
된 건 이 주권을 빼앗겼기
때문이었죠?"

나선애의 말에 용선생이
고개를 끄덕였다.

"그렇지. 대한 제국 정부가 일본에게 외교권을 빼앗기고 만국 평
화 회의에 특사를 파견했지만 한 나라의 대표로 인정받지 못하고
회의장에도 들어가지 못한 일 기억하지? 이어서 군대마저 해산당
하더니 결국 모든 주권을 빼앗기고 일본이 세운 총독부가 한반도의
정부 노릇을 하게 됐잖아."

"잠깐만요. 일제 강점기 때도 정부가 있지 않았나요? 대한민국
임시 정부."

"이미 나라의 주권을 일본에게 빼앗겼기 때문에 바로 대한민국
임시 정부가 주권을 되찾기 위해 노력한 거야."

"아~ 그럼 이제 일본이 물러났으니 주권을 가진 우리 정부를 새
롭게 만들어야 되는 거군요. 건준은 그 준비를 하는 거고요?"

"그렇지! 그래서 건준은 이 일에 온 민족의 힘을 합쳐야 한다고

강조했어. 사회주의자, 민족주의자를 가리지 말고 여러 세력이 하나가 되자고 외쳤지."

"그래서요? 정말 많은 사람들이 모였나요?"

"응. 다양한 이들이 속속 건준의 깃발 아래 모여들었고, 그 결과 해방 뒤 보름도 안 돼 전국에 145개나 되는 건준 지부가 세워졌지."

"와, 대단하네요!"

"그렇지. 특히 건준에는 청년들, 학생들로 이루어진 '건국 치안대'라는 조직이 있었는데, 이들은 일본인에 대해 개인적으로 복수를 하는 일을 막고, 폭력이나 범죄 행위가 일어나지 않도록 질서를 잡았어. 또 사람들의 원망이 쏟아지던 친일 조선인 경찰들을 쫓아내고, 각지의 산업 시설들이며 기구와 물품 등을 맡아 관리하기도

했어. 치안대의 발 빠른 활동 덕에 자칫 큰 혼란에 빠질 수도 있었을 조선은 금세 질서를 찾아 갔단다. 그리고 얼마 뒤 건준은 바로 새 정부를 세웠어. 9월 6일, '조선 인민 공화국' 정부가 수립되었음을 발표하고 각 지역의 건준 지부들을 '인민 위원회'라는 이름으로 바꾸었지."

"흠, 좋긴 한데, 좀 서두르는 것 같아요."

왕수재가 고개를 갸웃거리며 말했다.

"그게, 실은 준비가 더 필요한데도 급히 정부를 조직해 발표한 거였어. 소련군이 한반도 북쪽을 점령한 데 이어 남쪽에도 곧 미군이 들어올 거라는 소식이 들려왔거든⋯⋯."

"네? 그건 또 무슨 말씀이세요?"

아이들이 눈을 끔벅거렸다.

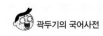 곽두기의 국어사전

인민(人民)
사람 인(人)에 백성 민(民)으로 '국가나 사회를 구성하고 있는 사람'을 의미해.

미국과 소련, 한반도를 반씩 나누어 점령하다

"여기에는 복잡한 사정이 있었어. 잠깐 해방 전으로 돌아가 보자. 2차 세계 대전은 일본과 이탈리아, 독일이 한편, 미국, 영국, 소련 등의 연합국이 그 반대편이 되어 싸운 전쟁이었지? 이탈리아와 독일이 항복한 뒤에도 일본은 계속 미국과 싸우며 버텼지. 하지만 이미 일본의 패전은 시간 문제였어. 이 상황에서 미국은 좀 더 빨리 항복을 받아 내기 위해 1945년 8월 6일과 9일, 일본 땅에 원자 폭탄을 떨어뜨렸지. 그런데 이때 갑자기 소련도 일본과 전쟁을 하겠다며 나섰어!"

"으응? 이제 전쟁이 끝난 거나 마찬가진데요?"

"응, 이 무렵 미국과 소련 사이에는 치열한 눈치 싸움이 오가고 있었어. 나란히 2차 세계 대전의 가장 큰 승리자로 떠올랐지만, 사실 두 나라는 가까워질 수 없는 사이였거든. 미국은 자본주의의 대표 국가인 데 반해 소련은 자본주의에 반대하는 사회주의 혁명을 통해 태어난 나라였지. 그러니 미국은 미국대로 세계의 더 많은 지역을 확실히 자신의 영향 아래 두려 했고, 소련은 또 소련대로 사회주의 세력을 더욱 키우려 들었어. 이런 상황에서 일본의 항복이 가까워지자 소련이 재빨리 끼어든 거야. 그대로 가다간 일본이 손에 넣고 있던 만주와 한반도 등의 지역이 모두 미국의 영향 아래 놓이게 될 테니까."

"그렇지만, 우리가 전쟁을 일으켜서 진 것도 아닌데, 왜 우리 땅

을 점령해요? 그것도 두 나라나 와서?"

나선애가 여전히 알 수 없다는 표정으로 물었다.

"한반도는 패전국 일본의 식민지라는 이유로 독립된 나라 취급을 못 받고 일본 땅하고 똑같은 취급을 받은 거야. 원래 전쟁이 끝나면 이긴 쪽 군대가 진 나라를 점령해 더 이상 대항하지 못하도록 만들거든. 그래서 전쟁에서 이긴 미군과 소련군이 일본군을 무장 해제시킨다는 이유로 한반도를 점령한 거였지. 그런데 소련은 바다 건너 있는 미국보다 한반도에 훨씬 가까웠어. 소련군은 순식간에 만주를 넘어 한반도를 향해 내려왔지!"

"미국이 급해졌겠는데요?"

"그래. 그러니 미국은 얼른 소련 쪽에 한반도를 나누어 점령하자고 제안했어. 뒤늦게 전쟁에 참여해 미국의 눈치를 보고 있던 소련

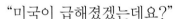

자본주의, 사회주의, 공산주의

자본주의

이익을 얻기 위해 자유롭게 경쟁하며 생산과 소비를 할 수 있도록 보장하는 사상이자 경제 체제야. 이 바탕에는 개인이 재산을 소유하는 '사유 재산제'가 깔려 있어. 누구든 열심히 일한 만큼 자기 재산을 가질 수 있다는 거지. 산업 혁명 이후 본격적으로 발달한 자본주의는 엄청난 물질적 풍요를 가져왔지만 빈부 격차가 벌어져 불평등 현상이 심해지는 문제점을 낳았어.

사회주의와 공산주의

사회주의는 자본주의의 문제점을 비판하며 등장한 사상이야. 대표적인 사회주의자인 마르크스는 땅이나 공장을 가진 자본가들이 노동자들보다 이익을 더 많이 가져가기 때문에 빈부 격차가 심해진다고 보았어. 여기서 벗어나려면 노동자들이 혁명을 일으켜 땅, 공장은 나라에서 직접 관리하고, 이익은 사람들이 일한 만큼 나누어 가져야 한다고 주장했지. 또 마르크스는 한발 나아가 사유 재산을 없애고 모든 재산을 공유하자고 주장했는데 이런 사회를 공산주의 사회라고 해. 일반적으로 사회주의와 공산주의는 비슷한 의미로 쓰이고 있어.

도 동의했지. 이렇게 해서 8월 11일, 지도상 한반도의 반절쯤 되는 북위 38도선을 따라 경계선이 그어졌어. 그리고 해방과 동시에 이 38도선 북쪽은 소련군이, 남쪽은 미군이 점령하게 됐지."

"하이고, 해방만 되면 고생 끝 행복 시작인 줄 알았더니! 이제 어떻게 되는 거예요?"

"두 나라의 통치 방식에 따라 38도선 위아래가 제각각 굴러가게 됐지. 소련군이 먼저 들어온 북쪽부터 살펴볼까? 소련군은 이미 8월 말에 38도선 북쪽 땅을 모두 점령했어. 그들은 이미 조선 사람들이 조직해 놓은 인민 위원회를 활용해 각 지역을 통치했어. 인민 위원회에게 각 지역의 행정이며 치안을 맡기고, 소련군은 인민 위원회만 관리한 거였지."

"아, 아까 그 건준 지부에서 바뀐 거 말이죠?"

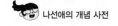

나선애의 개념 사전

행정(行政)
행할 행(行), 다스릴 정(政)으로 공공의 이익을 위한 정책들을 실행하는 일을 말해. 세금을 걷는 일이나 경찰 업무 등이 있어.

38도선이 그어진 마을 한 마을의 길 위에 그어진 38도선의 모습이야. 일반인들이 이 선을 넘어 다니는 것은 금지되었어. 38도선은 미국과 소련에 의해 일방적으로 그어졌기 때문에 이렇게 한 마을이 남쪽, 북쪽으로 나뉘어 자유롭게 오갈 수 없는 황당한 일이 일어나기도 했어.

"그래. 이렇게 소련군은 직접 조선 사람들 앞에 나서지 않고 간접적으로 통치하는 방식을 택했어. 그러곤 사람들을 앞장서 이끌 지도자로 김일성을 밀어주었지."

"김일성? 그게 누구더라……."

왕수재가 연필을 굴리며 중얼거렸다.

"예전에 독립운동이 한창일 때 나왔던 이름이야. 김일성은 1937년의 보천보 전투를 통해 널리 알려진 인물이었어. 그는 해방 전부터 소련군과 가깝게 지내며 그들의 신뢰를 얻은 뒤 1945년 9월에 국내로 들어왔어. 그 뒤 소련의 지원에 힘입어 북에서 점차 권력을 잡아 나갔단다."

"남쪽은요? 미군은 어떻게 했어요?"

"미군이 서울에 들어온 것은 9월 9일, 서둘러 인민 공화국이 세워진 바로 사흘 뒤의 일이었어. 이날 조선 총독부 건물 앞에서는 그때껏 휘날리던 일본 국기가 내려지고, 그 대신 미국 국기가 올라갔지. 총독은 미군들에게 둘러싸인 채 일본의 항복을 확인하고 조선에 대한 통치권을 넘기겠다는 문서에 서명을 했어. 이제 미군이 38도선 남쪽을 통치하게 된 거야. 미군정 시기가 시작된 거지."

"미군정? 그게 뭐예요?"

"미군 정부, 즉 미군이 정부 역할을 한다는 뜻이야. 소련이 북쪽

미군정의 시작 1945년 9월 8일 인천항에 도착한 미군은 9월 9일 서울로 들어왔어(왼쪽). 그리고 오후 4시. 조선 총독부 앞 광장에서 일본 국기가 내려가고, 미국 국기가 올라갔지(오른쪽). 이로써 남쪽에서는 미군정이 시작되었단다.

을 간접적으로 통치한 데 비해, 미군은 직접 통치하는 방식을 택한 거지. 미군정의 대표는 존 하지라는 사령관이었어."

"정부요? 그러면 아까 건준이 세운 인민 공화국은요?"

"미군정은 인민 공화국을 인정하지 않았어. 뿐만 아니라 아직 나라 밖 중국에 있던 대한민국 임시 정부도 인정하지 않았지."

"뭐예요? 총독부가 가니 이번엔 미군정이 들어선 거네요?"

"그런 셈이지. 미군정은 얼마 전까지 총독부에서 일하던 이들을 다시 모아들였어. 그 때문에 해방되자마자 쫓겨났던 친일 관리와

경찰들이 예전의 자리로 다시 돌아간 경우도 많았어."

"헉! 친일파들을 다시 부르다니! 도대체 왜요?"

"미군정 입장에서는 그들에게 계속 일을 맡기는 것이 남쪽을 통치하는 데 제일 효율적인 방법이라고 본 거지."

"어휴, 우리가 세운 정부는 하나도 인정을 안 하고, 미군정에는 친일파들을 불러다 놓고……. 사람들 눈앞이 깜깜했겠어요."

허영심의 한숨 섞인 목소리에 용선생이 "하지만!" 했다.

"미군정이 들어서긴 했지만, 당시 여러 정치 세력과 지도자들은 그 어느 때보다 활발하게 활동했어. 이들을 한번 만나 볼까?"

해방 공간을 이끌어 간 사람들

"해방이 되자 그동안 일제에 맞서 독립운동을 전개하던 정치 세력들은 이제 새 나라 건설이라는 새로운 과제를 맞이하게 되었어. 이들은 저마다 이런 나라를 건설하자, 저런 나라를 건설하자 생각이 달랐지. 생각이 비슷한 세력들끼리 모여 단체와 정당을 만들었는데, 이때 만들어진 단체, 정당의 개수가 수백 개에 달한다고 해."

"우아! 그렇게나 많아요. 서로 한마디씩만 해도 정신이 없었겠네요."

"그중엔 이름만 있는 것들도 있었지만, 아무튼 수많은 단체와 정당들이 새 나라 건설을 위해 활동하고 있었던 거지. 그런데 새 나

라를 건설하기에 앞서 먼저 해결해야 할 문제가 있었어. 바로 일제가 남기고 간 잔재를 없애는 일이었지."

"아! 저 알 것 같아요. 친일파들에게 벌을 주는 거요!"

"그렇지! 일본이 물러나자 사람들은 누가 먼저랄 것도 없이 친일파를 청산하자고 목소리를 높였어. 그리고 친일파 청산과 함께 또 하나 중요한 문제가 있었는데, 바로 토지 제도 개혁이었어."

"토지 제도 개혁이면 실학자들 수업할 때 나왔던 거 아니에요?"

"그래 맞아. 조선 시대에도 직접 농사를 짓는 농민들은 땅을 갖지 못하고, 지주들이 땅을 차지하고 있던 것이 문제였지. 그리고 일제 강점기를 거치면서 문제는 더 심각해졌고. 해방이 되자 하루빨리 이 문제를 해결해야 한다는 목소리가 전국적으로 들끓었어."

"토지 제도 개혁도 매우 중요한 문제였겠네요."

나선애가 고개를 끄덕이며 말했다.

"그렇지. 토지 제도 개혁의 핵심은 농민들에게 각자의 땅을 나누어 주는 거였는데, 이게 쉽지 않은 문제였어."

"간단하지 않나요? 나라에서 지주들에게 '땅이 많으니 좀 내놓으시오.' 하고, 가난한 농민들에게 그 땅을 나눠 주면 되죠!"

장하다가 자신만만하게 말했다.

"그게 말이 되냐? 그냥 땅을 내놓으라고 하면 지주들이 가만히 있겠니?"

"맞아. 누가 공짜로 내놓겠어? 지주들에게 돈을 주든가 해야 되는 거 아냐?"

왕수재와 허영심이 일제히 따지고 들자 장하다도 지지 않고 말했다.

"가난한 농민들이 무슨 돈이 있어서 땅을 살 수 있겠어?"

"자자, 너희들도 이렇게 생각이 다른데 당시 사람들은 얼마나 생각이 달랐겠니? 당시 단체와 정당들은 친일파 청산과 토지 제도 개혁 문제를 두고 다양한 의견을 내놓았는데, 이들을 그 입장에 따라 크게 두 부류로 나누어볼 수 있어."

"둘로요?"

"응. 사회주의 사상에 따라 문제를 해결하려는 좌익 세력과 사회주의 사상에 반대하는 우익 세력으로 나눌 수 있지. 대체로 일제 강점기 때 사회주의 독립운동을 한 세력들은 좌익으로 이어졌고, 이에 반대하는 우익에는 민족주의 독립운동 세력과 지주, 자본가들

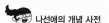

나선애의 개념 사전

좌익과 우익

기본적으로 좌익이란 급진적이고 혁신적인 세력을 뜻하고, 우익이란 점진적이고 보수적인 세력을 뜻해. 1792년 프랑스 국민 의회에서 정치적으로 급진적인 자코뱅파가 의장 왼쪽에, 보수적인 지롱드파가 의장 오른쪽에 앉았던 데에서 나온 말이야.

이 있었어."

"그럼 좌익과 우익은 의견이 어떻게 달랐는데요?"

"좌익은 친일파를 당장 처벌하자고 주장했어. 토지 제도 개혁의 경우 지주들에게서 대가 없이 땅을 거두어들여 농민들에게 공짜로 나누어 주자고 했지."

"어? 내가 얘기한 거랑 비슷하네."

장하다가 왕수재와 허영심을 쳐다보며 말했다.

"우익은 그 안에서 입장들이 조금씩 달랐어. 하지만 많은 수의 우익은 일단 정부를 세운 다음 친일파 처벌 문제를 다시 논의하자는 입장이었지."

"나중에 얘기하자고요? 왜요?"

"지금은 정부를 세우기 위해 모두 힘을 합쳐야 할 때인데, 친일파 처벌을 얘기하다 보면 자칫 분열될 수 있다는 거였지."

"힘을 합치자는 말은 맞긴 한데…… 친일파 처벌을 나중으로 미루면 안 되지 않나?"

"우익은 토지 제도 개혁의 경우에도 그 안에서 입장들이 좀 다르긴 했는데, 대체로 지주들에게 땅값을 주고 사들인 후 농민들에게 땅값을 받고 팔자고 했지."

"흐음…… 이렇게 생각이 다르면 좌익, 우익은 서로 사이가 좋지 않았겠군요?"

나선애의 말에 용선생이 고개를 끄덕였다.

"응. 게다가 사회주의 나라 소련군과 자본주의 나라 미군이 나란히 한반도에 들어왔으니, 좌익과 우익은 뚜렷이 갈라서게 되었어. 북쪽에서는 소련군의 지원으로 좌익이 일찌감치 권력을 잡았고, 남쪽에서는 우익이 미군의 지지를 받았지. 특히 남쪽에서는 나라 밖에 있던 우익의 대표적인 지도자들이 차례로 귀국을 하면서 좌우익의 대립이 본격적으로 시작되었어."

용선생이 컴퓨터를 만지는가 싶더니, 아이들에게 씩 웃어 보였다.

"이 선생님이 너희를 위해 특별히 만든, 세상에 하나밖에 없는 자료야! 먼저 10월에 미국에서 돌아온 이승만부터 만나 볼까? 미국 유학파 출신에 임시 정부의 대통령을 지냈던 이승만은 이미 일흔의 노인이었지만 여전히 사람들 사이에 가장 잘 알려진 지도자였어. 미군정으로부터 환영을 받은 유일한 정치인이기도 했지."

양복 차림에 머리가 하얀 이승만의 사진이 화면에 떠올랐다.

나, 이승만은 동포 여러분을 위해 기꺼이 내 남은 인생을 바칠 것이니, 여러분 모두 나를 따르시오. 우리는 뭉치면 살고 흩어지면 죽습니다. 그러니 과거에 일본에 협조했던 이들이라도 새 나라를 위해 일할 준비가 되어 있다면, 나는 끌어안을 것이오! 단 좌익 공산주의는 안 됩니다! 우리는 미국을 본받아 풍요로운 자본주의 나라를 세워야 합니다.

"뒤이어 11월에는 중국에서 임시 정부 주석 김구가 귀국했어. 아까 말했듯 임시 정부는 전혀 인정을 못 받았기 때문에 미군정의 환영도 받지 못했지. 하지만 꼿꼿하게 임시 정부를 지키며 독립운동에만 매달려 온 그를 따르는 이들은 무척 많았단다. 민족주의자였던 김구는 이승만과 달리 미국 세력이나 친일파와 손을 잡을 생각은 없었어. 하지만 역시 좌익에는 반대했지."

돌아온 이승만과 김구 1945년 10월 16일 귀국한 이승만은 10월 20일 미군정청 앞에서 열린 연합군 환영회에서 연설을 했어(왼쪽). 1945년 11월 5일에는 김구와 대한민국 임시 정부 사람들이 귀국길에 오르기 위해 상하이의 강만 비행장에 도착했지(오른쪽). 임시 정부 사진에서 가장 왼쪽에 있는 사람이 김규식이고, 오른쪽에 눈물을 닦고 있는 사람이 이시영이야.

모니터 화면에 검은 두루마기에 둥그런 안경을 낀 김구의 모습이 나타났다.

드디어 해방된 조국 땅을 밟으니 꿈만 같군요! 여러분! 그동안 우리 모두의 소원을 담아 지켜 온 대한민국 임시 정부를 중심으로 모입시다! 외국 세력의 간섭은 안 됩니다. 우리 민족을 배반한 친일파도 용서할 수 없습니다! 새 조국을 건설하는 일은 꼭 우리 민족의 힘으로 이룹시다!

"다음은 김구와 함께 돌아온 또 한 명의 정치인, 김규식이야. 임시 정부의 부주석 자리에 있던 김규식은 이승만, 김구와 함께 우익의 3대 지도자로 꼽히던 사람이었어. 하지만 다른 두 사람과는 크게 다른 점이 있었지. 그게 뭔지 한번 들어보렴."
역시 두루마기 차림의 김규식은 눈매가 예리해 보이는 사람이었다.

나는 분명 사회주의에 반대하는 사람이오. 하지만 지금 상황을 보세요. 이대로 가다가는 우리 땅이 영영 반쪽으로 나뉘고 말 겁니다. 나는 그동안 국제 무대에서 활동한 경험이 많기 때문에 세계의 흐름을 잘 읽어 내는 편이에요. 여러분, 내 말을 믿으세요. 좌익이고 우익이고 굳이 가리지 말고 머리를 맞대고 힘을 모아야 해요!

"어머, 우익 지도자라면서 좌익하고도 힘을 모으자고 하네요? 좌우익은 서로 손을 안 잡을 줄 알았는데 이런 사람도 있었구나."

나선애의 말에 용선생이 크게 고개를 끄덕였다.

"우익에만 있던 게 아니라, 좌익에도 그런 이들이 있었어! 바로 여운형 같은 이들이었지."

화면이 바뀌자 아까 연설 장면에서 본 여운형의 모습이 나타났다.

 나는 독립운동을 하던 내내 사회주의자로 활동해 왔습니다. 하지만 해방 뒤 건준을 세우면서는 사상 차이를 가리지 않고 모든 세력을 한데 모으기 위해 노력했지요. 좌익이나 우익 어느 한쪽의 힘만 가지고는 튼튼한 새 나라를 세우기 어렵다고 보기 때문입니다. 앞으로도 필요하면 언제든 우익과 손을 잡을 것입니다.

"정말이네. 서로 사상이 다른데도 두 사람이 비슷한 이야길 하네요?"

"그렇지? 이렇게 좌우익 중에서도 중간에서 만나 서로 손을 잡을 수 있는 사람들을 따로 '중도파'라고 부르기도 해. 자, 이제 마지막으로 대표적인 좌익 지도자였던 박헌영 차례야. 철저한 사회주의자였던 박헌영은 해방 뒤 끊임없이 우익 세력, 그리고 미군정과 부딪혔지."

화면이 바뀌자, 안경을 낀 박헌영이 나타나 열변을 토했다.

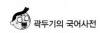 곽두기의 국어사전

중도파(中道派)
가운데 중(中), 길 도(道), 갈래 파(派).
어느 한쪽으로 치우치지 않고 그 중간으로 나아가려는 무리라는 뜻이야.

 우익과 손을 잡다니, 무슨 어리석은 짓입니까! 일제하에서 조선 공산당을 이끌며 독립운동에 앞장섰던 나는 결국 해방 뒤 조선 공산당을 다시 세워 냈소. 나와 우리 동지들은 사회주의 나라를 세우기 위해 끝까지 싸울 것이오! 이 땅에서 혁명을 이룰 것이오!

"자, 이렇게 해방 뒤 남한에서는 여러 정치 세력들이 새 나라 건설을 위해 치열하게 움직이고 있었어. 그런 가운데 한반도에는 커다란 소용돌이가 다가왔지."

용선생이 눈썹을 꿈틀거리자, 아이들도 절로 긴장하며 귀를 세웠다.

"무슨 소용돌이요?"

"이번에도 심각한 건가요?"

"해방만 되면 꽃길만 걸을 줄 알았는데, 이게 뭐예요."

아이들이 머리를 흔들며 투덜거렸다.

"자, 어떤 소용돌이가 한반도에 닥쳐올지 궁금하지? 다음 시간에 알아보자. 오늘 수업은 여기까지!"

그러자 장하다가 손을 번쩍 들었다.

"선생님, 오늘은 왠지 기운이 없는데 다 함께 떡볶이의 힘을 빌려 보는 건 어떨까요?"

아이들이 서로를 보며 키득대자 용선생도 미소 지으며 말했다.

"좋아, 선생님도 대찬성!"

아이들의 환호 속에 용선생도 꼴까닥 군침을 삼켰다.

나선애의 정리노트

1. 해방의 기쁨

① 1945년 8월 15일 일본이 연합군에 항복을 선언하면서 해방을 맞이함

② 조선 건국 준비 위원회가 새 나라를 세우기 위해 활동함

2. 조선 건국 준비 위원회(건준)는 무엇일까?

① 여운형과 그 동료들이 일본이 항복한 1945년 8월 15일 밤에 세운 건국 준비 단체

＊전국에 145개 지부를 세우고, 범죄가 일어나지 않도록 건국 치안대 조직

② '조선 인민 공화국'이란 새 정부 수립을 발표함

┗→ 미군정은 대한민국 임시 정부와 함께
    새 정부로 인정하지 않음!

3. 분단의 조짐

- 북위 38도선을 중심으로 미국과 소련이 한반도를 나누어 점령

	미국	소련
어디	남쪽을 점령함	북쪽을 점령함
통치방식	미군이 직접적으로 통치(미군정) 조선 인민 공화국, 대한민국 임시 정부를 인정하지 않음	이미 조직된 인민 위원회를 통해 간접적으로 관리 김일성을 지도자로 밀어줌

4. 새 나라 건설 과제

① 풀어야 할 숙제: 친일파 청산, 토지 제도 개혁 문제

② 좌익과 우익 정치인들 의견 대립

용선생의 역사 카페

역사계의 슈퍼스타,
용선생의 역사 카페에
오신 걸 환영합니다

Log in

게시판 ⌄

📄 역사가 제일 쉬웠어용!

📄 이제는 더~ 말할 수 있다!

📄 필독! 용선생의 매력 탐구

📄 전교 1등 나선애의 비밀 노트

해방 직후 가장 인기 있었던 정치인은 누구?

선거철이면 사람들이 어떤 후보를 지지하는지 알기 위해 여론 조사를 하는 거 알고 있니? 여론 조사 결과가 완전히 들어맞는 것은 아니지만, 사람들이 대략 이렇게 생각하고 있구나 하고 참고는 할 수 있지. 일본으로부터 해방된 직후 선구회란 단체에서 여론 조사를 실시했어. 무엇을 조사했느냐? 바로 "조선을 이끌어갈 양심적인 지도자는 누구일까?", "살아 있는 최고의 혁명가는 누구일까?", "대통령으로 내각을 이끌 인물은?" 등이었어. 여론 조사는 이렇게 진행됐어. 요즘처럼 전화나 문자, 인터뷰를 하는 방법이 아니라 설문지를 나누어 주고 돌려받는 방식이었지. 3,900여 장의 설문지가 배포되었는데 이중 돌아온 설문지는 1,600여 장이었어. 10명 중 4명 꼴로 응답한 거야. 선구회는 돌려받은 설문지로 통계를 낸 결과를 발표했어.

사람들이 뽑은 조선을 이끌어갈 양심적인 지도자는 누구였을까? 1위를 차지한 사람은 바로 여운형이었고, 이승만과 김구가 그 뒤를 이었지. 당시 여운형은 국내에서 활동하던 정치인이자 독립운동가, 언론인이자 교육자였어. 거기에 체육인까지 자처하면서 여러 분야에서 활발하게 활동하고 있었거든. 말솜씨도 좋아서 그가 연설을 한다고 하면 사람들이 구름 떼처럼 몰려왔다고 해. 여운형은 그

때마다 조선의 독립을 당당하게 주장해서 사람들의 가슴을 뜨겁게 만들었지. 그 때문일까? 대부분의 사람들이 그를 양심적인 지도자로 뽑은 거야. 그러면 살아 있는 최고의 혁명가로 뽑힌 사람은 누구였을까? 역시 여운형이 1위를 차지했어. 이승만과 김구도 뒤를 이었는데, 사회주의자인 박헌영도 표를 많이 받았지. 대통령으로 내각을 이끌 인물 1위에는 이승만이 뽑혔는데, 내각에서 내무부장으로 김구, 외무부장 여운형, 군무부장 김일성, 노동부장엔 박헌영이 각각 뽑혔어. 아마도 사람들은 좌익과 우익을 따지지 않고 나라를 위해 힘쓸 정치인을 저마다 뽑은 것 같아.

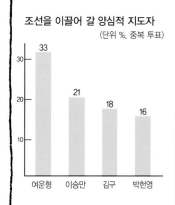

조선을 이끌어 갈 양심적 지도자
(단위 %, 중복 투표)

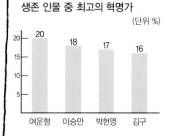

생존 인물 중 최고의 혁명가
(단위 %)

COMMENTS

장하다: 여운형이 이렇게 인기가 많은지 몰랐어요!

↳ 용선생: 응, 손기정 선수 일장기 말소사건 기억하니? 이것도 여운형이 당시 사장으로 있던 신문사에서 기획한 일이지. 해방 다음날에는 서대문 형무소 앞에서 석방된 독립운동가들을 환영한다는 현수막을 들고 서 있기도 했어.

↳ 장하다: 앗, 일장기를 지운 그 분이라니!

한국사 퀴즈 달인을 찾아라!

달인 트로피

01 ★★☆☆☆

역사반 아이들이 조선 건국 준비 위원회에 대해 이야기하고 있어. 그런데 누군가 틀린 말을 하고 있어. 그게 누구일까? (　　　)

① 건준은 사회주의자, 민족주의자를 가리지 않고 다양한 사람들의 힘을 합치려고 했어.

② 또 건국 치안대를 만들어서 폭력과 범죄 행위를 막았어.

③ 미군이 들어오기 전에 '조선 인민 공화국'이라는 정부를 세웠어.

④ 미군정도 건준을 인정하고 모든 일을 맡겼다니까.

02 ★★★★☆

영심이가 오늘 배운 사건들을 시간 순서대로 정리해 보려고 해. 누가 영심이 좀 도와줘!
(　　　) – (　　　) – (　　　) – (　　　)

① 소련이 북위 38도선 북쪽을 점령하다.
② 미국이 북위 38도선 남쪽을 점령하다.
③ 일본 천황이 라디오에서 항복 방송을 하다.
④ 여운형이 조선 건국 준비 위원회를 만들었다.

03 ★★★☆☆

선애가 미군정에 대해 설명하고 있어. 잘못된 부분을 찾아 줄래? (   )

① 미군이 정부 역할을 한 거야.
② 조선 인민 공화국을 인정하지 않았어.
③ 대한민국 임시 정부도 인정하지 않았지.
④ 친일 관리와 경찰에게는 일자리를 주지 않았어.

05 ★★☆☆☆

이 문제까지 맞히면 진정한 달인이야. 해방 이후에 활동한 정치인이 자기소개를 하고 있어. 누구인지 맞혀 줄래? (   )

 : 나는 독립운동을 하는 내내 사회주의자로 활동했어요. 해방 이후 건준을 세우면서 좌우 따지지 않고 힘을 모으는 게 중요하다고 주장했지요.

04 ★★★★★

누군가 큰 목소리로 자신의 주장을 펼치고 있네. 이들에 대한 설명으로 옳은 것은 무엇일까?

(   )

 : 지주들에게서 대가 없이 땅을 거두어들여야 합니다.

 : 맞습니다! 그 땅을 농민에게 공짜로 나누어 주어야 합니다!

① 이 사람들은 미군의 지지를 받았을 것이다.
② 이 사람들은 시간을 두고 친일파를 처벌해야 한다고 주장했다.
③ 이 사람들은 사회주의 사상에 찬성하는 좌익 세력이다.
④ 이 사람들을 대표하는 사람으로 이승만, 김구 등이 있다.

• 정답은 357쪽에서 확인하세요!

대한민국 정부가 세워지기까지

해방의 기쁨도 잠시였어. 한반도 허리에 선이 그어지고
남쪽에는 미군이, 북쪽에는 소련군이 점령했잖아.
강대국이 한반도의 미래에 대해 논의하는 사이
한반도에서는 남과 북, 그리고 좌우익의 갈등이 치열했어. 그리고 끝내 분단으로 이어졌지.
분단을 막고 통일 정부를 세우기 위해 한국인들은 어떤 노력을 했을까?
그리고 이 땅에 세워진 첫 민주 공화국, '대한민국'은 어떻게 탄생하게 되었을까?

1945.9
미군정이
들어서다

신탁 통치 문제로
좌우가 대립하다

제1차 미소 공동 위원회가
열리다

좌우 합작 위원회가
만들어지다

대한민국 정부가
수립되다

6·25 전쟁이
일어나다

1946.1

1946.3

1946.7

1948.8

1950.6

祝

대한민국 정부 수립 기념식

"두기야, 거긴 우유 도넛이 진짜 맛있어!"

"아냐. 내가 먹어봤는데, 딸기 도넛이 최고였어!"

"다들 블루베리 도넛은 못 먹어봤구나! 두기야, 블루베리 도넛을 꼭 골라. 알았지?"

형과 누나들의 참견에 두기는 곤란한 표정을 지으며 머리를 긁적였다.

그 모습을 본 용선생이 서둘러 들어와 말했다.

"얘들아, 두기 입맛대로 알아서 잘 고를 텐데, 왜들 그리 참견이니?"

"앗, 선생님! 참견이라뇨. 두기가 새로 생긴 도넛 가게에 간다기에 뭐가 맛있는지 고급 정보를 주는 거예요."

"맞아요. 오히려 두기가 고맙다고 해야 할걸요?"

"하지만 얘들아, 주변에서 자꾸 감 놓아라 배 놓아라 하면 정작 두기가 먹고 싶은 걸 못 먹을 수 있어."

"응? 정말 그런가?"

"맞아, 형 누나들. 난 내가 먹고 싶은 걸로 골라 먹을 거야."

입맛을 쩝쩝 다시고 있던 아이들이 스르륵 자기 자리에 돌아와 앉았다.

"이제 보니 두기가 우리나라와 비슷한 상황이었구나."

"네? 우리나라요?"

"그래! 해방 후 우리나라 상황 말이야."

"혹시 다른 나라가 우리나라 일에 감 놓아라 배 놓아라 했나요?"

"그것만 했게? 우리나라 사람들끼리 다투는 일도 생겼지!"

"너무해. 얼마나 오랫동안 독립을 기다렸는데……."

허영심은 맘에 안 들었는지 입을 쭉 내밀었다.

"자, 지난 시간에 우리나라에 커다란 소용돌이가 닥칠 거라고 했지? 해방 후 우리나라에 어떤 일이 일어났는지 알아볼까?"

용선생이 컴퓨터를 만지작거리며 말을 이었다.

 ## '신탁 통치', 그것이 문제로다!

"우리나라가 해방된 지 네 달 만인 1945년 12월, 소련의 수도 모스크바에서 한반도의 운명을 결정짓는 중요한 회의가 열렸어. '모스크바 3국 외상 회의'라는 회의였지."

용선생의 말이 끝나기가 무섭게 장하다가 손을 흔들었다.

모스크바 3국 외상 회의 1945년 12월 16일, 소련의 모스크바에서 미국, 영국, 소련의 외상, 즉 외교부 장관들이 만나 회의를 했어. 왼쪽부터 영국의 베빈, 소련의 몰로토프, 미국의 번즈야.

"외상 회의가 뭐예요? 세 나라가 서로 외상을 주기로 한 건가?"

"으이그, 잘 모르면 가만히나 있어."

왕수재가 장하다에게 핀잔을 주었다.

"하다야, 여기서 외상은 그 외상이 아니고 외교부 장관이라는 뜻이야. '미국, 영국, 소련 세 나라의 외교부 장관들이 모스크바에서 만나 회의를 했다'는 의미에서 모스크바 3국 외상 회의라고 부르는 거지."

"아까 한반도의 운명을 정하는 회의라고 하셨잖아요. 그런데 왜 우리는 빠지고 이 세 나라만 회의를 해요?"

"미군과 소련군이 한반도를 점령한 것과 똑같은 이유에서였어. 여전히 한반도는 패전국 일본의 식민지 땅으로서 전쟁에 이긴 연합국 나라들의 결정에 따라야만 했던 거야. 미국, 영국, 소련은 연합국의 대표 국가였고. 연합국 쪽에서는 이미 1945년 7월부터 전쟁이 끝난 뒤에 패전국 나라들이 차지하고 있던 세계 곳곳을 어떻게 처리할 것인가에 대해 논의하고 있었어. 그리고 구체적인 내용은 전쟁이 끝나고 나서 다시 결정하기로 해 두었지. 모스크바 3국 외상

회의는 이렇게 해서 열리게 된 거야.”

“아…… 그럼 회의에서는 무슨 결정을 했어요?”

용선생이 컴퓨터 자판을 두드려 모스크바 3국 외상 회의의 결정 내용을 띄웠다.

첫째, 한반도의 독립 국가 건설을 위해 남과 북을 아우르는 임시 민주주의 정부를 수립한다.

둘째, 이를 위해 미군과 소련군 대표가 만나 미소 공동 위원회를 연다.

셋째, 최고 5년 이내의 기간 동안 연합국 나라들이 한반도를 신탁 통치하되, 그 구체적인 방안은 임시 민주주의 정부와 미소 공동 위원회가 협의해서 정한다.

눈에 힘을 주고 열심히 화면을 훑던 장하다가 “이게 좋은 말이냐, 나쁜 말이냐?” 했다.

“남북을 합쳐서 임시 민주주의 정부를 세운다니까 좋은 거 아닌가?”

“그런데 신탁 통치는 뭐지? 연합국 나라들이 한반도를 신탁 통치한다는 게 무슨 말이에요?”

“응, 우리나라 정부를 정식으로 세우기 전까지 미국, 영국, 중국, 소련 네 나라가 우리 땅을 맡아서 통치한다는 거였어. 그 기간은 5년을 넘지 않도록 한다는 거고. 사실 한반도를 신탁 통치한다는 구상은 연합국 사이에 몇 년 전부터 이야기되어 오던 내용이었단다. 처음 이런 주장을 한 것은 미국이었지. 아직 어떤 정부가 들어설지 알 수 없는 한반도에 신탁 통치를 통해 자신들에게 협조적인

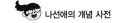

나선애의 개념 사전

신탁 통치
(信託統治)
믿을 신(信), 부탁할 탁(託). 즉 '믿고 통치를 부탁한다'는 뜻이지. 한 지역을 그곳 주민들이 아닌 다른 나라 또는 국제기구가 대신 통치하는 일을 말해.

신탁 통치 보도 신문 기사 1945년 12월 27일자 신문 기사야. 오른쪽의 헤드라인에 '소련은 신탁 통치 주장,' '소련의 구실은 삼팔선 분할 점령,' '미국은 즉시 독립 주장'이라고 써서 사실과 다른 내용을 전달하고 있어.

정부를 세우고 싶었던 거야. 반면에 미국의 뜻대로 되는 걸 막고 싶었던 소련은 신탁 통치에 신중한 입장이었지."

"중요한 순간 맞네. 우리는요? 한국 사람들은 뭐라고 했어요?"

"회의 소식을 처음 알린 것은 12월 27일자 신문 기사였어. 그런데 이 기사가 나오자마자 한국은 발칵 뒤집어졌단다. 기사의 주요 내용은 '한반도에 대한 신탁 통치가 결정됐다'는 것이었어. 또 '신탁 통치를 주장한 것은 소련이고, 미국은 한반도 즉시 독립을 주장했다'는 내용도 있었어."

"엥? 이상한데요? 좀 전에 알려 주신 거랑 다르잖아요."

"응, 신문 기사가 잘못되었던 거야. 미국과 소련의 입장도 다르게 전달했고, 임시 민주주의 정부 수립 등 다른 내용은 빼고 신탁 통치에 대한 내용만 크게 부풀렸지. 이 기사를 접한 사람들은 '또 다시 다른 나라의 지배를 받는다고?' 하며 펄쩍 뛰었어. 며칠 뒤 바로잡힌 신문 기사가 나와서 회의 결정 내용이 전부 알려지기는 했지만, 이미 사람들은 흥분에 찬 상태였지."

"응? 왜요? 제대로 된 신문 기사가 나온 걸 봤을 거 아녜요?"

"그렇긴 한데, 식민지 상태에서 겨우 벗어난 한국인들에게는 '다른 나라의 통치를 받는다'는 말만으로도 불에 덴 상처를 헤집는 듯했던 거야. 그 충격이 순식간에 온 나라를 휩쓸어 버린 거지. 정치인 중에 가장 먼저 나선 사람은 김구였어. 다시 김구의 말을 들어 볼까?"

곧 김구의 매서운 호령 소리가 온 교실을 쩌렁쩌렁 울렸다.

 신탁 통치라니! 우리더러 다시 외세의 지배 아래 들어가란 말인가! 삼천만 동포여! 자주 독립을 향한 우리 민족의 의지를 보여 줄 때가 왔소! 저들이 신탁 통치안을 거둘 때까지 우리는 목숨을 걸고 싸워야 할 것이오! 대한민국 임시 정부를 중심으로 단결하시오! 지금부터 우리 한국인 경찰과 관리들은 하나도 빠짐없이 임시 정부의 지시를 따르시오!

"이승만도 곧 신탁 통치에 반대한다는 입장을 밝혔고, 우익 지도자들을 중심으로 신탁 통치에 반대하는 '반탁 운동'이 거세게 일어났어. 전국 곳곳에서 '신탁 통치 절대 반대!' 하고 외치는 시위가 벌어졌어. 관청에서는 한국인 직원들이 신탁 통치안에 항의하며 파업을 벌였고, 시장 상인들도 가게 문을 닫아걸었지. 오죽하면 미군정 사령관 존 하지의 밥상을 책임지던 한국인 요리사까지 당장 그만둬 버려서 사령관이 쩔쩔 맸다는 거야. 그런가 하면, 사람들 사이에서는 신탁 통치를 주장했다고 알려진 소련에 대한 반감도 무척 커졌어."

"어후, 이렇게 반대가 심한데 신탁 통치는 못 하겠죠?"

나선애의 말에 왕수재가 "좌익은요? 좌익도 반대했나요?" 했다.

우익과 좌익의 집회 　왼쪽은 1945년 12월 27일 우익의 신탁 통치 반대 집회 장면이고, 오른쪽은 1946년 1월 3일 좌익의 모스크바 3국 외상 회의 결정 지지 집회 장면이야. 신탁 통치를 둘러싸고 좌우익의 대립은 점점 심해졌어.

"응, 처음에는 그랬지. 하지만 좌익의 입장은 곧 '신탁 통치 반대'에서 '모스크바 3국 외상 회의 결정 지지'로 바뀌었어. 여기 앞장선 것은 박헌영과 조선 공산당 세력이었지. 박헌영이 소련 쪽과 접촉해 자세한 내용을 알아본 뒤에 입장을 바꾼 거였어. 박헌영은 이렇게 주장했단다."

다시 박헌영의 목소리가 교실 안에 울려 퍼졌다.

어차피 지금 상황에서 우리가 연합국 나라들로부터 자유로워지긴 어려운 일이오. 그럴 바에야 모스크바 3국 외상 회의의 결정을 따라 당장 통일된 임시 정부를 세우는 것이 나아요. 신탁 통치 기간은 5년을 넘기지 않겠다고 하니, 우리가 잘만 하면 그 안에 독립 정부를 세울 수 있을 것이오. 그러니 우리는 모스크바 3국 외상 회의 내용을 지지합니다!

"어떡해. 원래도 사이가 안 좋은데……. 이러다 큰 싸움 나겠어요."

곽두기의 걱정 어린 목소리였다.

"그래. 결국 1946년 1월부터는 '반탁'을 외치는 우익과 '3국 외상 회의 결정 지지'를 외치는 좌익이 정면으로 부딪히게 됐어. 게다가 이 분위기에서 친일파들은 두 팔을 걷어붙이고 반탁 운동에 앞장서며 애국자 행세를 하기 시작했어. 그들은 '신탁 통치를 받아들이겠다는 좌익이 바로 민족의 배신자들이다!' 하고 목청을 높였지."

"어쩜, 누가 누굴 탓해? 일본에 아부할 땐 언제고 이제 와서 민족

타령?"

허영심이 어이없다는 듯 삐죽거렸다.

"이렇게 신탁 통치를 둘러싼 갈등을 이용하려는 세력까지 생겨나면서 좌익과 우익은 서로 폭력을 휘두르는 지경에 이르렀어. 1946년 3월 1일. 이 날은 해방 뒤 처음 맞는 3·1절인 만큼 무척 의미가 깊은 날이었어. 그런데 서울에서는 3·1절 기념행사가 두 군데서 열렸단다. 동대문에 있던 서울 운동장에서는 우익 세력이 모여 좌익을 비난했고, 같은 시간 남산 공원에서는 좌익 세력이 모여서 우익을 비난하며 목소리를 높였어. 그리고 행사가 끝난 뒤 거리로 나

선 양쪽 행렬은 남대문 근처에서 딱 마주치게 됐어."

"헉, 하필이면 딱 만나냐! 괜찮을까……?"

"양쪽은 '신탁 통치 반대!', '모스크바 3국 외상 회의 결정 지지!' 하며 질세라 구호를 외쳤어. 그러다간 서로 돌을 던지고 한데 엉켜 몸싸움을 벌였지. 이날, 서울뿐 아니라 전국 여러 곳에서 좌우익이 이렇게 싸움을 벌였고, 그 때문에 수십 명이 죽고 다치기까지 했단다."

"아이구, 어쩌면 좋아!"

아이들이 고개를 절레절레 흔들었다.

 ## '좌익과 우익이 힘을 합쳐야 합니다!'

"그리고 바로 얼마 뒤인 1946년 3월 20일, 덕수궁에서 미군 대표단과 소련군 대표단이 만남을 가졌어. 모스크바 3국 외상 회의 결정에 따라 임시 민주주의 정부를 꾸리기 위한 미소 공동 위원회가 시작된 거였지. 하지만 정작 한국인들은 좌우익으로 나뉘어 필사적으로 싸움을 벌이고 있는데 어디 회의가 잘됐겠니. 두 달 가까이 이어진 회의는 결국 아무 성과 없이 끝나고 말았어."

"히잉, 이제 어떻게 되는 거죠? 좌익이랑 우익이 싸움만 하고 있으면 안 되는데……!"

곽두기가 동동거리며 하는 말에 용선생이 다시 컴퓨터 앞으로 다가섰다.

미소 공동 위원회 1946년 3월 20일 덕수궁에서 열린 1차 미소 공동 위원회의 모습이야. 중간에 일어나 연설하고 있는 사람이 소련 대표 스티코프 대장, 그 왼쪽에 앉아 있는 사람이 미국 대표 하지 중장이야.

"두기야! 그렇다고 다들 싸움만 하고 있던 건 아니야. 좌우익 중에도 필요하면 서로 손을 잡으려는 사람들이 있었다고 했지?"

왕수재가 "알았다, 그 중도파요?" 했다.

"그래. 중도파는 어떻게든 좌우익의 싸움을 끝내서 미소 공동 위원회가 잘 풀리도록 만들어야 한다고 생각했어. 처음 이 일에 앞장 선 것은 우익의 김규식이었어."

화면에 김규식의 모습이 다시 나타났다.

좌우익의 대립이 도를 넘었습니다. 이대로는 우리 앞날에 희망이 안 보입니다! 좌익과 우익이 타협을 해서 우선 미소 공동 위원회를 성공시켜야 해요. 그래서 통일 임시 정부를 세운 뒤에

신탁 통치 문제를 다시 논의합시다!

"전에 중도파가 또 있었잖아요. 여운형이었나?"

"맞아. 좌익에서 앞으로 나선 것은 여운형이었지. 김규식과 여운형은 1946년 7월, '좌우 합작 위원회'라는 것을 만들었어. 그리고 임시 민주주의 정부를 세우기 위해 좌익과 우익이 함께 노력해야 할 일들에 대해 합의해 나갔지."

"합작(合作)이라는 게 함께 노력한다는 뜻이에요?"

곽두기가 뜻을 풀이해 내려는 듯 눈썹을 씰룩거렸다.

"힘을 합해 함께 무언가를 만들어 낸다는 말이지. 좌우 합작 위원회의 경우 좌우가 힘을 합해 임시 민주주의 정부를 만들어 내는 게 목표라고 할 수 있겠구나."

"오, 다른 사람들은요? 김구나 다른 지도자들도 함께한 거예요?"

나선애의 물음에 용선생이 안타까운 표정을 지었다.

"아니……. 좌우 합작 위원회는 좌익과 우익 세력을 설득하기 위해 무던히 노력을 했지만, 양쪽의 갈등은 쉽게 풀리지 않았단다. 대표적인 우익 세력인 김구는 절대로 신탁 통치는 안 된다며 좌익과 손잡지 않으려 했고, 이승만은 한술 더 떠서 남북 통일 정부를 세우기 어려워 보이니 차라리 남한만 따로 정부를 세우자는 이야기까지 했어. 대표적인 좌익 세력인 박헌영 역시 꿈쩍도 않고, 오히려 좌우 합작에 참여한 이들을 비난했지."

"어휴, 어렵네 어려워."

좌우 합작 위원회　1947년 12월 좌우 합작 위원회가 해체될 무렵에 찍은 사진이야. 앞줄 왼쪽에서 여섯 번째가 김규식이고, 여운형은 암살당한 후라 오른쪽에 사진을 별도로 넣은 게 보여.

"게다가 여운형이나 김규식은 존경받는 지도자이긴 했어도 큰 세력을 거느리고 있지는 못했어. 그러니 좌우 합작 위원회가 힘을 갖기도 어려웠지. 결국 좌우 합작은 시작한 지 1년여 만에 실패로 끝나 버렸단다. 이 와중에 여운형은 한 우익 청년이 쏜 총에 맞아 목숨을 잃고 말았어."

"네에? 세상에…… 아니, 싸우자는 것도 아니고 손을 잡자는데!"

"어쩌면 그래서 목숨까지 잃어야 했는지도 몰라. 좌익이나 우익이나 힘을 쥔 것은 강경 세력이었고, 중간에서 합의점을 찾으려는 사람들은 양쪽에서 끝없이 공격을 받았거든. 비록 성공하지 못했지만, 좌우 합작의 시도는 그토록 무섭게 양 갈래로 나뉘어 대립하는 상황에서 이루어진 것이었기에 더 큰 의미를 갖고 있는 거야."

통일 정부로 가는 길은 멀어져 가고……

"그리고 1947년 5월, 다시 미소 공동 위원회가 열렸어. 하지만 이번에도 역시 성과 없이 끝나고 말았지. 그리고 이로써 미국과 소련의 대화도 끝났어. 1947년 9월, 미국이 한반도 문제를 국제 연합(UN)에 넘겼거든. 소련은 미국이 모스크바 3국 외상 회의 결정을 깨 버렸다고 비난하며 이를 받아들이지 않았어."

"흠, 국제 연합이면 믿을 만한 국제기구니까 경쟁 관계인 미국과 소련이 회의하는 것보다 낫지 않나? 소련은 왜 반대했죠?"

왕수재가 이해가 안 된다는 듯 어깨를 으쓱했다.

"사실 국제 연합은 미국이 주도해서 만든 국제기구였기 때문에 미국의 영향력이 무척 강했거든. 미국의 뜻이 거의 국제 연합의 결정이나 마찬가지였어."

"에이, 그렇담 처음부터 소련이 받아들일 리가 없네요. 미국은 그것도 몰랐나?"

"몰라서가 아니라, 소련이 어떻게 나오든 상관없이 진행하겠다는 뜻이었지. 미국으로부터 한반도 문제를 넘겨받은 국제 연합은 1947년 11월, 새로운 결정을 내렸어. 국제 연합 한국 임시 위원단의 감시 아래 남과 북을 모두 아우르는 국회 의원 총선거를 실시한다는 내용이었어."

"국회 의원을 뽑는다는 거죠? 근데 아직 우리 정부를 만들지 못했잖아요. 왜 국회 의원 선거부터 한대요?"

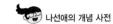 **나선애의 개념 사전**

국제 연합
(UN, United Nations)
유엔이라고도 해.
제2차 세계 대전
후 전쟁 방지와
평화 유지를 위해
설립된 국제기구야.
1945년 10월 24일에
만들어졌고 현재
193개의 나라가
회원으로 가입되어
있어.

장하다가 갸웃거리며 하는 말에 용선생이 씩 웃음을 지었다.

"정부를 세우려면 먼저 어떤 정부를 세울 것인지, 정부는 어떻게 운영할 것인지 정해야 하지 않겠니? 그 규칙이 바로 헌법이야. 헌법을 만들려면 국민의 대표인 국회 의원이 있어야 하고. 헌법은 국민의 뜻을 담은 것이어야 하니까."

"아, 그래서 국회 의원 선거를 먼저 한 거군요."

"그래. 그래서 이 선거로 구성된 국회를 제헌 국회라고 해. 제헌이란 '헌법을 만든다'는 뜻이야. 즉 '헌법을 만든 국회'라는 거지."

"그럼 제헌 국회가 헌법을 만들고, 헌법을 만든 다음엔 어떻게 해

제헌 헌법 초안 제헌 국회 의원으로 선출된 법조인 유진오가 작성한 제헌 헌법 초안(처음 쓴 글)이야. 그는 헌법 기초 분과 위원을 맡아 대한민국 최초로 헌법의 내용을 작성했지. 헌법에는 국민의 권리와 의무뿐만 아니라 대통령을 뽑는 방법, 정부를 구성하는 방법 등도 담겨 있어.

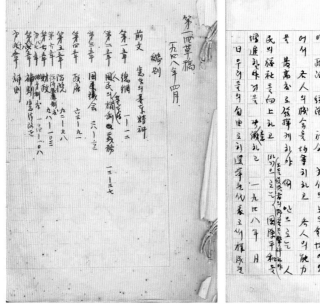
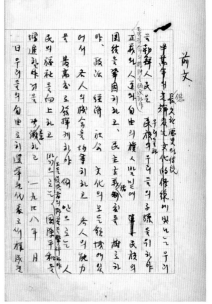

요?"

"그 뒤엔 헌법에 따라서 나라를 이끌 지도자를 뽑고, 새로운 정부를 세워. 그러면 비로소 새 나라가 탄생하는 거지!"

"어쨌든 그 말대로만 되면 남북을 합한 통일 정부를 세울 수 있겠네요!"

"하지만 소련이 찬성할까? 국제 연합에 맡기는 것부터 싫다고 했는데."

아이들이 조마조마한 표정으로 용선생을 바라보았다.

"1948년 1월, 국제 연합 한국 임시 위원단이 총선거를 준비하기 위해 한반도에 들어왔어. 먼저 남한으로 들어온 그들은 일을 마치고 북으로 넘어가려 했어. 하지만 소련과 북한 정치인들이 막아섰지. 결국 그들은 북한 땅을 밟지 못했단다."

"에잉, 그럼 이제 어떡해요?"

"2월 26일, 국제 연합은 다시 결정을 내렸어. 북쪽은 그냥 놔둔 채, 38도선 남쪽에서만 선거를 치르기로 한 거야. 선거 날짜까지 5월 초로 정해졌지."

"잠깐만요! 남쪽에서만 선거를 치른다는 건……. 진짜로 통일

국제 연합 한국 임시 위원단 국제 연합 한국 임시 위원단은 호주, 캐나다, 중국, 엘살바도르, 프랑스, 인도, 필리핀, 시리아 등 8개국으로 구성되었고 의장은 크리슈나 메논이라는 인도 사람이었어.

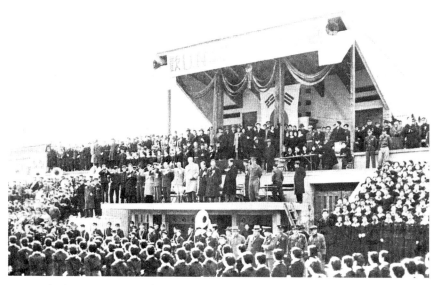

국제 연합 한국 임시 위원단 환영 대회 1948년 1월 14일 서울 운동장에서 국제 연합 한국 임시 위원단의 입국을 환영하는 환영 대회가 열렸어. 임시 위원단의 임무는 국제 연합 총회에서 결정된 남북 총선거를 감시하는 거였어.

정부를 포기하고 남쪽에만 정부를 세운다고요?"

나선애가 눈을 동그랗게 뜨며 말했다.

"응, 한반도의 분단이 정해진 순간이었지. 국제 연합의 결정에 이승만과 우익 세력은 대부분 환영한다는 입장을 보였어. 좌익 세력이 주도하는 북한과 함께하느니, 차라리 남한만 따로 정부를 세우는 게 낫다고 본 거야. 이런 분위기에서 한반도에 통일 정부를 세울 수 있는 가능성은 점점 낮아져 갔단다. 하지만 끝까지 분단을 막아 보려고 애쓴 사람들도 있었어."

"그게 누군데요?"

"좌우 합작을 추진했던 김규식과 중도파들이었어. 김규식은 남북

의 정치 지도자들이 만나 직접 협상을 하면 분단을 막을 수 있을지 모른다고 생각했어. 그는 북쪽의 정치인들에게 자신들의 뜻을 전하고 통일 정부를 세우기 위한 회담을 열자고 제안했지. 그런데 놀라운 건 그동안 우익의 맨 앞에 서서 반탁 운동을 이끌며 좌익과 손잡으려 하지 않던 김구가 이 남북 협상에 발 벗고 나섰다는 점이야."

"와, 정말요? 좌우 합작 때랑은 달라졌네요?"

"그렇지. 오직 우리 민족의 완전한 자주 독립만을 꿈꾸어 온 그로서는 민족이 영영 둘로 나뉘는 모습을 그냥 지켜보고만 있을 수 없었던 거야. 그는 어떻게든 분단을 막아야겠다며 38도선을 넘어 북으로 가겠다고 선언했어. 당시 김구의 심정이 어땠는지 들어 볼까?"

곧 김구의 비장한 목소리가 울려 퍼지기 시작했다.

 오늘 저는 여러분 앞에 눈물로써 고합니다! 분단은 우리 민족의 죽음과도 같습니다! 마음 속의 38도선을 무너뜨려야 땅 위의 38도선도 없애 버릴 수가 있으니, 이제 우리 민족끼리는 의심하지 말고 서로의 애국심을 믿읍시다! 나는 38도선을 넘겠습니다. 가서 우리 동포들을 뜨겁게 만나겠습니다! 38도선을 베고 쓰러질지언정, 통일 조국을 세우기 위해 가야겠습니다!

"아웅, 어쩐지 슬퍼지네……."

38도선을 넘는 김구 1948년 4월, 38도선을 넘는 김구 일행의 모습이야.
왼쪽은 비서 선우진, 오른쪽은 둘째 아들 김신이야.

"줄곧 사회주의에 반대해 온 김구가 38도선을 넘어갈 결심을 하다니……. 김구에게는 민족이 매우 중요했나 봐요. 그렇죠?"

선애가 38도선을 넘는 김구의 모습을 상상하며 하는 말이었다.

"그래서 오늘날까지 김구는 대표적인 민족주의자로 평가 받고 있지. 그런데 말이야, 이들이 38도선을 넘는 일은 그리 간단치 않았어. 많은 우익 세력이 김구와 김규식이 북으로 가는 길을 막으려 했거든."

"어째서요?"

"사실 북한은 1947년 겨울에 이미 임시 헌법을 만드는 등 따로 정부를 세울 준비를 하고 있었어. 이런 상황에서 김구와 김규식이 북한으로 올라가 회담을 열면, 이들이 북한의 공산주의 정권을 지지하는 것처럼 보일 위험이 있다는 거였지. 그래서 우익은 이들을 어리석다고 비웃고, 공산주의자들에게 아부한다며 헐뜯고, 정말 북에 가면 가만두지 않겠다고 협박도 했지. 그래도 이들을 막을 수는 없었어. 1948년 4월 19일! 김구의 집 앞에는 수많은 사람들이 모여 있었어. 38도선을 넘기 위해 길

을 나서는 김구를 막기 위해 몰려
든 이들이었지. 김구는 '이 길은 나
의 마지막 독립운동이니 제발 막지
말아 주시오!' 하며 차에 올라탔어.
그래도 사람들은 길을 내주지 않
았어. 오히려 그 앞에 드러누워 차
가 나갈 수 없게 막아 버리는 이들
도 있었지. 하는 수 없이 도로 집안
으로 들어갔던 김구는 결국 사람들
몰래 뒷담을 넘어 빠져나왔단다."

"어휴, 진짜 힘드네. 그래서 38도
선을 정말 넘어갔어요?"

"그래! 이렇게 김구가 먼저 북으
로 올라가고, 김규식은 그 이틀 뒤
에 조용히 그 뒤를 따랐어. 그들은
원하던 대로 김일성을 비롯한 북한의
정치인들과 만나 회의를 열고, 통일 정부를
세우기 위한 방법을 논의했단다. 하지만 이미 때는 너무 늦은 뒤였
어. 이들이 회의를 마치고 서울로 돌아온 것이 5월 5일이야. 그런
데 남한의 총선거일은 그로부터 불과 닷새 뒤인 5월 10일로 잡혀
있었단다."

"아아, 어떡해. 그럼 끝난 거나 다름없잖아요……."

나선애가 안타까워하며 고개를 털었다.

"그래. 처음부터 이 남북 협상을 통해 남한만의 총선거를 막기란 어려운 일이었지. 김구나 김규식도 이를 모르지 않았지만 너무나 절박했기에 그 길을 택할 수밖에 없던 거야."

"그럼 김구와 김규식은 선거에 참여하지 않았나요?"

"응. 두 사람은 끝까지 남한만의 선거에 반대하며 후보로 나오지 않았어. 그들을 따르는 사람들과 좌익 정치인들도 선거에 참여하지 않았지. 독립운동 시기부터 해방 뒤 약 3년 동안 숨 가쁘게 활약해 온 여러 정치인들이 이렇게 총선거를 계기로 역사의 무대에서 물러났단다."

 ## 분단, 그리고 대한민국의 탄생

"자! 1948년 5월 10일, 예정대로 국회 의원 총선거가 치러졌어. 이 땅에서 치러진 첫 국회 의원 선거는 지금과 똑같은 방식의 민주주의 선거였어. 부자건 가난한 사람이건, 많이 배웠건 아니건 모두 똑같이 참여하는 선거였지. 이 선거에서 뽑힌 198명의 국회 의원들은 곧바로 제헌 국회를 열어 새 나라의 뼈대인 헌법을 만들었어. 그리고 총선거로부터 두어 달 만인 7월 17일, 드디어 새 헌법이 사람들 앞에 모습을 드러냈어!"

"7월 17일? 아! 헌법을 만든 날이라 제헌절이 된 거구나!"

5·10 총선거 투표 광경 투표하는 곳 앞에 국회 의원 입후보자의 명단이 적혀 있어. 선거 기호를 아라비아 숫자가 아닌 막대기로 표시한 것이 눈에 띄어. 당시에는 숫자도 모르는 사람들이 많았기 때문이야. 5·10 총선거는 우리나라 최초로 '보통·평등·비밀·직접'이라는 선거의 '4대 원칙'에 따라 실시한 투표였다는 데 큰 의미가 있어.

곽두기의 말에 용선생이 기특하다는 듯 웃어 보였다.

"그럼 헌법에는 어떤 내용들이 있느냐. 너희도 알다시피 새 나라의 이름은 '대한민국'으로 정해졌어. 일제에 저항하며 독립운동을 펼쳐 온 대한민국 임시 정부를 그대로 잇는 나라라는 뜻이지. 또 헌법은 '대한민국의 주권은 국민에게 있고 모든 권력은 국민으로부터 나온다'는 점을 분명히 밝혔어."

"민주주의 나라라는 뜻이죠?"

"그렇지! 특히 제헌 헌법에는 사회, 경제 분야에서 정의와 평등을

제헌 국회 회의　1948년 5월 31일, 지금은 없어진 중앙청(옛 조선 총독부 건물)의 국회 의사당에서 5·10 총선거로 뽑힌 국회 의원들이 회의를 열었어. 가장 나이가 많은 국회 의원이었던 이승만이 의장으로 선출되어 사회를 보고 있어.

강조하는 조항도 많이 들어 있었어. 모든 국민은 똑같이 교육받을 권리를 갖는다고 했고, 특히 초등 교육은 누구나 돈을 내지 않고 받도록 했어. 그런가 하면, 교통이나 통신, 전기, 가스, 수도 등 나라의 중요한 자원이나 산업은 개인이나 기업이 독차지하지 못하도록 국가에서 직접 관리할 것, 토지는 농민에게 나누어 줄 것 등을 나타내는 조항도 있어."

"가만, 근데 어디서 들어 본 거 같은 내용들인데요……?"

"그럼, 들어 봤지. 이건 임시 정부의 건국 강령을 이어받은 거야. 특히 토지 문제는 당시 아주 큰 관심사였지. 앞에서도 말했지만,

지주   정부   소작농

새 나라를 꿈꾸어 온 농민들이 가장 바랐던 건 자기 땅을 가지는
거였지. 그래서 정부가 들어선 후 토지 제도를 고쳐서 농민들에게
땅을 나누어 준 거야."

"정말요? 이제 농민들이 땅의 주인이 된 거예요?"

"응, 다만 공짜로 준 건 아니었어. 일단 나라에서 지주들로부터
땅을 사들인 후, 지주들에게는 내놓은 땅만큼 보상을 해 주고 땅을
받은 농민들은 몇 년에 걸쳐 그 값을 나라에 갚도록 했어. 이로써
모든 농민은 자신의 땅에서 농사를 지을 수 있게 됐지."

"아, 이제 농민들이 지주 눈치 보면서 살던 시대가 끝났네요!"

나선애가 반가워하며 말했다.

"또 헌법에는 친일파를 처벌한다는 조항도 있었어. 친일파 청산
문제는 토지 제도 개혁과 함께 해방 뒤부터 곧장 불거져 나온 과제

잡혀 가는 반민족행위자들 가운데에 있는 기업가 김연수는 일본의 전쟁을 돕는 데 많은 돈을 기부했어. 오른쪽의 최린은 3·1 운동 민족 대표 33인 가운데 한 사람으로 독립운동을 하다 친일 활동을 했어.

라고 했지? 실제로 얼마 뒤 국회에 '반민족 행위 특별 조사 위원회 (반민 특위)'라는 것이 꾸려져 이 일에 나섰어."

"그래요! 새 나라를 세웠으면 당연히 친일파 처벌부터 해야죠! 다들 속이 시원했겠네요?"

장하다가 신이 나 종알거렸다.

"음…… 그런데 말야. 이미 정부가 세워지기 전부터 사회 각 분야에서 다시 힘을 쥔 친일파들이 반민 특위의 활동을 집요하게 방해했어. 결국 친일파 처벌은 제대로 이뤄지지 못했지."

"으, 새 나라를 세우면 친일파들은 제대로 혼이 날 줄 알았더니……."

"대통령은 누가 되었어요?"

"응, 당시에는 지금과 달리 대통령 말고 그 다음 직위인 부통령도 있었어. 대통령과 부통령은 국회 의원들이 뽑도록 되어 있었지. 선거 결과, 대통령에는 이승만, 부통령에는 임시 정부에서 활동해 온 이시영이 당선되었단다. 그리고 해방된 지 꼭 3년 만인 1948년 8월 15일, 대한민국 정부가 정식으로 수립되었어. 이 땅에 처음으로 민주 공화국이 들어선 거야. 바로 지금 너희가 살고 있는 이 나라가!"

곽두기가 "와아! 우리나라다!" 하며 짝짝 박수를 쳤다.

"기왕 이렇게 될 거, 김구나 김규식 같은 사람들도 다 참여했으면 좋았을 텐데."

대한민국 정부 수립 기념식 1948년 8월 15일, 중앙청 앞 광장에서 대한민국 정부 수립 기념식이 열렸어. 건물 위쪽에 태극기와 국제 연합기가 나란히 걸렸는데, 바로 국제 연합의 결정에 따라 치러진 선거를 통해 정부가 수립된 것을 기념하는 의미야.

정부 수립 축하 행진 1948년 8월 15일, 전라남도 광주시 충장로 3가에서
대한민국 정부 수립을 축하하며 행진하는 사람들의 모습이야. 차량 위 플래카드에
'축 대한민국 독립 만세'라고 쓰여 있어. 3년간의 미군정이 끝나고 이제 대한민국
정부가 직접 나라를 운영하게 된 것을 축하하는 거야.

나선애는 아쉽다는 표정이었다.

"그런데 민주 공화국이 뭐에요?"

"'공화국'은 옛날처럼 왕 한 사람이 다스리는 게 아니라 여러 사
람이 함께 다스리는 나라를 말해. 여러 사람이 함께 다스리기 위해

대표를 뽑아 그 사람에게 권력을 대신 행사
하라고 하는 거고. '민주 공화국'은 국
민이 주인이 되어 함께 이끌어 가
는 나라라는 뜻이지."

"오, 우리가 주인인 나라!"

곽두기가 연신 박수를 쳤다.

"그리고 그로부터 한 달쯤
뒤인 1948년 9월 9일에는 북
쪽에도 정부가 들어섰어. 사
실 북한이 남한보다 더 일찍
부터 정부를 세울 준비를 해 왔
지만, 이들은 남한에 정부가 들어설
때를 기다린 후에 자신들의 정부를
세웠어. 먼저 단독 정부를 세운 남한
과 달리 자신들은 끝까지 통일 정부를
세우기 위해 노력했다는 인상을 주고 싶
었던 거지. 북쪽에 들어선 새 나라의 이름은
'조선 민주주의 인민 공화국', 나라를 이끄는
수상 자리에 오른 것은 그동안 꾸준히 권력을 키워 온 김일성이었
어. 이로써 한반도에는 38도선을 경계로 두 개의 정부가 세워져 각
자의 길을 걷기 시작했단다."

"휴, 이젠 확실히 갈라섰네요. 삼국 통일…… 아니지, 고려가 후

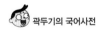

곽두기의 국어사전

수상(首相)
머리 수(首), 다스릴
상(相)으로 '정부의
우두머리'라는
뜻이야.

삼국을 통일한 뒤로는 쭉 같은 나라였는데."

나선애의 말에 다른 아이들도 새삼스런 표정으로 끄덕였다.

"그래. 이렇게 대한민국은 분단의 아픔과 함께 태어나야 했지. 이는 곧바로 우리 민족끼리의 전쟁이라는 비극으로 이어지고 말았어. 이 이야기는 다음 시간에 하자꾸나. 오늘 수업은 여기서 끝!"

나선애의 정리노트

1. 분단의 위기!

① 1945년 12월 모스크바 3국 외상 회의 열림

- 미국, 영국, 소련 등 연합국 대표 국가가 모여 패전국(일본) 식민지(한반도)를 어떻게

  할 것인지를 결정하기 위해 열림

- 회의에서 남과 북을 아우르는 임시 민주주의 정부를 수립하고,

  미소 공동 위원회를 열고, 최고 5년 이내의 기간 동안 연합국 나라들이 한반도를 신탁

  통치하기로 결정

② 좌우익의 대립: 신탁 통치 문제로 갈등이 매우 심해짐

2. 통일 정부를 세우기 위한 노력

	좌우 합작(1946~47)	남북 협상(1948)
누가	여운형, 김규식 등 중도파	김규식, 김구
어떻게	좌우익 중 중도파들이 모여 좌우 합작 위원회를 만들어 활동함	김규식과 김구가 직접 38도선을 넘어 북으로 가 협상을 시도함

3. 대한민국 정부의 수립

① 5·10 총선거 : 보통·평등·비밀·직접 선거의 원칙에 따라 실시

② 제헌 국회 : 5·10 총선거를 통해 뽑힌 국회 의원들로 구성

③ 대한민국 정부 수립 : 1948년 8월 15일 한반도 최초의 민주 공화국 수립

용선생의 역사 카페

역사계의 슈퍼스타,
용선생의 역사 카페에
오신 걸 환영합니다

Log in

게시판 ˅

📄 역사가 제일 쉬웠어용!
📄 이제는 더~ 말할 수 있다!
📄 필독! 용선생의 매력 탐구
📄 전교 1등 나선애의 비밀 노트

현대사의 비극, 제주 4·3 사건

1948년 5·10 총선거가 있기 약 한 달 전, 제주도에서는 우리 현대사에서 가장 비극적인 사건 중 하나라고 할 수 있는 '제주 4·3 사건'이 일어났어.

사건의 발단은 1년 전으로 거슬러 올라가. 1947년 제주도에서 열린 3·1절 기념 집회에서 경찰과 시위 군중 사이에 충돌이 일어났는데, 이때 경찰이 쏜 총에 사람들이 죽고 다치는 일이 벌어진 거야. 좌익 세력과 주민들은 이에 대한 항의로 총파업을 일으켰어. 그러나 경찰과 우익 단체들은 주민들을 마구잡이로 잡아 가두고 고문하며 탄압했지.

이렇게 1년쯤 흐른 뒤, 제주도에서는 좌익 세력이 중심이되어 남한만의 선거에 반대하는 봉기가 일어났어. 1948년 4월 3일 자정이 넘은 시간, 한라산 봉우리마다 봉화가 오르는가 싶더니 수백 명이 한꺼번에 여러 경찰서를 공격했어. 경찰뿐 아니라 그동안 제주도를 휘젓고 다니며 주민들까지 못살게 굴던 우익 단체들도 공격을 받았어.

일이 갈수록 커지자 군대가 출동을 했지. 군대는 협상을 통해 문제를 해결하려 했지만 미군정과 우익 세력은 강경책을 펼쳤고, 사태는 악화되었어. 결국 5월 10일, 제주도에서는 3개의 선거구(의원을 뽑는 구역) 중 2개의 선거구에서 제대로 선거를 치르지 못하게 되었지.

봉기는 정부 수립 후에도 계속 이어졌어. 정부는 제주도에 군대를 대거 파견해 한라산 주변 마을들을 초토화시키며 봉기 세

제주 4·3 사건 당시 잡혀가는 주민들

력들을 토벌했어. 이때 2만 5천 명에서 3만 명으로 추정되는 제주도 주민들이 희생을 당하는 엄청난 일이 발생했지.

안타깝게도 '제주 4·3 사건'은 오랫동안 그 진실이 밝혀지지 못했어. 다행히 2000년, 정부 차원에서 진상 조사가 이루어졌고, 2003년에 대통령이 당시 진압 과정에서 국가에 의한 학살이 일어났음을 인정하고 직접 제주도민들에게 사과했단다.

 COMMENTS

왕수재 : 2000년이면, 52년이나 흘러서 진상 조사가 이뤄진 거예요?

↳ 용선생 : 응, 사건 자체가 오랫동안 감춰져 있었어. 정부가 적극적으로 나서지 않은 데다가 유가족들도 쉬쉬하고 살았거든. 그동안 억울함을 호소하면 좌익 세력으로 몰려 더욱 탄압받았기 때문이야.

한국사 퀴즈 달인을 찾아라!

01 ★★★☆☆

선애가 신탁 통치 문제에 대해 당시 상황을 정리했어. 밑줄 친 부분 중 잘못된 부분을 찾아 줄래? (   )

1945년 12월, 미국, 영국, 소련의 대표가 모인 ① 모스크바 3국 외상 회의에서 한반도의 독립에 관한 몇 가지 결정이 내려졌어. ② 조선 인민 공화국을 만들기 위해 ③ 미소 공동 위원회를 개최하고, 최장 5년 동안 신탁 통치를 실시한다는 것이었지. 우익은 곧장 신탁 통치를 반대하는 ④ 반탁 운동을 전개했어. 좌익도 처음에는 반대했지만, 회의 결과를 자세히 알아본 후 결정에 찬성하게 되었어. 이 문제 때문에 좌우익은 크게 대립하게 되었지.

02 ★★★☆☆

역사반 아이들이 좌우 합작 위원회에 대해 설명하고 있어. 틀린 내용을 골라 줄래?

(   )

 ① 김규식과 여운형이 힘을 모아 만들었어.

 ② 임시 민주주의 정부를 세우기 위해 좌우익이 노력해야 한다고 했지.

 ③ 김구와 이승만도 뜻을 함께 하며 힘을 보탰어.

④ 하지만 시작한 지 1년여 만에 실패하고 말았어.

03 ★★★★★

해방 공간을 이끌던 두 지도자가 서로 자신의 생각을 말하고 있네? (가)와 (나) 인물에 대한 설명으로 옳은 것은 무엇일까?

(　　　　　)

> (가): 선거가 가능한 남한만이라도 총선거를 실시해 정부를 수립해야 합니다.
> (나): 시간이 걸리더라도 반드시 통일 정부의 수립을 위해 북한과 협상해야 합니다.

① (가)는 좌우 합작 위원회를 만들었다.
② (나)는 우리나라의 첫 번째 대통령이 되었다.
③ (가)는 집안의 재산을 모두 처분해 그 돈으로 만주에서 독립군을 기르는데 썼다.
④ (나)는 김규식과 함께 38선을 넘어 북한 김일성과 남북협상을 시도했다.

04 ★★★★☆

역사반 아이들이 역사적 사실과 관련 깊은 인물들을 짝지어 보았어. 그런데 어딘가 이상한 것 같은데? 틀린 것을 찾아 줘!(　　　　)

① 남북 협상 – 김규식
② 좌우 합작 위원회 – 김구
③ 반탁 운동 – 이승만
④ 조선 건국 준비 위원회 – 여운형

또착!

05 ★★★☆☆

영심이가 대한민국 정부가 수립되기까지 있었던 중요한 사건을 정리해 보고 있어. 순서대로 나열하면?

(　　　) – (　　　) – (　　　) – (　　　)

> ① 5·10 총선거를 실시하다
> ② 미군정이 실시되다
> ③ 남북 협상을 시도하다
> ④ 신탁 통치 파동이 일어나다

• 정답은 357쪽에서 확인하세요!

전쟁의 시련 속에서

막 걸음마를 뗀 대한민국은 해야 할 일이 무척 많았어.

일본의 지배를 받던 지난 시기의 그림자도 걷어 내야 했고,

새 나라의 질서와 제도도 갖추어야 했지. 그런데 아직 이런 일들을

채 마무리 짓기도 전에, 한국인들에게는 전쟁이라는 큰 시련이 닥쳐왔단다.

남과 북이 서로 총을 겨누었던 이 전쟁은 완전히 끝맺지 못한 채

휴전 상태로 지금껏 이어지고 있지.

자, 오늘은 우리 역사에 큰 영향을 미친 6·25 전쟁에 대해 이야기해 보자.

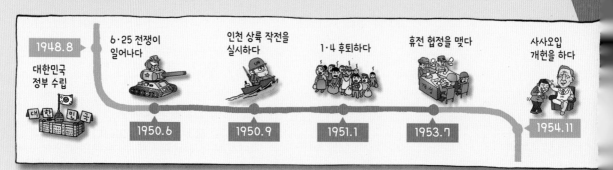

1948.8 대한민국 정부 수립	6·25 전쟁이 일어나다	인천 상륙 작전을 실시하다	1·4 후퇴하다	휴전 협정을 맺다	사사오입 개헌을 하다
	1950.6	1950.9	1951.1	1953.7	1954.11

이산가족 상봉(1985)

✔ 알고 있는 용어에 체크해 보자!
- [ ] 6·25 전쟁
- [ ] 인천 상륙 작전
- [ ] 1·4 후퇴
- [ ] 휴전 협정
- [ ] 이산가족

"어? 어어! 저거!"

장하다가 갑자기 내지르는 소리가 잠들었던 아이들을 한꺼번에 깨웠다.

"아함…… 왜? 또 뭘 보고 그러냐?"

"38도선이래! 여기 넘어가도 되는 건가?"

장하다가 가리킨 곳에는 분명 대문짝만 하게 '38도선'이라고 쓰여 있었다. 그제야 정신이 번쩍 든 아이들이 이리저리 두리번거렸다.

"선생님, 어떻게 된 거예요? 저번에 분명히 38도선 위랑 아래랑 갈라져서 다른 나라까지 만들었다고 하셨잖아요!"

"그럼 이제 북한 땅? 헉! 역사 공부도 좋지만 꼭 이렇게까지……. 선생님! 선생님?"

"아이고, 녀석들아! 진정해라. 처음엔 38도선을 기준으로 남북이 나뉘었지만 얼마 뒤 경계선이 조금 바뀌었거든. 여기부터 우리가 갈 고성까지는 몇 년 동안 북한 땅에 속했다가 나중에 우리나라 땅이 되었어."

"휴…… 그럼 진작 그렇다고 알려 주셨어야죠!"

"그런데 왜 경계선이 바뀌게 됐어요?"

용선생이 씩 웃으며 미니버스의 차창을 모두 닫아 올렸다.

"그 이야긴 조금 이따가 해 줄게. 다들 잘 잤지? 이제 슬슬 수업을 시작해 볼까?"

용선생의 말에 아이들도 저마다 자세를 고쳐 앉았다.

1950년 6월 25일, 전쟁의 시작

"해방 뒤 약 5년 만인 1950년 6월 25일. 아직 세상이 고요한 새벽이었어. 서울보다 북쪽에 살고 있던 사람들은 온 하늘을 쿵쿵 울리는 선명한 대포 소리에 눈을 떠야 했지. 전에도 38도선 근처에서 군인들끼리 전투를 벌이는 경우가 꽤 있었지만, 이번에는 분위기가 심상치가 않았어. 그리고 날이 밝자, 거리에는 떡하니 총을 멘 북한 군인들이 나타났어!"

"그렇다면 저, 전쟁?"

서울을 점령한 북한군 1950년 6월 28일, 탱크 부대를 따라 서울 시내로 들어온 북한군의
모습이야. 전쟁 초기 북한군 수는 20만 명이 넘었는데, 이는 당시 국군의 두 배에 이르는 숫자였어.

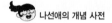

나선애의 개념 사전

6·25 전쟁
'6·25 전쟁'은
1950년 6월 25일
북한의 침략으로
전쟁이 시작되었다는
뜻에서 붙여진
이름이야.
여러 나라의 군인
들이 한국 땅에서
싸운 국제적인
전쟁이라는 의미에서
'한국 전쟁'
이라고 불리기도 해.

"응, '6·25 전쟁'이라고 불리는 한반도의 비극은 이렇게 시작되
었단다. 북한군은 선전 포고도 하지 않고, 아무런 예고도 없이 갑
자기 공격해 왔기 때문에 남한 정부는 이에 제대로 맞서지 못했지.
정부가 우왕좌왕하는 사이에 북한군은 빠르게 움직였고, 사흘 만인
6월 28일 서울까지 내려왔어."

"네에? 아무리 갑자기 공격해 왔다고 해도 그렇지…… 남한에선
북한이 전쟁을 일으킬 줄은 전혀 몰랐나 보죠?"

"아니, 북한에선 도대체 왜 이런 짓을 벌이는데요? 같은 민족끼
리 전쟁이라니!"

아이들의 흥분에 찬 목소리에 용선생이 잠시 기다렸다 다시 설명
을 시작했다.

"그래, 왜 전쟁이 벌어지게 되었는지부터 보자. 아까 너희도 말한 것처럼 1948년, 한반도에는 결국 두 개의 정부가 들어섰어. 하지만 서로 사이좋게 합의해서 각자의 길을 걷기로 한 것이 아니라, 상대방 때문에 통일 정부를 세우지 못한다고 탓하며 따로 정부를 세운 거였지. 그러니 남북의 지도자들은 서로 먼저 통일을 이루겠다며 목소리를 높였어."

"이제라도 통일 정부를 세우게 되면 잘 된 일 아니에요?"

"양쪽이 합의해서 평화적으로 통일하면 더할 나위 없이 좋았겠지. 하지만 이들의 주장은 서로 자기가 중심이 되어야 한다는 것이었어. 남한의 이승만 대통령이 내세운 것은 '북진 통일론'이었어. 북쪽으로 진격해 북한 정부를 무너뜨리고 한반도를 통일한다는 얘기지. 반대로 북한의 김일성은 '국토 완정론'을 내세웠어. 자신들의 힘으로 남한 정부를 몰아내고 전 국토를 완전히 통일하겠다는 거였지."

"어휴, 결국 똑같은 얘기네. 상대방을 힘으로 누르겠다는 거잖아요?"

허영심이 마음에 안 든다는 듯 손가락을 흔들어 보였다.

"그런데 이승만 대통령은 겉으로만 큰소리칠 뿐 진짜로 전쟁을 일으키려 한 것은 아니었어. 하지만 북한은 달랐지. 김일성은 실제로 군대를 정비하며 전쟁 준비를 착착 해 갔거든. 하필 이 시기에는 국제 사회의 분위기도 예사롭지 않았어. 미국과 소련의 대립이 심해지는 가운데, 1947년 미국 대통령이 사회주의 세력에 대해 정면 대결을 선언한 거야. '자유와 독립을 지키기 위해 공산주의와 싸우는 이들이 있다면 누구라도 우리 미국이 도울 것이오!' 하고 말이야. 세계는 점점 미국을 대표로 한 자본주의권과 소련을 대표로 한 사회주의권이 대립하는 '냉전 시대'로 접어들고 있었어."

"냉전이라면, 찰 냉(冷), 싸울 전(戰), 차가운 전쟁이라는 건가요?"
곽두기가 한자를 짐작해 뜻풀이를 했다.

"맞아! 직접 전투를 치르는 것은 아니지만, 경제나 외교, 정보 등을 수단으로 해서 서로 한 치의 양보도 없이 대립하는 거야. 그러니 각각 미국과 소련의 도움을 받아 두 개의 정부가 들어선 한반도에는 특히 긴장감이 흘렀지. 이렇게 냉전이 깊어 가는 속에, 1949년 10월에는 넓은 중국 땅에도 사회주의 나라인 '중화 인민 공화국'이 세워졌어."

"그럼 사회주의 세력이 전보다 더 커진 거네요?"

"그렇지. 이런 상황에서 전쟁 준비를 마친 북한의 김일성은 소련과 중국에 전쟁을 일으키는 데 동의해 달라고 요청했어. 이승만 정부를 무너뜨리고 한반도 전체에 사회주의 정부를 세울 테니, 만약 도움이 필요한 일이 생기면 두 나라가 앞장서서 도와 달라는 뜻이었지. 하지만 소련과 중국의 반응은 그닥 시원스럽지가 않았어. 북한이 남한을 공격하면 당장 미국이 끼어들지 않을까 걱정이었던 거야."

"그러네. 아까 미국이 공산주의랑 싸우는 사람들을 돕겠다고 했잖아요."

왕수재가 고개를 끄덕거리며 말했다.

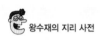

왕수재의 지리 사전

중화 인민 공화국
중국의 정식 명칭이야. 1949년에 마오쩌둥이 이끄는 중국 공산당이 세웠어.

"하지만 북한은 자신만만했어. '우리 군사력이 남한보다 훨씬 뛰어난데 망설일 것이 무어란 말이오? 소련과 중국이 뒤에서 든든하게 받쳐만 준다면 미국도 섣불리 나서지 못할 겁니다!' 북한이 이렇게 설득하고 나서자 결국 소련과 중국도 전쟁에 동의했지. '좋소. 대신 미국이 끼어들기 전에 전쟁을 빨리 끝내시오!' 하고 말이야."

"그렇게 해서 전쟁이 일어나고 만 거군요."

"그나저나, 사흘 만에 서울을 빼앗겼으면 우리 정부는 어떻게 된 거죠? 혹시 대통령이랑 다 붙잡힌 건가요?"

장하다의 말에 용선생이 고개를 저었다.

"이승만 대통령은 27일, 서둘러 남쪽으로 피란을 떠났어. 정부의 높은 관리들도 곧 그 뒤를 따랐고. 하지만 라디오에서는 대통령의 목소리가 연거푸 울려 나왔지. '대통령과 우리 정부는 서울을 지킬 것입니다! 국군이 적을 공격해 뒤쫓고 있으니 국민들은 흔들림 없

정부는 끝까지 수도 서울을 사수할 것이다!

라디오

국민은 평상시처럼 직장을 사수하라!

높으신 양반들은 이미 한강 건너 갔다는데?

짐 싸 말어?

이 자기 맡은 일에 충실해 주십시오!' 하고 말이야."

장하다가 헷갈리는지 "금방 피란을 갔다면서요?" 하며 눈을 껌벅거렸다.

"28일 새벽에는 정부가 한강 다리를 폭파했어. 북한군이 남쪽으로 내려올 길을 끊어 놓기 위해서였지. 이 때문에 나라에서 하는 말만 믿고 그대로 있던 서울 시민 대부분은 이제 피란을 떠날 수도 없게 되었어. 그리고 그날 바로 북한군이 서울에 나타난 거야."

폭파된 한강 다리 6월 28일 새벽, 폭파된 한강 다리의 모습이야. 다리는 전쟁 후에 복구되었어.

"피란을 못 간 사람들은 괜찮을까?"

허영심의 말에 아이들이 불안한 표정을 지었다.

 ## 온 한반도를 휩쓴 전쟁

"미국은 어떻게 했어요? 가만히 있었어요?"

"아니. 한반도에 전쟁이 터지자마자 미국은 재깍 움직였어. 6월 26일, 미국은 국제 연합 안전 보장 이사회를 열어서 국제 연합 차원에서 남한에 군대를 보내 돕겠다는 결정을 내렸어. 그에 따라 16개 나라의 군인들로 이루어진 국제 연합군이 만들어졌지."

"헤에, 16개 나라요? 그렇게 많은 나라가 우리 전쟁에 뛰어들었다고요?"

"그렇긴 하지만 그 나라들에서 참전한 군인 수가 그리 많지는 않아. 이 일에 앞장선 것은 역시 미국이었기 때문에 국제 연합군의 약 90%는 미군으로 이루어졌단다. 국제 연합군이 들어오자, 이승만 대통령은 국제 연합군 쪽에 한국 군대의 작전권을 넘겼어. 작전권이란 군대를 지휘할 수 있는 권한을 말해."

"그럼 이제 국군은 국제 연합군의 지시를 받는 거예요?"

 나선애의 개념 사전

국제 연합 안전 보장 이사회
세계 평화와 안전을 지키고 분쟁을 해결하기 위하여 만든 국제 연합의 주요 기관이야.

국제 연합의 결의 1950년 6월 26일, 국제 연합 안전 보장 이사회는 북한의 공격을 침략으로 공식 발표했어. 이 사진은 국제 연합 안전 보장 이사회에서 국제 연합군 파견 문제를 결정하기 위해 손을 들어 투표하는 모습이야.

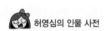

허영심의 인물 사전

더글러스 맥아더
맥아더는 제2차 세계 대전 이후 미국의 일본 점령군 최고 사령관으로 일본에 머물렀어. 그는 6·25 전쟁이 일어나자 전쟁에 참여하라는 미국 정부의 지시를 받고 한국으로 왔어.

가만히 듣고 있던 곽두기가 물었다.

"응, 한 팀이 된 국군과 국제 연합군은 모두 국제 연합군 사령관인 더글러스 맥아더의 명령 아래 전쟁을 치르게 되었지."

"어쨌든 이제 남한 쪽 군대가 세진 건 확실하겠군요."

"물론 그랬지. 하지만 국제 연합군이 참전한 뒤에도 전세가 쉽게 바뀌진 않았어. 소련에서 지원받은 최신 무기로 무장한 북한군은 기세가 대단했거든. 그들은 남쪽으로 계속 밀고 내려왔어. 자, 우리 오랜만에 지도 한번 볼까?"

용선생이 버튼을 누르자 한반도가 그려진 지도가 지잉~ 하고 내려왔다.

"이렇게 지도에 전선을 그려 보면 전쟁의 흐름을 한눈에 알아볼 수 있어. 전쟁이 터진 뒤 3개월 만인 8월 말에는 전선이 낙동강 근처까지 밀렸어. 정부가 피신해 있던 부산, 대구 등을 뺀 나머지 지역이 모두 북한군의 손에 들어가게 된 거였지."

아이들의 눈이 모두 낙동강 근처에 둥그렇게 그려진 전선으로 쏠렸다.

"헉! 요만큼밖에 안 남았단 말이에요?"

"그래. 하지만 두 달 동안이나 계속 밀고 내려오느라 북한군의 전투력은 조금씩 떨어지고 있었어. 반대로 남쪽 군대에는 계속해서 미군이 더 추가되고 있었지. 이런 상황에서 전세를 확 바꾸기 위해 맥아더는 한반도 중심부를 공격할 계획을 세웠어. 서울에서 가까운 큰 항구 도시, 바로 인천을 공격하는 거였어. 이 작전을 '인천 상륙 작전'이라고 불러."

"그래서요? 성공했나요?"

"응! 9월 15일, 맥아더가 이끄는 국군과 국제 연합군은 인천에 들어가는 데 성공했어. 그들은 중간에서 북한군의 식량이며 무기가 공급될 길을 막아 버린 뒤, 낙동강 쪽의 군대와 함께 양쪽에서 북한군을 공

곽두기의 국어사전

전선(戰線)
싸울 전(戰), 줄 선(線)으로 전쟁에서 전투가 벌어지는 지역들을 하나로 연결한 선을 뜻해.

인천 상륙 작전 1950년 9월 15일 인천에 상륙한 국제 연합군의 모습이야. 인천을 차지하면 서울로 빨리 들어갈 수 있고, 북한군과 전쟁 물자의 이동을 끊어 버릴 수 있었기 때문에 인천 상륙 작전이 계획된 거야.

격했지. 계획대로 전세는 확 뒤집혔고, 9월 28일에는 국군과 국제 연합군이 서울을 되찾았단다. 며칠 뒤 10월 1일에는 북한군을 아예 38도선 위로 밀어냈지. 기세를 몰아 북쪽으로 계속 치고 올라간 남쪽 군인들은 38도선을 넘은 지 한 달 만에 압록강 근처까지 다다랐어. 다음 지도를 보렴."

용선생의 말에 아이들의 눈이 다시 지도를 향했다. 두 번째 전선은 한반도 북쪽 꼭대기에 그려져

서울을 되찾은 국군과 국제 연합군 인천 상륙 작전으로 전세를 뒤엎은 국군과 국제 연합군은 9월 28일, 마침내 서울을 되찾았어. 사진은 서울 수복 4주년 기념식 때 중앙청에서 국군이 다시 태극기를 올리고 있는 모습을 재현한 거야.

6·25 전쟁의 전개 과정

1950.6 ~ 1950.9 북한군의 남침

1950.9 ~ 1950.10 국제 연합군 참전과 북진

있었다.

"아까랑 반대네요! 곧 북한군이 한반도 밖으로 쫓겨나게 생겼는데요?"

"그래. 헌데 11월 말, 전세가 또 한 번 뒤집혔어. 이 위쪽 중국 대륙에서 까맣게 군인들이 밀려 내려왔거든. 바로 중국군이었지."

"어라, 중국군은 또 왜요? 북한을 돕겠다고 했다더니 약속을 지키려고 그러는 거예요?"

"그런 이유에서만은 아니었어. 중국은 한반도 북쪽의 사회주의 정부가 무너진다면 당장 자기네 나라에도 큰 위협이 될 거라고 보았어. 그래서 국제 연합군에게 38도선을 넘어 올라오면 중국에 도전을 하는 것으로 알겠다며 여러 번 경고를 했지. 그러다 국제 연

1950.11 ~ 1951.2 중국군 참전

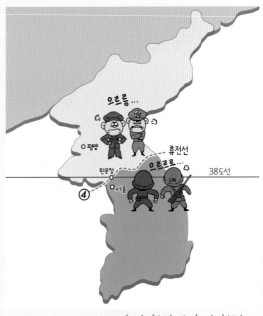

1951.3 ~ 1953.7 휴전 협상과 휴전 협정

밀려오는 중국군 중국군은 북한군을 돕기 위해 1950년 10월에 압록강을 건넜고, 11월에는 본격적으로 전쟁에 참여했어. 이들은 예상치 못한 장소에 불쑥불쑥 나타나 공격하거나 꽹과리를 치고 함성을 지르면서 국군과 국제 연합군을 괴롭혔다고 해.

합군이 북쪽 꼭대기까지 다다르자 급기야 전쟁에 뛰어든 거였어."

"아이쿠야…… 그럼 이제 전쟁터에 가면 우리 국군에 북한군에, 영어 쓰는 국제 연합군에다가 중국말 쓰는 중국군까지 한데 엉켜서 싸운다는 거네요!"

장하다가 혀를 내두르며 말했다.

"그래. 이제 이 전쟁은 우리 민족끼리만의 전쟁이 아니었어. 냉전을 벌이던 자본주의 세력과 사회주의 세력이 한반도 땅에서 정면으로 맞붙은 셈이 되고 만 거야. 그런 만큼 양쪽 다 쉽게 물러설 수 없는 싸움이었지."

"그럼 선생님, 중국군이 들어오면서 전선이 또 바뀐 거예요?"

"응, 국군과 국제 연합군은 다시 38도선 아래까지 밀렸어. 12월이 지나고 해가 바뀌어 1951년 1월 4일에는 또다시 서울을 빼앗기게 됐단다. 이때는 중국군이 밀려온다는 소문에 서울 사람들 대부분이 미리 피란을 떠났어."

"잠깐, 한강 다리는 폭파됐잖아요? 서울 사람들은 한강을 어떻게 건넌 거예요?"

"당시는 겨울이라 한강이 얼어붙어 그 위를 건너갔다고 해. 다들

1·4 후퇴 피란길 1951년 1월 4일, 서울을 중국군에게 빼앗기고, 다시 피란길에 오른 사람들의 모습이야. 매서운 추위를 뚫고 피란을 가야 했기 때문에 전쟁 초기 피란에 비해 더욱 힘들었어.

이렇게 피란을 떠났기 때문에 1월 4일에 중국군과 북한군이 다시 서울에 들어왔을 때는 온 도시가 거의 텅텅 비어 있었다지. 이때의 일을 '1·4 후퇴'라고 불러."

아이들이 서울보다 조금 아래쪽에 그어진 세 번째 전선을 바라보았다.

"아휴, 남쪽 끝부터 북쪽 끝까지 계속 왔다 갔다 하면서 싸운 거네."

"결국 우리나라 땅이 다 전쟁터가 됐다는 얘기잖아?"

"맞아. 이렇게 전선이 마치 톱질할 때처럼 왔다 갔다 하며 끊임없이 움직인다고 해서 이 전쟁은 '톱질 전쟁'이라는 희한한 별명까지 얻었어. 이 톱질 전쟁으로 인해 정말 많은 사람들이 죽고 다쳤지. 그리고 얼마 뒤 1951년 4월에는 전선이 다시 38도선 근처에 형성되었단다. 벌써 전쟁이 시작된 지 열 달이나 지났지만 전선은 제자리로 돌아간 거였지."

"맙소사…… 이건 아무리 싸워도 끝이 안 날 것 같아."

나선애가 머리를 절레절레 흔들며 중얼거렸다.

2년 동안 이어진 휴전 협상

"오냐. 양쪽 모두 피해만 키울 뿐 이 전쟁에서 어느 한 쪽이 완전히 승리하는 게 불가능하리라는 사실이 점점 분명해지고 있었지. 더 이상 전쟁을 계속할 이유가 없어진 셈이야. 결국 양쪽은 1951년 7월부터 '휴전 협상', 즉 서로 전투를 멈추기 위한 협상을 시작했지. 그런데 실제로 이 협상이 마무리되고 휴전 협정이 맺어진 것은 1953년 7월의 일이었어."

휴전선을 확인하는 두 대표 1951년 11월 27일, 판문점에서 국제 연합군 대표 제임스 머레이(왼쪽)와 북한군 대표 장춘산(오른쪽)이 휴전선을 확인하는 모습이야.

"1953년? 그럼 협상을 하는 데만 2년이 걸렸다는 겁니까?"

왕수재의 눈이 커다래졌다.

"응. 이 협상 자리는 강대국들의 자존심 싸움 자리가 되어 버렸거든. 그도 그럴 것이, 자본주의 세력과 사회주의 세력이 맞대결을 벌였는데 결국 아무도 이기지 못한 채 끝맺게 됐잖아? 그러니 서로 조금이라도 자신들에게 유리한 쪽으로 협상을 해서 자기네가 이긴 것처럼 보이고 싶어 한 거지. 처음엔 남과 북을 가르는 경계를 어떻게 그을 것인가를 두고 몇 달 동안 회담이 진행됐어. 결국 당시 남쪽 군대와 북쪽 군대가 점령하고 있던 지역을 기준으로 삼아 휴전선이 그어졌지."

"아! 그러면 휴전선은 38도선하고 다른 거예요?"

"맞아. 휴전선은 전쟁을 멈추고 양쪽의 경계를 나타낸 선이고, 38도선은 한반도를 북위 38도를 기준으로 나눈 선이지."

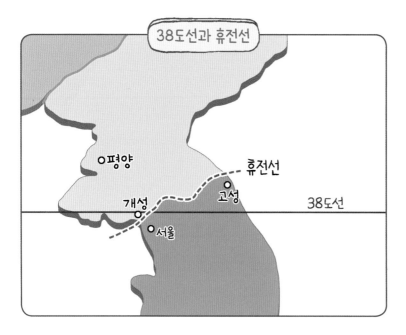

용선생이 다시 한 번 버튼을 꾹 누르자 지지 직~ 하는 뻑뻑한 소리와 함께 또 한 장의 한반도 지도가 내려왔다. 38도선 과 휴전선이 함께 그려진 지도였다.

"차이가 보이지? 서쪽 휴전선은 이렇게 38도선 에서 조금 아래로 내려

왔어. 그래서 개성 같은 도시는 전쟁 전에 남한 땅이었지만 지금은 북한에 속해. 반면에 동쪽 휴전선은 38도선보다 꽤 위로 올라갔어. 속초며 고성 같은 지역들은 이때 새로 남한에 속하게 되었지."

"이제 알겠네요! 여긴 동쪽이니까 우리가 38도선을 넘을 수 있게 된 거네."

허영심의 말에 다른 아이들도 "아하!" 했다.

"이렇게 휴전선이 정해진 뒤로는 전투 중에 잡힌 상대편 포로를 돌려보내는 문제를 놓고 또 협상이 이어졌어. 자그마치 18개월이나."

"엑, 뭘 그렇게 오래요? 그냥 보내 주면 되는 거 아니에요?"

"서로 주장하는 방식이 달랐거든. 북한과 중국은 여러 나라의 포로들을 모두 원래 자기 나라로 돌려보내자고 했어. 이건 전쟁 포로에 관한 국제 조약에서도 정해 놓은 방식이었지. 하지만, 미국은

포로 송환 협상　판문점에서 북한으로 돌아갈 것을 거부하는 포로(오른쪽)와 북한 대표(왼쪽)가 말싸움을 벌이고 있어. 전쟁이 끝난 후 북에서 남으로 돌아간 포로는 75,823명, 남에서 북으로 돌아간 포로는 12,773명이라고 해.

포로들의 뜻을 존중해야 마땅하다며 각자가 가고 싶은 나라로 가게 하자고 했어."

"왜요? 국제 조약은 지키라고 만들어 놓은 거잖아요. 그런데 왜 지키지 않은 건데요?"

곽두기가 눈을 동그랗게 뜨고 말했다.

"왜냐, 당시 남한 쪽에 잡힌 포로들 중에는 북쪽으로 돌아가고 싶어 하지 않는 이들이 꽤 있었거든. 미국은 그들이야말로 사회주의 나라보다 자본주의 나라가 더 살기 좋은 곳이라는 증거가 되어 줄 거라고 본 거야. 그런데 알고 보면 그들은 대부분 남쪽 출신의 포로들이었어. 전쟁 초기에 남한 땅을 점령한 북한군이 자기네 군대로 끌고 간 이들이었지."

"그렇담 그냥 고향에 남고 싶다는 것뿐인데……. 어휴, 이래서 자존심 싸움 자리가 됐다고 하신 거군요."

"결국 자기 나라로 돌아가지 않겠다는 포로들은 이 전쟁과 아무런 상관이 없는 다른 나라의 심사를 받아서 갈 곳을 정하는 것으로 결정이 됐어. 그리고 1953년 7월 27일, 드디어 국제 연합군과 북한군·중국군 사이에 휴전 협정이 맺어졌단다."

휴전 협정서
1953년 7월 27일에 작성한 휴전 협정서야. 이 문서에 보이는 서명은 왼쪽 위에서부터 시계 방향으로 북한군 총사령관 김일성, 중국군 사령관 펑더화이(彭德懷), 국제 연합군 사령관 클라크(Mark. W. Clark), 국제 연합군 수석 대표 해리슨(William. K. Harison)과 북한군 수석 대표 남일의 것인데 휴전 협상에 참여하지 않은 국군 측의 서명은 빠져 있어.

"가만, 근데 왜 한국은 빠졌죠?"

"아, 이승만 정부는 여전히 '북진 통일'을 주장하면서 전쟁을 계속하자는 입장이었어. 그러니 휴전 협정서에도 서명하지 않은 거지. 이것으로 3년 넘게 이어진 6·25 전쟁은 휴전 상태로 접어들게 되었어. 38도선 근처에서 계속 이어지던 포성도 비로소 완전히 멈추었지."

"후유…… 그리고 보면 38도선이 휴전선으로 바뀐 것 말고는 달라진 게 없네요?"

"하긴 이긴 쪽도 없고, 통일이 된 것도 아니고. 다시 예전으로 돌아간 거네."

아이들이 어깨를 으쓱거리며 하는 말에 용선생이 조용히 "얘들아.” 했다.

“아니, 전쟁 뒤의 한반도는 결코 예전으로 돌아갈 수가 없었어. 전쟁은 모든 것을 바꿔 놓았거든⋯⋯. 이제 다 왔으니까 내려서 다시 이야기하자.”

잠시 뒤 용선생과 아이들은 고성 통일 전망대에 도착했다. 통일 전망대는 군인들만 다닐 수 있는 지역에 있기 때문에 출입 신고를 하고 허락을 받아야만 들어갈 수 있었다. 게다가 들어갈 때는 총을 멘 군인들의 검문도 받아야 했다. 알 수 없는 긴장감에 아이들은 내내 입을 꼭 다물고 있었다.

전쟁의 고통을 겪은 사람들

차에서 내린 용선생과 아이들은 주차장 바로 옆에 붙어 있는 휴게소부터 들르기로 했다.

“후아⋯⋯! 여기 진짜 오기 어려운 곳이네!”

“그러게 말야. 분위기 장난 아니었어, 그치?”

음료수를 꼴깍꼴깍 들이켠 아이들이 그제야 다시 살아난 듯 재잘거리기 시작했다.

“근데 선생님, 전쟁 뒤에는 다시 예전으로 돌아갈 수 없었다는 게 무슨 말씀이세요?”

나선애가 묻는 말에 모두 용선생을 바라보았다.

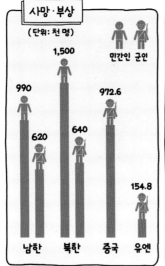

6·25 전쟁의 피해

사망·부상
(단위: 천 명)

민간인 군인

990
1,500
620
640
972.6
154.8

남한 북한 중국 유엔

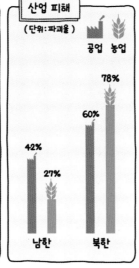

산업 피해
(단위: 파괴율)

공업 농업

42%
27%
60%
78%

남한 북한

희생된 군인이
잠든 이곳은?

용선생 현장 강의

"약 1년 동안 한반도 끝에서 끝까지 전쟁터가 되고, 다시 또 2년여 동안 38도선 근처에서 치열한 전투가 이어지는 동안 무수한 사람들이 희생되었어. 이 전쟁에서 죽거나 다친 사람이 무려 500만 명에 달한다고 해. 당시 한반도 전체 인구가 3천만 명이었으니 1/6에 가까운 숫자라지."

"헤에? 그게 도대체……!"

"그 많은 사람들이 다 싸우다가 그렇게 된 거예요? 아니, 군인이 얼마나 많았게요?"

입이 떡 벌어진 아이들이 믿을 수 없다는 표정을 지었다.

"물론 전쟁터에서 희생된 군인들의 수가 가장 많았지. 남에서고 북에서고, 아직 군대에 갈 나이에 못 미치는 열다섯, 열여섯 소년들까지 전쟁터에 나섰다 희생되기도 했어. 전쟁터에서 만나지 않았더라면 금세 친구가 되어 어울려 놀았을 소년들이었지."

용선생이 종이를 한 장 펼쳐 아이들에게 보여 주었다.

"이건 서울에서 중학교에 다니던 이우근이라는 소년이 남긴 글이야."

어머니 나는 사람을 죽였습니다.

그것도 돌담 하나를 사이에 두고 10여 명은 될 것 같습니다.

나는 4명의 특공대원과 함께 수류탄이라는 무서운 폭발 무기를 던져

일순간에 죽이고 말았습니다. 수류탄의 폭음은 나의 고막을 찢어 버렸습니다.

지금 이 글을 쓰고 있는 순간에도 귓속에는 무서운 굉음으로 가득 차 있습니다.

어머니, 적은 다리가 떨어져 나가고 팔이 떨어져 나갔습니다.

너무나 가혹한 죽음이었습니다.

아무리 적이지만 그들도 사람이라고 생각하니, 더욱이 같은 언어와 같은 피를

나눈 동족이라고 생각하니 가슴이 답답하고 무겁습니다.

어머니, 전쟁은 왜 해야 하나요.

이 복잡하고 괴로운 심정을 어머님께 알려 드려야 내 마음이 가라앉을 것 같습니다.

저는 무서운 생각이 듭니다. 지금 내 옆에서는 수많은 학우들이 죽음을

기다리는 듯 적이 덤벼들 것을 기다리며 뜨거운 햇빛 아래 엎드려 있습니다. ……

"이 글의 뒷부분에는 꼭 살아서 어머니의 곁으로 돌아가겠다고, 그리고 상추쌈이 먹고 싶다고 적혀 있었어."

"어떡해! 너무 안됐다……."

"그래서…… 어머니 곁으로 돌아갔나요?"

나선애가 조심스레 묻는 말에 용선생은 고개를 저었다.

"아니. 결국 전투를 치르다 목숨을 잃고 말았지. 이 글은 그가 죽은 뒤 그의 주머니 속에서 발견되었어."

학도병 6·25 전쟁에 참전한 학도병의 모습이야. 학도병은 학생 신분으로 군대에 들어간 병사를 말해. 6·25 전쟁 기간 동안 참전한 학도병은 대체로 15~18세의 소년들이었고, 그 수는 27,700여 명에 달했다고 해.

아이들이 후우, 한숨을 내쉬었다.

"그런데 얘들아, 전쟁터의 군인들만 목숨을 잃은 것이 아니었어. 이 전쟁에서 희생된 사람들 수가 그토록 많았던 것은 전투에 참여하지 않는 민간인 중에도 죽고 다친 사람들이 너무나 많았기 때문이란다. 특히 이 전쟁은 자본주의와 사회주의의 사상 대립을 앞세워 벌어진 전쟁이었기 때문에 희생된 이들이 더욱 많았지."

"네? 전투에 참여하지도 않은 사람들도 희생되었다니, 어째서요?"

"서로 적이 된 남북의 정부가 번갈아 가며 사람들에게 총을 겨누었기 때문이야. 시작은 전쟁이 터지면서부터였지. 북한군이 밀려 내려오자, 남한 정부는 좌익 세력을 모두 없애 버리려 했어. 그들이 북한군을 도울지도 모른다는 이유에서였지. 결국 좌익 활동을 하다가, 또는 이런저런 이유로 좌익으로 몰려 감옥에 갇혀 있던 사람들은 한꺼번에 총살을 당했어."

"마, 맙소사……!"

"그리고 낙동강 주변을 뺀 나머지 지역이 모두 북한군의 손에 들어가게 되자, 이번엔 다른 사람들이 벼랑 끝에 몰렸어. 북한군은 이전에 좌익을 탄압하는 일을 도왔거나 우익 단체에 발을 담갔던 사람들을 있는 대로 추려내 처형해 버렸어. 그뿐 아니라 수많은 사람들이 인민재판에 부쳐졌어. 법관이 아니라 인민, 그러니까 보통 사람들이 모여 직접 재판을 진행하는 걸 인민재판이라고 해. 하지만 말이 재판이지, 끌려 나온 사람에게는 아무리 억울해도 자기 입장을 설명할 기회조차 없었고, 결과는 무죄 아니면 유죄 둘 중 하나였어. 누군가 '반동이다!' 하면 곧장 죽임을 당하기도 했지."

"반동이오? 반대로 움직인다는 뜻인가?"

인민재판 1950년 7월 2일 서울 태평로의 국회 의사당 앞에서 벌어진 인민재판 모습이야. 양복을 입은 채 인민재판을 받고 있는 사람은 문인 김기진 씨야. 그는 사형 판결을 받아 뭇매를 맞고 버려졌지만 극적으로 살아남았대.

"어떤 움직임에 반대하는 걸 뜻해. 북한군은 사회주의에 반대하는 일을 반동이라고 불렀어. 이렇게 인민재판은 공개적으로 이루어졌고 처형도 그 자리에서 이루어지는 경우가 꽤 많았기 때문에 사람들에게 더욱 끔찍하게 기억되었단다."

"듣고 보니, 결국은 이쪽 편에 서도 죽고, 저쪽 편에 서도 죽는 거잖아요!"

"진짜…… 사람들이 얼마나 불안했을까? 북한군이 쫓겨 간 뒤에야 다들 마음을 놓았겠네요."

하지만 용선생은 안타까운 얼굴로 고개를 저었다.

"거기서 끝이 아니었어. 국군이 돌아온 뒤에도 또다시 희생되는 사람들이 생겨났어. 당시 서울에선 전쟁이 터지고 이틀 만에 다리가 끊어져 많은 이들이 피란을 가지 못했다고 했지? 이때 다리를 건넌 이들은 돌아와 서울을 지키던 이들을 '부역자'라고 몰아세웠어."

"부역자요? 반역자하고 비슷하네요?"

"말은 비슷하지만 뜻은 조금 달라. 부역자는 반역 행위를 직접 한 건 아니고 그것에 동조한 사람을 뜻해. 6·25 전쟁 당시에는 북한군을 도운 사람을 가리키는 말이었지."

"북한군을 도운 사람이 있었다고요?"

곽두기가 눈을 커다랗게 뜨며 물었다.

"응. 적극적으로 북한군을 도운 사람들도 있었지만 부역자로 꼽힌 이들 중에는 어쩔 수 없이 북한군을 돕게 되는 경우도 있었어."

"어떻게요?"

"예를 들면 마을을 점령한 북한
군에게 밥을 해주거나 집을 내어
줬다면 북한군을 도운 거였지. 그
런데 피란을 못 가고 남아 있던 사
람들은 북한군의 말에 따를 수밖에
없었어. 북한군이 무력을 동원하며
그들을 협박했기 때문이야. 그런
데도 서울로 돌아온 이들은 '북한
군이 활개를 치는 동안 협조를 했
으니, 너희도 북한군과 똑같이 우
리의 적이다!' 이런 논리로 사람들
을 잡아들였어. 경찰, 헌병, 우익
단체가 앞장을 서서 서울뿐 아니라

전쟁 부역자 사진에 있는 사람들은 부역자로 잡혀 온 사람들이야.
사람들 목에는 각자 부역한 내용이 적힌 명찰이 걸려 있어.

전국 각지에서 부역자를 잡아냈어. 하지만 잡혀 온 이들 중에는 평
범한 국민들이 많았어. 적극적으로 나서서 북한군을 도왔던 이들은
이미 그들을 따라 북으로 올라갔거든."

"피란도 못 가고 남아서 고생을 했는데 그런 취급을 받다니, 얼마
나 억울했을까?"

"어휴, 어쩌면 좋아!"

허영심이 안타까운 표정을 지었다.

전쟁이 남기고 간 것들

"이렇게 전선이 바뀔 때마다 곤욕을 치른 사람들은 새로 중국군이 전쟁에 뛰어든 뒤 국군이 다시 남쪽으로 밀리자 너 나 할 것 없이 피란길에 나섰어. 그저 피하는 것 말고는 달리 선택할 수 있는 길이 없던 거지."

"아까 얘기하신 1·4 후퇴가 바로 그때였군요?"

"그래. 남한 땅에 살던 사람들만 피란을 떠났던 게 아니라, 북쪽에서도 피란을 내려왔어. 그 덕에 부산이며 대구 같은 남쪽의 도시들은 사람들로 미어터질 지경이었지."

"우리 할아버지도 그때 부산으로 피란 갔다고 하셨는데……."

"그런데 전쟁이 끝나고 휴전선이 그어지자, 북에서 내려온 피란민들은 고향으로 돌아갈 수가 없었어. 또 북한군이 올라가면서 데려간 이들도 그대로 영영 소식이 끊겼지. 이렇게 가족과 생이별을 하게 된 사람들을 '이산가족'이라고 불러. 이들은 그 뒤 평생 그 상처를 안고 살아가야만 했지."

"어? 텔레비전 보니까 이산가족이 만나는 뉴스가 나오고 그러던데요?"

"그래, 맞다. 하지만 그렇게 되기까지는 삼십 년도 넘는 시간이 걸렸어. 남북의 정부가 처음 뜻을 모아 이산가족 상봉 행사를 마련한 것은 1985년의 일이었거든. 게다가 전쟁 뒤 남북의 이산가족 숫자는 수백만 명에서 많게는 천만 명에 이른다고 했어. 하지만 지금

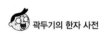

곽두기의 한자 사전

이산가족
(離散家族)

갈라질 이(離),
흩어질 산(散)으로
이리저리 흩어져서
서로 소식을
모르고 살게 된
가족(家族)을
말해. 우리나라의
이산가족은 주로
6·25 전쟁 때문에
생겨났어.

까지 이산가족 상봉 행사를 통해 헤어진 가족을 만난 사람 수는 2만 명이 채 되지 않는다지."

"가만있자…… 그분들은 다 나이가 엄청 많으시겠네요?"

왕수재의 말에 다들 아차 싶은 표정을 지었다.

"사실 대부분 돌아가셨다고 봐야지. 그래도 아직 언제나 기회가 올까 애를 태우면서 자신의 차례가 오기를 기다리시는 백발의 할머니, 할아버지가 수만 명이라고 해."

"아니, 대체 왜 그분들을 기다리게 해요? 시간이 없는데 얼른 다 만나게 해 드려야죠!"

장하다가 답답한지 목소리를 키웠다.

"잘 이해가 안 되지? 그게 다 전쟁 뒤 남과

1985년 이산가족 상봉 1985년 9월 22일, 이산가족 상봉 행사에서 만난 어머니와 아들의 모습이야. 남한의 어머니 박말임 여사는 북한에 사는 아들 강신익 씨를 만나자 감정을 추스르지 못하고 그 자리에서 쓰러졌다고 해.

참고 영상

헤어진 가족
드디어 만나다!

북이 쌓아 놓은 높은 벽 때문이란다. 전쟁은 끝난 뒤까지도 사람들의 생각을 꽁꽁 얼어붙게 만들었어. 남과 북은 불과 몇 년 전까지 같은 나라 같은 민족이었던 사실을 잊은 듯 철천지원수가 되어 버렸지. 남한에서는 전쟁을 일으킨 북한에 대한 원망과 전쟁의 와중에 쌓인 미움이 한데 합쳐져 '반공(反共)'을 외치는 목소리가 점점 커졌어."

"반공이라면 공산주의에 반대한다는 건가요?"

"그래. 특히 이승만 대통령과 그를 따르던 이들은 이런 분위기를 더욱 부추기며 자신들에 반대하는 세력을 '빨갱이'로 몰았어."

"빨갱이요? 빨갛다는 건가요?"

"응. 빨갱이는 좌익 세력을 낮잡아 부르던 말인데, 공산주의자들이 그들의 상징물, 특히 국기에 빨간색을 쓴 것에서 유래되었다고 해. 실제로 소련, 중국, 북한의 국기에는 빨간색이 많이 쓰였어. 한번 빨갱이로 몰리면 사회적으로 많은 제약을 받았어. 정부의 감시에 시달려야 했고, 직장을 잡기도 쉽지 않았지. 더구나 '빨갱이'라는 꼬리표는 한번 붙으면 여간해서는 떼어 내기 어려웠어. 이승만 대통령은 이렇게 반공주의를 이용해 자신의 권력을 키워 간 거야."

"으, 그러니까 헤어진 북한 가족들을 찾아 주는 건 어림도 없었겠네요."

"반대로 북쪽에서는 자신들이 전쟁에 승리할 수 없도록 만들고 폭격으로 북한 땅을 폐허로 만든 미국에 대한 증오가 생겼지. 이승만 대통령과 남한 정부에 대해서는 미국의 꼭두각시일 뿐이라고 비난했어. 그런가 하면 김일성은 전쟁에 실패한 책임을 다른 정치인들에게 돌렸어. 그리고는 그들을 하나씩 하나씩 몰아내고 사형에 처하기도 했어. 이후 김일성은 북한 사회의 유일한 지도자로서, 상상하기 어려울 만큼 강한 권력을 휘두르기 시작했단다."

"결국 남이고 북이고 다 어두컴컴해졌다는 얘기군요."

"그렇지. 뿐만 아니라 전쟁이 끝난 뒤 국제 사회는 자본주의 세계와 사회주의 세계의 냉전이 더욱 깊어졌어. 양쪽은 서로 경쟁이라

도 하듯 군사력을 키우며 힘 대결을 이어 나갔지."

"어휴~ 살벌하네, 살벌해."

장하다의 말에 용선생이 무겁게 고개를 끄덕였다.

"어느 사회에나 비판 세력은 필요한 법이야. 그래야 잘못된 점들을 고쳐 나가고 더 나은 사회로 나아갈 수 있으니까. 하지만 남과 북의 대립이 이어지면서 한반도에서는 비판 세력이 살아남기 어려워졌지. 남과 북의 차이점만을 강조하며 우리 편이 아니면 적이라는 식으로 몰아붙이는 사고방식이 워낙에 커진 탓에, 우리 사회는 다양한 생각과 의견을 존중하는 문화를 만들어 내기도 어려웠어. 이것은 앞으로 우리가 더욱 성숙한 사회로 발전해 나가기 위해 꼭 넘어서야 할 문제란다."

"하아, 처음부터 나라가 둘로 갈라지지 않았더라면 얼마나 좋았을까? 그랬으면 전쟁도 없었을 텐데……."

"그래. 그랬더라면 오늘 우리에게 남북통일이라는 어려운 숙제가 남겨지지도 않았을 거야."

"지금이라도 당장 통일을 하면 안 되나요? 왜 아직도 통일을 안 하는 거예요?"

곽두기가 커다란 눈망울을 굴리며 물었다.

"남북 정부가 계속 대화를 이어 오곤 있지만, 여전히 서로의 생각 차이가 크거든. 애들아, 통일 문제에서 무엇보다 중요한 것은 평화로운 방법으로 통일을 이루기 위해 남북이 함께 노력해야 한다는 점이야. 어느 한쪽이 다른 한쪽을 힘으로 정복하려 든다면, 언제든 지난 전쟁과 같은 비극이 다시 벌어질 수 있으니까. 남과 북이 서로의 생각을 존중하고 그 차이를 좁혀 나가는 것, 통일을 위해서는 이 과정이 꼭 필요해."

용선생이 아이들을 슥 둘러보며 손을 털었다.

"자, 이 정도면 준비가 다 된 것 같구나. 이제 휴전선 너머 북한 땅을 보러 가 볼까?"

잠시 뒤, 통일 전망대에 들어선 아이들은 쪼르르 난간으로 달려 갔다.

"선생님, 진짜로 저기가 바로 북한이란 말이죠?"

눈부신 해안선을 따라 눈앞에 곧장 바라다 보이는 북한 땅의 모습이 신기한지 아이들은 눈을 뗄 줄을 몰랐다.

"이렇게 가까운데 갈 수가 없게 됐다니……."

고성 통일 전망대에서 바라본 북한 멀리 금강산과 오른쪽에 바다에 솟아 있는 섬들인 해금강
(海金剛)이 보여. 해금강이라는 이름은 섬들의 경치가 금강산을 닮았다고 해서 붙여졌대.

"보고 있으니까 그냥 우리나라 같아. 그렇지 않냐?"

"그러니까! 도대체 왜 저길 가면 안 되는 건지, 갑자기 너무 이상
하다 이거야."

아이들이 하는 말이 깜찍한지 용선생이 스르륵 미소를 지었다.

"그렇지? 오래 갈라져 살아온 탓에 이제 어쩌면 '통일'이라는 말
을 낯설게 여기는 사람도 많을 거야. 하지만 한번이라도 이렇게 눈
으로 북한 땅을 바라보면 다르지. 지금 너희처럼, 오히려 금을 그
어 놓고 서로 넘어오지 못하게 막고 있는 현실이 이상하게 느껴지
는 거야."

용선생이 문득 한쪽 풍경을 가리켰다.

"애들아, 저기 저쪽에 보이는 산은 바로 금강산 봉우리야."

"오옷, 금강산 일만 이천 봉 그거요? 금강산도 밥부터 먹고 가자 하던 그 산!"

"그게 뭐냐? 얘길 하려면 똑바로 해야지, 금강산도 식후경!"

"아, 뜻만 통하면 되지 뭘! 헤헤! 선생님, 저 금강산 봉우리를 꼭 자세히 보고 싶은데 동전 좀······."

장하다가 망원경을 가리키자, 다른 아이들도 기다렸다는 듯 두 손을 불쑥불쑥 내밀었다.

"어? 어······ 좋다! 이 선생님 지갑을 다 털어서라도 실컷 보여 주마!"

나선애의 정리노트

1. 6·25 전쟁의 배경
   ① 국내 — 남한의 이승만 정부와 북한의
      김일성 정부의 대립
   ② 국외 — 자본주의 세계와 사회주의 세계의 대립(냉전)

2. 6·25 전쟁의 전개 과정
   북한군의 남침(1950.6.25) → 북한군의 서울 점령 → 국제 연합군의 참전
   → 인천 상륙 작전 (1950.9.15) → 국군과 국제 연합군이 서울 수복 → 중국군 참전
   → 1·4 후퇴(1951) → 38도선 근처에서 대치 → 휴전 협상(1951.7.10 ~ 1953.7.27)
   → 휴전 협정(1953.7.27)

3. 6·25 전쟁의 결과
   ① 사람들의 피해
   — 약 500만 명에 달하는 사람들이 죽거나 다침
   — 전쟁 고아와 이산가족이 생김
   ② 남과 북의 대립이 심해짐, 이승만 대통령과 김일성의 권력 강화
   ③ 사회주의 세력과 자본주의 세력의 대립이 더욱 심해짐

용선생의 역사 카페

역사계의 슈퍼스타,
용선생의 역사 카페에
오신 걸 환영합니다

Log in

게시판 ⌄

📄 역사가 제일 쉬웠어용!

📄 이제는 더~ 말할 수 있다!

📄 필독! 용선생의 매력 탐구

📄 전교 1등 나선애의 비밀 노트

이웃을 갈라놓은 전쟁

전라북도 고창군의 한 산골 마을. 이 마을에는 대대로 김씨들이 사는 A마을과 천씨들이 사는 B마을, 두 마을이 있었어. 두 마을은 서로 농사일을 도와주고 함께 잔치를 벌이는 등 사이좋게 지냈지. 그런데 전쟁이 일어나기 얼마 전, A마을 김씨들이 'B마을에서 공산당을 만든다'라고 신고하여 B마을 천씨들이 경찰에 끌려가 고문을 당한 일이 일어났어. 이 일로 두 마을의 사이가 나빠졌지.

이런 상황에서 1950년 6·25 전쟁이 일어났어. 전쟁이 터진 뒤 3개월 만에 북한군은 낙동강 남쪽을 제외한 남한의 전 지역을 점령했어. 마을에도 북한군이 들어왔지. 북한군은 이전에 좌익을 탄압한 사람들을 잡아들였고, B마을의 일부 천씨들은 이에 협조했어. 1950년 10월, 예전에 고문당한 일로 김씨들에게 원한을 갖고 있었던 천씨들은 좌익 세력과 함께 A마을 김씨 50여 명을 잡아 가뒀어. 그리고 다음날 김씨들을 모두 한꺼번에 학살했지.

얼마 뒤 전세가 바뀌었어. 국군과 국제 연합군이 서울을 되찾고 북으로 진격하자 북한군은 후퇴하게 되었지. 북한군이 빠져나간 마을에는 이제 국군이 들어왔어. 1951년 5월, 이번에는 마을 근처 야산에서 천씨를 중심으로 B마을 주민 80여 명이 한꺼번에 학살되었어. 경찰이 북한군을 도왔다는 구실로 처벌한 거였지. 그런데 희생당한 사람 중에는 북한군을 도운 일과 관련 없는 사람들도 많이 있었어. 이때 경찰을 이끈 지휘관은 A마을 김씨 집안 사람이었어. 천씨들이 김씨 집안을 학살한 것에 대해 보복을 한 거였지.

이렇게 학살은 또 다른 학살을 낳았어. 전쟁은 대대로 사이좋게 지내던 두 마을을 서로 죽고 죽이는 관계로까지 내몰았지.

매년 5월이면 B마을 천씨 유족들은 한날 한시에 제사를 지내. 10월이면 A마을 김씨 유족들도 똑같은 일을 치르고 있어. 이들은 지금도 바로 이웃해서 살고 있지만 아직 화해하지 못하고 있어. 전쟁이 사람들의 마음까지 갈라놓은 거야.

 COMMENTS

👩 허영심 : 이웃 마을 사람들끼리 죽이다니 정말 끔찍해요.

↳🐢 용선생 : 6·25 전쟁 땐 이처럼 마을 사람들이 이념에 따라 갈라져 서로 싸우는 일이 종종 있었지. 마을에서도 '작은 전쟁'이 벌어졌던 거야.

한국사 퀴즈 달인을 찾아라!

달인 트로피

01 ★★★★☆

아이들이 6·25 전쟁이 일어나기 직전의 상황에 대해 이야기를 나누고 있어. 이 중에서 엉뚱한 말을 하는 아이는 누구일까?

(   )

 ① 이승만 정부와 김일성 정부가 팽팽하게 대립했어.

 ② 미국을 중심으로 하는 자본주의 세력과 소련을 중심으로 하는 사회주의 세력도 대립했어.

 ③ 북한과 가까운 중국에 사회주의 나라인 '중화 인민 공화국'이 세워졌어.

 ④ 일본이 한반도에 대한 권리를 주장했어.

02 ★★★☆☆

용선생이 6·25 전쟁에 대해 설명하고 있어. 밑에 있는 카드를 참고해 빈칸에 알맞은 말을 찾아 넣어 봐.

1950년 6월 25일 새벽, 북한군의 남침으로 전쟁이 시작되었어. 차근차근 전쟁을 준비해 온 북한군은 3일 만에 서울을 점령했지. 이를 지켜보던 미국은 (   )를 열어 남한에 (   )을 보내기로 했어.

국제 연합 안전 보장 이사회, 모스크바 3국 외상 회의, 중국군, 국제 연합군

03 ★★★★★

허영심이 시간 순으로 6·25 전쟁 사진을 정리했어. 그런데 사진첩에 빈칸이 있네? 빈칸 (가)에 들어갈 사진으로 옳지 않은 것은 무엇일까? (   )

시간 순으로 정리한 6·25 전쟁	
	1950년 6월 25일, 남한을 침략한 북한
(가)	
	1951년 1월 4일, 남쪽으로 후퇴

① 중국군 참전

② 한강 다리 폭파

③ 인천 상륙 작전

④ 휴전 협정

04 ★★☆☆☆

휴전 협정이 맺어진 날짜가 언제더라?

(   )

① 1953년 7월 27일
② 1950년 6월 25일
③ 1951년 1월 4일
④ 1950년 9월 15일

도착!

05 ★★★☆☆

6·25 전쟁이 끝난 후 상황을 곽두기가 정리하고 있어. 빈칸에 알맞은 말을 써서 완성해 줄래?

전쟁이 끝나고 남한과 북한의 관계는 더욱 악화되었어. 이 때문에 전쟁 때 헤어진 (   )들은 아직까지도 서로 만나지 못하고 있지. 상봉 행사를 통해 서로 만나기도 했지만 지금까지 헤어진 가족을 만난 사람 수는 2만 명이 채 되지 않는다고 해.

• 정답은 357쪽에서 확인하세요!

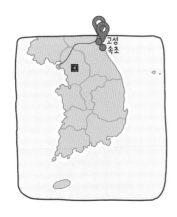

떠나 볼까?

용선생 현장 강의

전쟁의 흔적이 남아 있는
고성과 속초를 찾다

강원도의 북쪽에 위치한 고성과 속초는 남북 분단의 상처를 마주할 수 있는 곳이야. 드넓게 펼쳐진 자연환경을 경험할 수 있는 관광지로도 유명하지. 고성과 속초로 함께 떠나 볼까?

통일 전망대(왼쪽)와 DMZ 박물관 야외 전시(오른쪽) 통일 전망대를 가려면 반드시 신분증을 준비해야 해. 통일 전망대를 가는 길에는 DMZ 박물관, 6·25 전쟁체험 전시관 등 방문할 곳이 많이 있었어.

통일 전망대와 DMZ 박물관

통일 전망대는 우리나라에서 가장 북쪽에 위치한 전망대야. 우리는 이곳에서 북한의 금강산과 해금강을 볼 수 있었어! DMZ 박물관에서는 DMZ 철책, 대북 심리전 장비, 전쟁에 사용되었던 무기들을 보았는데, 분단의 슬픔을 떠오르게 해 주었어.

대북 심리전 장비
대북 확성기와 전광판이야. 이 장비들은 실제로 사용되던 것을 가져온 거야.

전광판

확성기

평화통일

통일 전망대,　　　화진포 해변　　　왕곡 마을　　　설악산　　　아바이 마을
DMZ 박물관

화진포 해변

화진포 해변

　화진포 해변은 고성의 대표적인 휴양지야. 새하얀 모래와 울창한 소나무가 어우러져 정말 아름답더라고. 이곳에서 남북의 지도자였던 이승만과 김일성의 별장도 볼 수 있었어. 화진포 해변에서는 매년 해맞이 축제가 열려. 남북통일을 기원하면서 공연도 하고, 풍선 날리기 등 다양한 행사도 펼쳐진대.

왕곡 마을

　화진포에서 남쪽으로 이동하면 600년 세월을 고스란히 지켜온 왕곡 마을이 있어. 조선 건국에 반대한 이들이 낙향해 살면서 마을이 형성되었대. 이후 그 후손인 양근 함씨, 강릉 최씨가 마을을 이뤄 대대로 살아왔어. 지금도 옛 모습 그대로인 수십 채의 기와집과 초가집을 볼 수 있지.

왕곡 마을　외양간이 부엌 앞으로 돌출된 북쪽 지역의 가옥 형태도 엿볼 수 있어. 국가민족문화재로 지정되었어.

설악산 울산 바위

설악산

설악산은 사계절 내내 멋진 풍경을 자랑하는 산이야. 6 · 25 전쟁 이전에는 북한 땅이었지만, 전쟁 이후 휴전선이 그어지면서 대한민국 땅이 되었대. 설악산에는 권금성을 비롯해 울산 바위, 비선대 등 아름다운 명소가 가득해. 그중 우리는 거대한 절벽이 멋진 울산 바위(명승)를 올라갔어. 울산 바위에는 재미난 전설이 전해져와. 어느 날 신이 금강산을 만들면서 전국 각지의 아름다운 바위들을 불러 모았어. 이때 울산에 있던 울산 바위도 열심히 금강산으로 갔지. 하지만 금강산은 이미 다른 돌들로 채워졌고, 갈 곳이 없어진 울산 바위는 이곳에 눌러 앉아 버렸대. 참 재미있는 이야기지?

설악산 흔들 바위 설악산의 대표적인 명소야. 다 함께 흔들 바위를 힘껏 밀어볼까?

갯배 승객들이 쇠갈고리를 들고 호수 바닥에 가라앉은 쇠줄을 끌어당겨 배를 움직여. 지금도 많은 사람들이 이용하고 있어.

아바이 마을

아바이 마을은 6·25 전쟁 때 북쪽의 함경도에서 피란 온 사람들이 정착해 살던 마을이야. 마을 이름은 '아저씨'의 함경도 사투리인 '아바이'에서 나왔어. 마을에는 아바이 순대, 함흥 냉면 등 함경도의 다양한 먹을거리가 있었어. 또 전쟁 당시에 실향민들이 물길을 사이에 두고 떨어져 있는 속초 시내를 가기 위해 만든 갯배가 있었어.

갯배에서 내린 뒤 5분간 걸어 속초 관광 수산 시장에 도착했어. 시장에는 젓갈, 홍게 등 다양한 물건들을 저렴하게 팔더라고. 우리도 이곳에서 시장의 대표 먹거리인 닭강정을 사 먹었어!

닭강정

홍게 홍게는 동해에 사는 게야. 강원도에는 홍게가 많이 잡혀 손쉽게 맛볼 수 있어.

전쟁이라는 큰 비극을 겪었지만,

한국인들은 절망에 빠져 주저앉아 있지만은 않았단다.

그들은 눈물을 닦고 부지런히 새 삶을 일구었어.

전쟁이 안겨 준 가난과 싸우며,

부정 선거를 통해 권력을 이어 가려던 이승만 정부의 독재 정치에 맞서 싸우며,

그들은 치열하게 희망을 향해 달렸어.

그리고 결국은 '4·19 혁명'이라는 값진 승리를 얻어 냈지!

1951.1

1·4 후퇴하다

발췌 개헌을 하다

1952.7

사사오입
개헌을 하다

1954.11

3대 대통령
선거가
실시되다

1956.5

4·19 혁명이
일어나다

1960.4

5·16 군사 정변이
일어나다

1961.5

4·19 혁명을 이끈 시민들

전쟁의 상처를 딛고, 가난과 독재를 넘어

✔ 알고 있는 용어에 체크해 보자!

- [ ] 삼백 산업
- [ ] 발췌 개헌
- [ ] 사사오입 개헌
- [ ] 3·15 부정 선거
- [ ] 4·19 혁명

"이 옷이랑 얼굴 좀 봐. 너무 불쌍해 보여."

"그러게, 집이 없는 아인가?"

"여긴 아이들이 잔뜩 모여 있는데?"

"어휴, 저 그릇 하나 놓고 밥을 먹는 건가 봐. 먹을 것도 별로 없어 보이는데……."

아이들은 용선생이 건네 준 사진집을 돌려 보며 두런두
런 이야기를 나누고 있었다.

"근데 이거 설마 우리나라는 아니겠지?"

"우리나라 맞을 것 같은데? 여기 한글로 '전쟁고아'라고
써 있잖아. 전쟁 때 부모님을 잃은 아이들인가 봐. 맞죠,
선생님?"

나선애의 말에 아이들이 모두 용선생을 바라보았다.

"그래. 겨우 60여 년 전 우리나라에는 이렇게 처량한 모습을 하고
있던 아이들이 수도 없이 많았어. 어쩌면 이 모습은 바로 너희들의
할머니, 할아버지일 수도 있다는 이야기야."

마침 수업 시작종이 울리고, 용선생이 천천히 교탁 앞으로 나아
갔다.

 ## 맨 땅 위에 경제를 일으키다

"전쟁이 끝난 뒤, 이 땅은 이루 말할 수 없을 정도로 망가져 있었
어. 사람들의 생활 터전인 집과 논밭, 공장은 물론, 학교며 공공기
관, 도로, 다리……. 하여간 멀쩡한 곳이 별로 없었지. 이렇게 파
괴된 땅에는 전쟁터에서 팔을 잃고 다리를 잃은 채 돌아온 병사들,
남편을 잃은 부인, 부모를 잃은 고아들이 넘쳐났단다."

"아흐, 배고픈 사람들이 아주 많았겠군요."

전쟁이 지나간 서울 세종로 전쟁으로 폐허가 된 서울 세종로 거리에서 주민들이 쓸모 있는 물건이 있는지 찾고 있는 모습이야. 멀리 보이는 건물은 대통령 집무실과 주요 행정 부처가 있던 중앙청이야. 오른쪽 사진은 1992년 서울 세종로의 모습인데, 현재 중앙청 건물은 철거되었어.

장하다가 생각만 해도 싫다는 듯 불쌍한 표정을 지으며 말했다.

"왜 아니겠니. 먹을 것이 절대적으로 모자란 상황이었으니, 배를 곯는 사람이 따로 있는 것이 아니었어. 얼마 안 되는 부자들을 빼고는 온 나라 사람들이 모두 배고픔에 시달렸지. 이런 상황에서 당장 큰 힘이 되어 준 것은 여러 국제단체에서 보내오는 구호물자였어."

"구호물자가 뭐예요? '구호를 외친다' 할 때 그 구호인가?"

"재난이나 재해로 어려움에 처한 사람들을 돕기 위해 보내는 물건을 구호물자라고 해. 구호물자의 대부분은 곡식이나 음식물이 든 통조림, 또 우유 가루며 밀가루, 옥수수 가루 등의 식량이었어. 그 밖에 옷가지나 비누처럼 일상생활에서 필요한 물건들도 많았지. 이런 구호물자들은 학교나 병원처럼 사람들이 모이기 쉬운 곳에서도

미군 부대에서 흘러나온 물건들 　군인들이 먹는 전투 식량을 담은 상자와 그 안에 함께 들어 있던 통조림과 초콜릿, 껌, 담배야. 미군에게 필요한 물건들을 미국에서 직접 제공했기 때문에 미군 부대에는 이런 것들이 많았어.

나누어 주고, 국제단체와 연결된 교회에서도 나누어 주었단다.”

“아, 그나마 다행이네요.”

“배고픈 사람들은 미군 부대 주변으로 모여들기도 했어. 어딜 가나 먹을 것, 입을 것이 모자랐던 그때, 미군 부대에는 모든 것이 풍족했거든. 아이들은 초콜릿이며 껌을 얻어먹는 재미에 ‘헬로! 쪼꼬레뜨 기브 미!’ 하고 설익은 영어를 외치며 미군들을 따라다니기도 했지. 또 ‘꿀꿀이죽’도 인기가 좋았어.”

“꿀꿀이죽이 뭔데요? 돼지죽이라는 뜻인가요?”

“응. 꼭 돼지가 먹는 음식처럼 생겼다고 해서 붙여진 이름이야. 쓰레기를 모아서 버리는 일을 하는 이들이 미군 부대에서 나온 음식 찌꺼기를 따로 모아 팔곤 했는데, 그걸 끓인 음식이 바로 꿀꿀이죽이었어.”

“윽, 남은 음식을 가져다가요? 세상에, 얼마나들 가난했으면…….”

구호품을 받는 아이들 1950년대. 미군이 건네는 물건을 아이들이 조심스레 받고 있는 모습이야. 왼쪽에 있는 아이들이 입고 있는 깨끗한 옷도 미군이 보내 준 구호품 중 하나였어.

허영심의 얼굴이 어두워졌다.

"하지만 어디 한국이 계속 이렇게만 머물러 있겠니? 어서 전쟁의 상처를 잊고 이 지독한 가난에서 벗어나야지! 사람들은 열심히 생활 터전을 일구기 시작했어. 정부는 또 정부대로 나라 경제를 일으키는 데 온 힘을 쏟았지."

"그런데 경제를 일으킨다는 게 뭐죠?"

장하다가 알쏭달쏭한 표정을 지었다.

"간단히 말해 농사를 지어 농산물을 만들어 내거나 공장에서 물건을 만들고, 그것들을 사고팔면서 돈을 버는 일들이 활발하게 일어나도록 한다는 뜻이야."

"오호! 그럼 얼른 다시 농사도 시작하고 새로 공장도 짓고 그러면 되는 거군요?"

"맞아. 그런데 공장에서 물건을 만들어 내려면 일단 밑천부터 있어야겠지? 공장을 짓고 기계를 마련할 돈이며 물건으로 만들어 낼 원료 말이야. 하지만 당시는 전쟁 직후라 한국에는 이런 돈이며 원료가 거의 없었어. 그래서 한국은 미국으로부터 원조 물자를 받아야만 했지."

"도울 원(援), 도울 조(助), 도와준다는 뜻이에요?"

한자 풀이에 신이 난 곽두기가 말했다.

"원조란 당시 한국처럼 전쟁 등으로 큰 어려움을 겪은 나라나 경제 수준이 많이 뒤떨어져 있는 나라에게 다른 나라가 물자나 돈을 보내 돕는 걸 말해."

"근데 원조 물자를 미국에서 받았다면, 미국은 전쟁이 끝나고도 계속 한국을 도왔나 보죠?"

장하다가 갸웃거리며 하는 말이었다.

"응, 무척 적극적으로 도왔지. 그 이유를 들라면, 역시 냉전 때문이었어. 생각해 봐. 이제 미국과 소련은 한반도에서 한발 물러났고 각자 남한과 북한 편에 서서 싸웠던 전쟁도 끝이 났지만, 자본주의 세력과 사회주의 세력의 대결은 계속되고 있었지. 그러니 미국은 한국을 확실히 자기편으로 만들고, 또 보란 듯이 발전시켜서 자본주의 대 사회주의의 싸움에서 앞서가고 싶었던 거야."

"아하! 남한이 북한보다 빨리 발전해야 미국이 점수 한 점 올리는 거다, 이런 얘기군요?"

왕수재의 말에 용선생이 고개를 끄덕여 주었다.

"그럼 그 원조 물자라는 것을 받아서 우리나라 경제는 발전했나요?"

"응. 바닥에서 새로 시작하는 한국 경제는 미국에서 들여온 원료들을 상품으로 만들어 내는 산업부터 발전하기 시작했어. 바로 밀가루, 설탕, 면직물이었는데, 이 세 가지가 모두 흰색이어서 '삼백(三白) 산업'이라고 불러."

"그런데 왜 하필 밀가루, 설탕, 면직물 원료를 들여온 거예요?"

"당시 미국에는 이 원료들이 많이 남아돌았거든. 밀가루나 설탕, 면직물을 만든 사람들이 물건이 팔리지 않아 손해를 보게 되었으니 미국 정부는 이 원료들을 사 모아서 한국에 보내 그 문제를 해결하려고 했어."

"한국도 도우면서 자기네 문제도 해결하려고 한 거네요?"

"그렇지! 여하튼 이런 원료들로 만들어 낸 상품들은 당시 사람들의 생활에 많은 영향을 미쳤어. 오늘날 우리가 즐겨 먹는 짜장면은 이때부터 많이 먹게 되었지. 짜장면뿐 아니라 수제비, 칼국수 같은 밀가루 음식들이 모두 이때 널리 퍼진 거야. 미국에서 들어온 밀을 빻은 밀가루가 값싸게 공급되기 시작했기 때문이었지."

이때 곽두기가 갑자기 "아!" 하고 소리쳤다.

"이제 알겠다, 우리 할아버지는 수제비 같은 거 절대로 안 드세

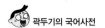

면직물(綿織物)
솜 면(綿), 짤 직(織), 물건 물(物)로, 목화솜으로 짠 물건이라는 뜻이야.

미국의 원조 물자 미국의 원조를 홍보하는 포스터(왼쪽)와
원조 물자로 보내 온 밀가루 포대(오른쪽)야.

요. 맛있는데 왜 안 드시냐고 물었더니, 옛날에 밥 대신 하도 많이
먹어서 쳐다보기도 싫다고 그러셨어요."

"그래, 간혹 그런 분들도 계실 거야. 귀한 쌀 대신 그나마 쉽게
구할 수 있는 밀가루 음식을 하루 한두 끼씩 꼬박꼬박 먹어야 했으
니까. 어쨌든 당시 밀가루가 수많은 이들의 굶주림을 달래 준 것만
은 분명하지. 뿐만 아니라 밀가루, 설탕, 면직물 산업이 발전하면
서 1950년대 중반부터는 한국 경제도 조금씩 일어서기 시작했어."

"호, 고마운 밀가루! 설탕! 면!"

"그런데 이렇게 미국의 원조를 통해 경제를 일으키면서 생기는
문제들도 있었어. 많은 기업들이 고루 발전하면서 경제가 균형 있
게 성장하면 좋았을 텐데, 그러지를 못했거든. 당시 원조 물자를
모든 기업이 받을 수 있는 것은 아니었어."

"어? 왜요? 골고루 나눠 받으면 더 좋잖아요."

"당시엔 공장이나 기계를 갖춘 기업들이 적었거든. 아무에게나
원조 물자를 나누어 줄 수는 없고 그래도 기계나 공장이 있는 기업

들에게 원조 물자를 나눠 줘야 했던 거지. 그런데 당시 공장이나 기계를 가진 기업들은 대부분 해방 뒤 일본인들이 남기고 간 공장들을 거저나 다름없는 좋은 조건에 정부로부터 넘겨받은 기업들이었어."

"몇몇 기업들만 계속 혜택을 받은 셈이네요?"

"음, 그런가 하면 기업들은 계속해서 원조 물자를 배분받는 혜택을 누리기 위해 정부와 정치인들에게 '정치 자금'을 대 주었어. 이렇게 오가는 뒷돈은 선거 때 그들이 다시 당선되도록 하는 데 쓰였단다. 그러니 깨끗한 정치 문화가 자리 잡기도 어려웠지."

"에잉, 나라가 생긴 지 얼마나 됐다고! 시작부터 그러면 어떻게 해요?"

"뿐만 아니라, 다른 산업은 몰라도 한국의 농업만큼은 미국의 원조 때문에 폭삭 주저앉아 버렸어. 원조 물자의 대부분이 밀 등의 농산물이었으니까. 엄청난 양의 미국 농산물이 들어오면서 국내 농산물 값은 줄줄이 곤두박질치고 말았지. 애써 농사를 지어 봐야 먹고살기도 힘들 정도였으니, 수많은 농민들이 아예 농촌을 버리고 도시로 떠나갔어."

"어휴, 그 사람들 속이 얼마나 답답했을까!"

"하지만 얘들아, 도시로 떠나는 농민들의 심정이 꼭 절망적이었던 것만은 아니야."

희망을 향해 달리는 사람들

"빈손으로 고향을 떠나는 농민들은 이렇게 생각했어. '도시에 가면 일자리라도 많을 테니 여기보단 낫겠지. 아무리 험한 일이라도 괜찮다! 도시에서 자식들만이라도 제대로 가르쳐서 보란 듯이 살게 해 주자!'"

"아자!"

장하다가 주먹을 쥐어 보이며 기합 소리를 냈다.

"그런데 전쟁 뒤 도시로 몰려든 것은 농촌 사람들뿐이 아니었어. 북에서 내려온 이들, 가게나 회사를 운영하다 전쟁 통에 망해 버린 이들, 군대를 제대한 뒤 새로 직업을 구해야 하는 군인들……. 이렇게 다양한 이들이 제각기 희망을 찾아 도시로 모여들었지."

"그럼 도시에는 사람들이 엄청 많아졌겠네요?"

곽두기가 두 팔을 활짝 벌려 보이며 물었다.

"그랬지. 서울은 물론이고 부산과 대구, 마산, 광주, 대전 등 각 지역마다 도시의 인구는 무섭게 늘어 갔어. 그런데 이 시기에

는 도시 인구만 늘어난 게 아니라 한국의 전체 인구도 크게 늘었단다. 새로 태어나는 아기들이 무척 많았거든. 전쟁으로 떨어져 지내야 했던 부부들이 다시 만나고, 그동안 결혼을 미루었던 젊은이들이 우르르 결혼을 하면서 생긴 현상이었지. 게다가 이 무렵에는 전쟁 중에 들어온 항생 물질이 여러 병을 고치는 치료약으로 널리 쓰이기 시작하면서 사망률도 크게 줄어들었어."

"와, 전쟁 때는 사람들이 많이 죽었는데……. 다시 아기들이 많이 태어난다니까 희망이 생기는 것 같은 느낌이에요."

허영심이 밝은 표정을 지으며 말했다.

"근데 선생님, 도시엔 정말 일자리가 많았나요?"

이번엔 왕수재가 물었다.

"뭐, 농촌보다야 나았지. 하지만 워낙 많은 사람들이 모여들었으니 일자리 경쟁도 무척 치열했어. 그나마 일자리가 많은 곳은 공장이었지. 하루 열두 시간씩 힘든 노동을 해야 했지만 공장은 인기가 많은 일터였단다. 어른들만 일을 한 게 아니야. 남의 집 식모살이를 하는 어린 처녀들, 구두닦

나선애의 개념 사전

항생 물질
세균 따위의 성장을 억제하는 물질을 말해. 이러한 물질로 만든 약을 항생제 또는 마이신(mycin)이라고 불러.

공장 노동자 1959년 자전거 공장에서 일하고 있는 노동자들의 모습이야. 해방 후 자전거 수요가 많아지면서 자전거 산업이 활기를 띠었다고 해. 이때는 작업 환경이 열악해서 거의 수작업으로 자전거를 만들었어.

청계천 판자촌 서울 청계천에 있었던 판자촌 모습이야. 일자리를 찾아 도시로 몰려든 사람들은 대부분 넉넉한 형편이 아니라서 급한 대로 먹고 자는 것만 해결하려고 이렇게 판잣집을 지어 생활했단다. 천막과 나무판으로 만든 집을 판잣집이라고 하고, 판잣집이 모인 마을을 판자촌이라고 해. 오른쪽 사진은 오늘날 청계천 주변의 모습이야.

이나 신문팔이 소년들도 많았지. 또 전쟁 통에 남편을 잃고 가족을 먹여 살리기 위해 일터를 찾아 나선 부인들도 많았고. 그런 이들이 선뜻 시작할 수 있는 일은 콩나물 같은 반찬거리라도 싸 들고서 돌아다니며 파는 일이었어. 그러다 시장통에 자리라도 잡게 되면 꽤 안정적인 벌이를 할 수도 있었지."

"다들 고생 많았겠네요. 우리 할머니도 그때 엄마 따라 집집마다 다니면서 양말 장사를 하셨다던데……."

나선애의 말에 용선생이 고개를 크게 끄덕였다.

"암. 그분들 덕에 이 나라는 처참한 전쟁의 흔적을 빨리 지울 수 있던 거야. 그 시절 그분들은 어떤 고생도 마다 않고 이를 악물고 일했어. 그렇게 할 수 있던 힘이 있다면 바로 자식들이었지. 전쟁을 거치며 너 나 할 것 없이 똑같이 가난해진 사회, 여기서 위로 올

뜨거운 교육열 전쟁이 한창이던 1951년 6~7월, 부산의 한 천막 학교에서 아이들이 수업을 받고 있는 모습이야. 이때 교육을 받은 아이들은 이후 한국 경제 발전의 주역이 되었어.

라갈 수 있는 가능성이라면 자식을 가르치는 길뿐이었지. 자식의 성공만을 위해 모든 것을 희생하신 거야. 한국인들은 예로부터 교육을 중요하게 여겨 오긴 했지만, 전쟁이 끝난 뒤에는 오직 자식을 가르치는 것만이 희망이라는 믿음이 온 사회를 덮었어."

"음, 자식이 뭔지……."

왕수재의 한숨 섞인 혼잣말에 장하다가 고개를 쑥 디밀었다.

"뭐 좀 이상하다. 그건 너네 엄마 대사 같은데."

아이들 속에서 쿡쿡, 웃음이 비어져 나왔다.

"또 영어 공부의 열기도 대단했어. 미군정 때부터도 그랬지만, 전쟁 뒤에는 미국 문화가 다양하게 쏟아져 들어오면서 더 많은 사람들이 영어를 익히기 시작했지. 미국의 원조 물자에 기대 가난을 이

겨 내던 당시 사람들에게는, 미국이 은혜를 베푸는 부자 나라이자 닮고 싶은 선진국으로 비쳤어. 그러니 영어를 배워 조금이라도 더 미국 문화를 가깝게 느끼고자 하는 이들이 많았던 거야. 도시 사람들 사이에는 괜히 영어 한두 마디를 섞어 쓰는 게 그럴듯한 대화법이었지. 오죽하면 구두닦이 아이마저 '슈샤인(shoeshine) 보이'라고 불렸으니까."

장하다가 재미있는지 "히히, 그럼 난 헝그리 보이!" 했다.

"어쨌든 뭔가 빨리 변화하고 있네요. 전쟁을 잊고 앞으로 나가기 시작한 느낌? 얼른 나라가 발전할 수 있을 것 같아요."

허영심의 말에 장하다도 신이 나서 장단을 맞췄다.

"맞네! 아기들은 쑥쑥 태어나고, 어른들은 열심히 일하고, 학생들은 열심히 공부하고!"

"그래. 하지만 우리 국민들에게는 아직 넘어야 할 고비들이 한참 더 남아 있었어. 무엇보다, 국민들이 이렇게 열심히 달리는 동안에도 정치는 어수선하기 짝이 없었단다. 비록 민주주의 헌법을 만들고 그에 따라 민주 정부를 세우기는 했지만, 민주주의는 제대로 뿌리내리지 못하고 있었거든. 가장 큰 이유는 독재 정치 때문이었어."

"독재 정치라니요?"

아이들이 눈을 끔벅거렸다.

이승만 대통령의 헌법 뜯어 고치기

"독재 정치란 한 사람이나 그 주변 세력이 모든 권력을 틀어쥐고서 자신들의 뜻대로만 나라를 다스리는 것을 말해. 보통 민주주의 나라에서는 독재를 막기 위해 한 사람이 대통령 자리에 너무 오래 앉아 있지 못하도록 헌법으로 정해 두고 있지."

"우리나라 헌법에도 그런 내용이 있었나요?"

"그럼. 제헌 헌법은 대통령의 임기를 4년으로 정하고 같은 사람은 대통령을 두 번까지만 할 수 있도록 했어. 그런데 이승만 대통령은 1948년에 처음 대통령으로 뽑힌 뒤로 1960년까지 계속 대통

령 자리에 앉아 있었단다."

"에? 그럼 세 번이나 계속 대통령이 된 거네요? 어떻게 된 거죠?"

"대통령 자리를 이어 가려고 개헌을 했거든."

"개헌이 뭐죠?"

"고칠 개(改), 법 헌(憲)으로 '헌법을 고친다'는 뜻이야."

"그럼 대통령 자리를 이어가는 거랑 헌법을 고치는 거랑은 무슨 관계가 있는 건데요?"

"헌법은 한 나라의 기본 체계를 모두 담고 있거든. 정부의 형태라든가 대통령 같은 나라의 대표를 어떻게 뽑을 것인가는 모두 헌법에 의해 정해지는 거야. 그러니까 대통령 선거 제도를 바꾸려면 헌법을 고쳐야 했던 거지. 첫 번째 개헌은 아직 전쟁이 끝나기 전인 1952년에 이루어졌어. 당시에는 대통령을 국회 의원들끼리 간접 선거를 통해 뽑도록 되어 있었는데, 직접 선거 제도로 고쳐서 국민들이 투표를 하게 만들려는 거였지."

"국민들이 직접 대통령을 뽑을 수 있다는 건 좋은 일 같은데……. 아닌가요?"

나선애가 고개를 갸웃거리며 물었다.

"국민들이 직접 대통령을 뽑는 것 자체는 문제가 없지. 다만 기존의 선거 제도를 고쳐야 할 특별한 이유가 없는데도 갑자기 개헌을 한 게 문제였지."

"그러면 왜 그런 거예요?"

"그 무렵 국회에서는 이승만 대통령을 비판하는 목소리가 높았거든. 전쟁 중에 대통령이 먼저 피란을 간 일이라든가, 한강 다리를 끊어 버리는 바람에 많은 사람들이 희생된 일 때문이었지. 하지만 미국 유학과 독립운동을 했던 경력 때문에 국민들 사이에서는 이승만 대통령의 인기는 식지 않았어. 또한 이 시기엔 이승만 대통령을 그 옛날의 왕처럼 떠받드는 분위기도 컸어. 이승만 대통령 스스로도 자신이 조선 왕실의 후손이라는 점을 내세우며 이런 분위기를 만들었지. 여러모로 보아 이승만 대통령이 다시 대통령으로 뽑히려면 간접 선거보다는 직접 선거, 즉 직선제가 더 유리한 상황이었어."

"그렇다고 대통령 혼자서 헌법을 바꿀 수는 없잖아요?"

"암! 그럴 순 없지. 헌법을 만드는 일뿐 아니라 고치는 일도 국회의 일이야. 그러니 이승만 대통령은 우선 자신을 지지하는 세력을 끌어모아서 '자유당'이라는 정당을 만들었어. 그러곤 국회에 대통령과 부통령 선거 방식을 직선제로 바꾸자는 개헌안을 제출했지. 국회에서 이 문제를 놓고 투표를 한 것은 1952년 1월 18일이었단다. 그 결과는 찬성이 19표, 반대는 무려 143표였어."

"우아! 국회 의원들이 거의 다 반대한 거네요?"

"응, 하지만 이승만 대통령은 그 결과를 받아들이지 않았어. 당장 그를 따르는 세력이 '국민의 뜻을 거스른 국회를 해산하라! 국회 의원들을 잡아 가둬라!' 하며 시끌시끌하게 시위를 벌이고 다녔지. 하지만 국회 의원들도 순순히 물러서지 않았어. 1952년 4월, 국회 의원들은 또 하나의 개헌안을 제출했지. 이 개헌안은 대통령이 나라

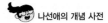

나선애의 개념 사전

직선제
직선제는 '직접 선거 제도'를 줄여 이르는 말로, 국민이 직접 선거를 통해서 대표를 뽑는 방식을 말해. 반대말은 간선제로 '간접 선거 제도'를 줄여 이르는 말이야. 국민이 따로 중간 선거인을 뽑아 그들에게 대신 대표를 뽑도록 하는 제도야.

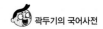

곽두기의 국어사전

시위(示威)
보일 시(示), 위엄 위(威)로, 힘이나 기세를 떨쳐 보인다는 뜻이야. 많은 사람들이 모여 집회나 행진을 하며 자신들의 주장을 펴는 일을 말해.

를 이끄는 대통령 중심제 자체를 바꾸자는 내용을 담고 있었어."

"어? 그럼 대통령 말고 누가 나라를 이끌라는 거예요?"

"가장 많은 국민들의 지지를 받는 정당이 정부를 꾸려 나라를 이끌어 가는 내각 책임제로 바꾸자는 거였지. 내각 책임제에 대해서는 다음 시간에 더 자세히 알아볼 거야."

"어쨌든 대통령한테서 힘을 다 빼앗겠다는 건데……. 이승만 대통령은 당연히 반대했겠죠?"

"반대한 정도가 아니었지. 5월 25일 이승만 대통령은 당시 임시 수도였던 부산 일대에 계엄령을 선포해서 군인들을 쫙 깔았어. 그리고 다음날, 놀라운 일이 벌어졌어. 헌병대가 크레인까지 몰고 와서 국회 의원들이 탄 출근 버스를 통째로 들어 올려 납치한 거야."

"어머나! 버스를 통째로 들어서 납치했다고요? 왜요?"

"이승만 정부가 자신들의 뜻에 따르지 않는 국회 의원들을 협박하기 위해서였지. 이때 납치된 국회 의원 중 10여 명은 공산주의 단체로부터 돈을 받았다는 누명을 쓰고 감옥에 갇히고 말았어. 하지만 이건 전혀 사실이 아니었지. 정부가 자신들에게 반대하는 정치인들

나선애의 개념 사전

계엄령

대통령이 군대를 동원하여 일정한 지역을 군인들이 다스릴 수 있도록 명령하는 것이야. 계엄령이 선포되면 헌법에 보장된 개인의 자유를 국가가 제한할 수 있었지. 그래서 독재 정권은 이 법령을 악용하여 국민들을 억압하기도 했어.

국회 의원 버스 연행 1952년 5월 26일 국회 의원들이 탄 버스가 헌병대에 연행(강제로 데리고 감)되는 모습이야. 당시 임시 국회 의사당이었던 경남 도청으로 출근하는 국회 의원들을 통근 버스에 태운 채로 납치한 거지.

을 '빨갱이'로 몰아 옴짝달싹 못하게 만들어 버린 거야."

"헉, 이게 말이 되는 거냐?"

아이들이 어이없다는 표정으로 웅성거렸다.

"정부가 군대를 동원해 국회 의원들을 '빨갱이'로 몰아 공격하자 국회는 어쩔 수 없이 타협할 방법을 찾았어. 일부 국회 의원들이 앞장서서 정부의 주장과 국회 의원들의 주장을 한데 합친 '발췌 개헌안'을 만들었지."

"발췌요?"

"뽑을 발(拔), 모을 췌(萃)로 책이나 글에서 필요한 부분을 가려 뽑아낸다는 뜻인데, 여기서는 서로의 개헌안에서 내용을 뽑아 만들었다는 뜻이야. 하지만 그 핵심은 여전히 직선제 개헌이었지. 그리고 몇 달 뒤인 1952년 7월 4일, 국회에서는 이 발췌 개헌안을 놓고 투표가 이루어졌어. 이날 국회는 총을 든 군인들이 둘러싸고 있었고, 투표 방식은 모두가 지켜보는 가운데 자리에서 일어나 찬성, 반대를 표시하는 '기립 투표'였단다."

"무슨 투표가 그래! 그럼 무서워서 누가 반대를 한대요?"

"그러게 말이다. 그러니 그 자리에 있던 국회 의원은 거의 모두

발췌 개헌 기립 투표 1952년 7월 4일 임시 국회 의사당에서 국회 의원들이 '발췌 개헌안'에 투표하는 모습이야. 누가 찬성하고 누가 반대하는지 공개되었기 때문에 국회 의원들은 자신의 뜻대로 투표하지 못했어.

개헌안에 찬성을 했어. 이렇게 대통령과 부통령 선거를 직선제로 바꾼 사건을 '발췌 개헌'이라고 부르지. 그리고 곧바로 8월에 치러진 직선제 선거에서 이승만 대통령은 결국 두 번째 대통령으로 당선이 된 거야. 그런데 그는 거기서 그치지 않고 또 헌법을 고치려 했어. 일찍부터 다음번 선거를 준비하기 위해서였지."

"아…… 그거다! 같은 사람이 대통령을 두 번 넘게 못하게 한 내용 말이죠?"

나선애가 소리쳤다.

"맞았어. 이승만 대통령은 헌법을 고치기 위해 자유당에서 더 많은 국회 의원이 당선될 수 있도록 했어."

"그런데 어떻게 자유당에서 국회 의원이 많이 당선되었어요?"

"이승만 정부가 권력을 이용해서 선거를 자신들에게 유리한 방향으로 이끌었거든."

"선거를 유리하게 이끌다니, 어떻게요?"

"쉽게 말하면 전국 구석구석까지 깔려 있는 공무원이며 경찰들을 시켜서 사람들이 자유당 후보를 찍도록 하는 거야. 예를 들어 볼까? 온 동네의 중요한 일을 다 맡아서 처리하는 사람들이 국밥이며 막걸리를 사 주고, 심지어 돈이 든 봉투를 내밀면서 '자유당 후보에게 투표하시오! 혹시 투표를 안 하면 나라에서 무슨 벌을 줄지 모르오! 우리가 다 지켜보고 있소!' 하고 윽박지르면 어떻겠니?"

"그야, 부담스럽고 겁이 나서라도 사람들이 자유당 후보를 찍게 될 것 같아요. 근데 선거를 그렇게 하면 안 되잖아요?"

"안 되고 말고. 이렇게 옳지 못한 방법들을 동원하는 선거를 부정 선거라고 하지. 민주주의가 덜 발달한 사회일수록 이런 일들이 많이 벌어진단다. 지금과 달리 이 시기엔 아직 우리 국민들이 선거나 민주주의 제도에 대해 깊이 이해하고 있지 못했어."

"하긴 선거를 해 본 적도 별로 없고, 사람들한텐 아직 민주주의라는 게 낯설었을 것 같기도 해요."

아이들이 고개를 끄덕이며 하는 말이었다.

"한편 국회에서 힘이 커진 자유당은 다시 개헌안을 내놓았지. 내용인즉, 초대 대통령에 대해서는 중임 제한을 없앤다는 내용이었어. 쉽게 말해 특별히 초대 대통령인 이승만 한 사람만은 몇 번이고 대통령을 해도 좋다는 뜻이야."

"어우, 설마 그런 내용이 진짜 헌법이 되는 건 아니겠죠?"

허영심이 기겁을 하며 말했다.

"됐지, 헌법이. 1954년 11월 27일에 국회에서 표결이 이루어졌는데, 개헌안이 통과되려면 전체 203명 중에서 2/3 이상, 즉 136표 이상의 찬성표가 필요했어. 그런데 결과를 보니, 하필 135표의 찬성표가 나온 거야. 딱 한 표 차이로 개헌안은 통과되지 못했지."

"어? 금방 헌법이 됐다면서요."

"그게, 개헌안이 통과되지 않았다고 선포해 놓고는 이틀 뒤 자유당 쪽에서 멋대로 결과를 뒤집어 버렸거든. 그들이 내세운 논리는 이런 거였지. '203의 2/3를 계산하면 135.3333……이다. 이 숫자를 반올림하면 135가 된다. 그러니까 135표만 있으면 되는 거잖아!'"

나선애의 개념 사전

중임 제한
(重任制限)
중임(重任)은 직위를 갖는 자리에 여러 번 임명되는 것을 뜻해. 따라서 중임 제한은 여러 번 임명되는 것을 못하게 하는 거야.

수학 계산에 약한 장하다가 "끄응" 신음 소리를 내자, 왕수재가 끼어들었다.

"뒷자리 숫자가 5보다 아래면 그냥 버리고 5부터는 윗자리로 올리는 계산법이잖아. 모르냐?"

"근데…… 그런 걸 괜히 왜 투표에다가 해? 한 표가 모자라면 모자란 거지!"

말문이 막힌 수재 대신 다시 용선생이 나섰다.

"개헌안을 통과시킬 방법을 이리저리 찾다가 억지로 반올림 계산법을 끌어다 붙인 거였지. 이렇게 이루어진 두 번째 개헌을 사람들은 흔히 '사사오입 개헌'이라고 불러."

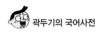

곽두기의 국어사전

사사오입
(四捨五入)
넷 사(四,) 버릴 사(捨), 다섯 오(五), 들일 입(入)으로, 4 이하의 수는 버리고 5 이상의 수는 그 윗자리에 1을 더해 주는 반올림을 한자로 표현한 거야.

"쳇, 헌법을 아주 웃음거리로 만들어 버렸네."

나선애가 투덜거리는 소리였다.

"그래서 대통령 선거는 어떻게 됐어요? 또 이승만 대통령이 당선된 거예요?"

'못 살겠다 갈아 보자!'

"세 번째 대통령 선거는 1956년에 치러졌지. 하지만 선거 분위기는 예전과 사뭇 달랐어! 이미 많은 국민들이 이승만 대통령과 자유당에 등을 돌렸거든. 대신 이승만 대통령을 비판하는 정치인들이 힘을 얻기 시작했지. 이때 대통령 후보로 나서서 이승만 대통령과 겨루게 된 사람들이 민주당의 신익희, 진보당의 조봉암 후보였어. 특히 민주당의 신익희 후보는 '못 살겠다 갈아 보자!' 라는 구호를 내걸고 이승만 대통령과 자유당의 독재와 부정부패를 공격했어. 이 구호는 국민들로부터 뜨거운 반응을 이끌어 냈단다."

"'못 살겠다 갈아 보자!' 참 재밌네. 히히. 다른 후보는요? 어떤 주장을 했나요?"

곽두기가 구호를 되뇌며 물었다.

"진보당의 조봉암 후보는 노동자나 농민 등 가난한 국민 대다수를 위한 정책들을 내세우는 한편, 다시는 전쟁으로 국민들을 희생시켜서는 안 된다며 '평화 통일'을 주장했어. 이건 당시로선 무척

민주당 선거 포스터　1956년 5·15 정부통령 선거에 출마하는 민주당의 신익희·장면 후보의 벽보야. 가운데에는 '못 살겠다 갈아 보자'라는 구호가 보여. 민주당 대통령 후보로 나선 신익희는 독립운동가이자 정치인으로 3·1 운동에 참여했고, 대한민국 임시 정부에서도 중요한 역할을 했어.

놀라운 주장이었지."

"평화 통일? 그게 왜 놀라워요?"

허영심은 고개를 갸웃거렸다.

"여전히 이승만 대통령은 북한을 공격해 북진 통일을 이루어야 한다고 했고, 혹시라도 다른 목소리를 냈다간 빨갱이로 몰리기 십상이었으니까. 그런데도 많은 국민들이 조봉암 후보의 주장에 박수를 보냈단다. 전쟁의 피해와 공포가 엄청났기 때문에 두 번 다시 전쟁을 겪고 싶지 않은 국민들의 마음이 나타난 거라고 볼 수 있지."

아이들이 가만히 고개를 끄덕이며 용선생을 바라보았다.

"그런데 선거 날을 겨우 열흘 남겨 놓고선 신익희 후보가 갑자기 심장 마비를 일으켜 세상을 떠나고 말았어. 이제 이승만 대통령과 겨룰 후보는 조봉암 혼자였지. 조봉암 후보는 끝까지 선거를 치르긴 했지만, 자유당의 방해 때문에 사람들 앞에 모습을 드러낼 수조차 없었어. 결국 1956년 5월 15일에 치러진 세 번째 대통령 선거에서 조봉암 후보는 약 216만 표를 얻었고, 이승만 대통령은 약 504만 표를 얻었어. 그리고 무효표가 자그마치 185만여 표나 나왔지. 이 무효표들은 이미 사라진 민주당 후보 신익희를 추모하는 표였단다."

"이미 죽은 후보한테 투표를 하다니……. 그만큼 국민들의 마음이 이승만 대통령에게서 돌아선 거였군요."

나선애의 말에 왕수재가 대뜸 고개를 저었다.

"두 사람이 받은 표를 다 합쳐도 이승만 표보다 적은데 뭘?"

그러자 용선생이 난감한 표정을 지었다.

"하지만 이 선거에서는 부정행위가 심했어. 선거 과정에서도 부정이 많았지만, 특히 개표 과정에서 아예 조봉암 후보의 표가 이승만 대통령의 표로 바꿔치

조봉암 1958년 1월 재판을 받는 조봉암의 모습이야. 일제 강점기에 조봉암은 사회주의 독립운동가로 활동했었고, 해방 이후에는 초대 농림부 장관과 국회 의원으로 활동했어. 그는 2대, 3대 대통령 선거에 출마하여 적지 않은 표를 얻었어. 하지만 1958년 1월 국가 보안법 위반으로 사형 선고를 받고, 1959년 7월 사형당하고 말았어. 그로부터 52년이 지난 2011년, 대법원은 조봉암에게 다시 무죄 판결을 내렸고, 조봉암은 마침내 명예를 회복할 수 있었어.

기 된 경우도 있었다니까. 하지만 자유당의 완벽한 승리는 아니었
어. 부통령 선거에서는 자유당의 이기붕 후보가 아닌 민주당 후보
장면이 당선되었거든!"

"오, 진짜요?"

"응, 그뿐 아니라 사람들의 생각도 더욱 빠르게 바뀌어 갔어. 여
전히 이승만 대통령을 왕처럼 여기는 분위기도 있었지만, 도시의
젊은이들, 특히 학교에서 민주주의에 대해 배운 학생들은 독재 정
치를 무너뜨려야 한다는 생각을 하고 있었어. 게다가 이 무렵엔 경
제도 눈에 띄게 어려웠어."

"미국의 원조 덕분에 경제가 발전하고 있다고 하셨잖아요?"

"미국의 원조가 줄어들자 거기에만 기대고 있던 한국 경제가 당장 영향을 받게 된 거였지. 그 바람에 안 그래도 모자랐던 일자리는 더욱 줄어들고, 정부를 향한 국민들의 불만은 한층 커져 갔어."

"그럼 다음 선거에선 뭔가 달라지는 건가요?"

나선애의 말에 아이들이 기대에 찬 눈빛을 보냈다.

자유당 정부, 최악의 부정 선거를 저지르다

"네 번째 대통령 선거일은 1960년 3월 15일이었어. 이때 민주당에서는 조병옥이라는 사람이 대통령 후보로 나섰는데, 글쎄 선거를 코앞에 두고서 4년 전과 똑같은 일이 벌어졌어. 조병옥 후보도 갑자기 세상을 떠나고 만 거야. 결국 이승만 대통령 혼자서 대통령 후보로 나오게 됐지."

"엥? 후보가 혼자라고요? 경쟁자가 없으니 벌써 당선된 거나 마찬가지네!"

"하지만 그게 다가 아니었어. 이번에는 부통령 선거가 특히 중요한 문제로 떠올랐단다. 왜냐, 대통령의 나이가 너무 많았거든. 당시는 우리나라 남성의 평균 수명이 51세 정도밖에 안되던 시기였는데, 이승만 대통령은 무려 85세였어."

"가만있자, 평균 수명보다 34년이나 더 살았으니 요즘으로 치면 100살이 훨씬 넘는 거네요?"

왕수재의 말에 놀란 아이들의 입에선 "히익!" 하는 소리가 저절로 나왔다.

"그런데 대통령 나이가 많은 거랑 부통령 선거랑 무슨 상관이에요?"

"대통령이 갑자기 죽기라도 하면 부통령이 그 역할을 대신해야 하니, 자유당의 입장에선 꼭 부통령 선거에서도 이겨야 했지. 자유당 후보로 나선 것은 4년 전과 같은 이기붕 후보였어. 민주당에서는 이미 부통령 자리에 올라 있는 장면이 다시 후보로 나섰지."

"이미 부통령이었으면 국민들한테도 잘 알려져 있었겠네요?"

"그 정도가 아니었어. 당시 자유당에 등을 돌린 국민들 사이에서 엄청난 지지를 받고 있었지. 이번에도 진다면 민주당에게 권력을 고스란히 빼앗길지도 모른다고 본 자유당은 기를 쓰고 장면의 선거 운동을 방해했어. 이 와중에 2월 28일, 대구에서 큰 사건이 벌어졌단다. 일요일인 이날은 장면 후보가 대구에서 유세를 벌이기로 되어 있던 날이었어. 그런데 대구 지역의 고등학교 학생들은 하나같이 이날

이기붕과 이승만 대통령 1957년 5월 27일 지금의 청와대인 '경무대'에서 이승만 대통령 부부가 이기붕 가족과 찍은 사진이야. 가운데 이승만 대통령(왼쪽)과 이기붕(오른쪽)이 있고 양 옆으로는 그들의 가족이 있어. 제일 왼쪽은 이기붕의 장남인 이강석인데, 자식이 없었던 이승만 대통령의 양아들이 되었지.

학교에 나오라는 소리를 듣게 됐어. 갑자기 일요일에 시험을 치겠다는 둥, 무용 발표회를 한다는 둥, 무슨 토끼 사냥을 간다는 둥 학교마다 이유도 가지각색이었지."

"잉? 토끼 사냥이라니…… 대체 왜들 그런 건데요?"

"학생들이 장면 후보의 유세를 보러 가지 못하도록 정부에서 꾸민 일이었어. 학생들이 이것을 모를 리 없었지. 화가 난 학생들은 거리로 뛰어나와 외쳤어! '우리 학생들을 정치의 도구로 삼지 마라!' '우리는 정당하다! 정의는 살아 있다!' 자유당 정부의 독재 정치가 시작된 뒤, 많은 이들이 이렇게 한꺼번에 저항의 목소리를 낸 것은 이때가 처음이었어. 이건 더 이상 자유당 정부를 용서하지 않겠다는 국민들의 뜻을 알리는 신호이기도 했지."

장하다가 "오, 정의는 살아 있다! 이거 심장 뛰네!" 했다.

"하지만 자유당 정부는 막무가내였어. 국민들의 마음이 돌아섰는데도 그들은 도리어 3월 15일 선거에서 온갖 부정을 저질렀단다. 그 덕에 3·15 선거는 '역사상 최대의 부정 선거'라는 꼬리표를 달게 됐지."

"무슨 부정 선거를 했는데요?"

"예를 들면 '3인조 선거'라는 게 있었어. 세 사람씩 한 조가 되어 같이 투표를 하러 가는 건데, 그중 가운데 사람이 조장이야. 세 사람이 각자 기표소 안에 들어가지? 그러면 조장이 양옆의 가림막 사이로 다른 두 사람이 어느 후보를 찍는지를 보는 거야. 기표가 끝나고 나오지? 그럼 이번엔 자유당에서 나온 참관인한테 투표용지

곽두기의 국어사전

기표(記票)
적을 기(記), 표 표(票)로 투표용지에 선택한 후보를 표시하는 일을 말해.

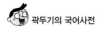

유권자(有權者)
있을 유(有), 권세
권(權), 사람 자(者)로,
권리가 있는 사람.
'특히 선거권이 있는
사람'이라는 뜻으로
쓰여.

를 보여 줘. 투표용지는 누구를 찍었는지가 바깥쪽으로 보이도록
접혀 있고."

"엄마야……. 차라리 자기네가 다 대신 투표를 하지!"

허영심의 말에 용선생이 신기하다는 표정을 지었다.

"오, 어떻게 알았어? 그것도 했지! 바로 '사전 투표'라는 거였어.
이건 어떻게 하는 거냐? 일단 투표를 할 수 있는 유권자의 명단을
고쳐. 다른 동네로 이사 간 사람, 죽은 사람, 아니면 그냥 지어낸
이름까지 해서 전체 명단의 40%쯤
을 채워 놓는 거지. 그리고 자유당
에서 이들의 투표용지에 표를 잘
찍은 뒤, 투표가 시작되기 전에 미
리 투표함에 넣어 두는 거야."

"그게 다 정말이에요? 이건 뭐
믿기지가……."

나선애가 휘둥그레진 눈
으로 중얼거렸다.

"선거 결과는 처음부터
정해져 있었던 셈이지. 그
런데 여기서 끝이 아니었
어. 막상 투표함을 열어 보
니 이승만 대통령과 이기
붕의 표가 너무 많이 나와

각하 목숨을
부지하셔야
하옵니다.

팔 다리야~
에구에구구…

이승만

각하께서
언제 돌아가실지
모르니 이기붕이를
꼭 부통령으로
당선시켜야
하네!

그래서 내가
준비한 게
있소!

짠~!

3·15 부정 선거
계획표
1. 사전 투표
2. 3인조 선거
3. 투표함
바꿔치기

쾅

이래서
개헌, 개헌 했구만?
마무리는 부정
선거로?

사전 투표용지 1960년 3월 15일, '사전 투표'에 사용된 투표용지야. 자세히 보면 대통령에는 이승만, 부통령에는 이기붕에 동그라미 표시가 되어 있어.

불타 버린 투표함 3·15 선거가 끝난 뒤 아이들이 불에 타서 까맣게 그을려진 투표함을 바라보고 있어. 사전 투표 때문에 유권자 수보다 자유당 후보의 득표수가 많아지자 자유당은 표를 없애기 위해 투표함을 통째로 불태워 버렸어.

버린 거야. 심지어 전체 유권자 수보다 많은 곳도 있었다지. 그래서 자유당은 오히려 이승만 대통령과 이기붕 표를 적당히 깎아서 숫자를 맞췄다는구나. 결국 이렇게 해서 이승만 대통령과 이기붕이 이 선거에서 당선되었어."

"웃을 수도 없고, 안 웃을 수도 없고. 나 참!"

"아니, 도대체 국민을 뭘로 보기에 그런 짓들을 하는 거죠?"

아이들의 목소리가 점점 커지는데, 용선생이 잠자코 사진을 한 장 꺼내 들었다. 한 무리의 아이들이 어깨를 걸고 있는 사진이었다.

초등학생들의 시위 서울 수송초등학교 학생들의 시위 모습이야. 플래카드에는 '부모 형제들에게 총부리를 대지 말라'고 적혀 있어.

 ## 4·19, 국민의 힘으로 독재를 무너뜨리다!

"다들 소리를 지르는 것 같아. 체육 대회라도 하나?"

"그런 분위기는 아닌데? 저게 무슨 말이냐……. 부모 형제들에게 뭘 대지 말라고?"

사진을 향해 고개를 쑥 내민 장하다가 흠칫 놀랐다.

"설마…… 총을 쏘지 말라고?"

"부모 형제들에게 총부리를 대지 말라고 초등학생들이 시위를 하는 장면이야."

"네? 초등학생들이 시위를 했다고요?"

"선생님, 도대체 무슨 일이 벌어진 거죠?"

"자, 찬찬히 들어 보렴. 대구에서 학생들이 벌인 시위 소식이 알려지고 선거가 상상을 넘어선 부정으로 참혹한 지경이 되어 버리자, 당장 선거날인 3월 15일부터 국민의 분노가 터져 나왔어. 시위가 시작된 곳은 마산이었지. 당시 마산의 민주당 정치인들은 아침부터 일찌감치 선거를 포기한 참이었어. 그들은 사전 투표에 항의하면서 이번 선거가 무효라고 외쳤지."

"그럼요, 가만히 있을 수는 없지요!"

장하다가 주먹을 쥐어 보이며 말했다.

"그런데 여기에 시민들, 학생들도 힘을 합치며 시위대가 커지자, 경찰은 이들에게 최루탄과 총알을 퍼부었단다. 결국 이날 마산에서는 8명이 죽고 수십 명이 큰 부상을 입게 되었어. 그리고 이날 이후, 전국이 술렁이기 시작했어. 정부와 경찰에서는 마산에서 벌어진 일이 '빨갱이'들이 꾸민 일이라며 억지를 썼지만 그 말을 믿는 국민들은 거의 없었어."

용선생이 잠시 멈추었다 다시 입을 열었다.

"그리고 4월 11일, 마산이 다시 발칵 뒤집혔어. 아침부터 마산 앞바다에 시체 한 구가 떠올랐는데, 지난 3월 15일 이후 사라졌던 마산상고 1학년 김주열 군이었어. 그런데 그의 모습은 너무나 처참했어. 경찰이 쏜 최루탄이 얼굴에 그대로 박혀 있었던 거야."

"세상에…… 어떻게 그런!"

곽두기의 국어사전

최루탄(催涙彈)
재촉할 최(催), 눈물 루(涙), 탄알 탄(彈)으로 눈물샘을 자극하여 눈물을 흘리게 하는 약이나 물질을 넣은 탄환을 말해.

김주열 4·19 혁명이 불붙는 데 결정적 역할을 한 김주열의 모습이야.

2차 마산 시위 1960년 4월 11일 김주열의 시체가 발견된 이후에 시위하는 마산 사람들의 모습이야. '정부통령 선거 다시 하라'는 플래카드를 들고 서 있는 중년 여성도 보여.

나선애가 저도 모르게 두 손으로 입을 가렸다.

"이 모습을 본 마산 시민들은 도저히 참을 수가 없었어. 그들은 분통을 터뜨리며 거리로 뛰어나와 '주열이를 살려 내라!' '정부통령 선거를 다시 하라!' 하고 목이 터져라 외쳤어. 이렇게 시작된 시위는 빠른 속도로 전국 곳곳으로 퍼져 나갔어. 특히 4월 18일부터는 서울의 대학생들도 시위에 나서기 시작했지. 이날 처음 움직인 것은 고려대학교 학생들이었단다. 그런데 그들은 시위를 마친 뒤 정부와 연결된 정치 깡패들로부터 습격을 당하고 말았어. 이 소식에 다른 대학 학생들도 곧바로 시위에 나섰지."

"어……, 이러다 무슨 일이 생기겠는데……."

왕수재가 긴장되는 마음을 누르며 짐짓 중얼거렸다.

"다음날 아침, 서울 시내의 학생들이 약속이라도 한 듯 거리로 쏟아져 나왔어. 대학생들뿐이 아니었어. 중학생, 고등학생, 심지어 너희만 한 초등학생들도 있었어. 점점 늘어난 시위대는 오후가 되자 수만 명이 되어 있었지. 거리 곳곳을 가득 메운 학생들은 한목소리로 자유당 정부의 독재와 부정 선거를 비판했어. 시위대 중 일부는 기세를 올리며 이승만 대통령이 있는 경무대, 지금으로 치면 청와대 앞으로 나아갔지!"

용선생이 말을 멈추자, 아이들이 꼴깍 숨을 넘겼다.

거리에 쓰러진 대학생들 1960년 4월 18일 저녁 정치 깡패들에게 습격을 받아 쓰러진 고려대학교 학생들의 모습이야. 이들은 태평로 국회 의사당 앞에서 마산 사건의 책임자 처단을 요구하는 시위를 벌이고 돌아오는 길에 습격을 당했어.

"그런데 바로 그 순간, 총성이 울리기 시작했어! 경찰이 시위대에게 총을 쏘기 시작한 거야. 하지만 학생들은 물러서지 않았단다. 오히려 수많은 시민들도 함께 나섰지. 거리 곳곳에서 이렇게 시위대와 경찰이 충돌했고, 총소리와 그에 맞은 사람들을 실어 나르는 구급차 사이렌 소리가 끊임없이 울려 퍼졌어."

"아니 어떻게 국민의 안전을 지켜야 할 경찰이 국민들에게 총을 쏠 수 있죠?"

나선애가 흥분에 찬 목소리로 말했다.

"이는 서울뿐만이 아니었어. 부산과 광주, 대전 등에서도 격렬한 시위가 벌어졌고, 경찰은 그들을 향해 여지없이 총을 쏘아 댔어. 결국, 이날 시위로 목숨을 잃은 사람만 100명이 넘었고, 1천여 명

에 이르는 사람들이 부상을 당했단다. 그중 많은 수는 아직 어린 학생들이었지. 1960년 4월 19일, 이 날이 화요일이었기 때문에 사람들은 이 날을 '피의 화요일'이라고 불렀어."

경무대 앞 시위 1960년 4월 19일 경무대 앞에 몰려든 시위대와 경찰이 대치하고 있는 모습이야. 경찰이 시위대를 향해 총을 겨누고 있어.

"아이구, 그래서 초등학생들까지 나서선 부모 형제한테 총을 쏘지 말라고……."

장하다의 말에 아이들의 눈이 다시 사진을 향했다.

"정부는 시위가 번지는 것을 막으려고 당장 서울과 몇몇 도시에 비상 계엄령을 내렸어. 하지만 이미 국민들의 마음은 시위대와 함께하고 있었지. 거리에서 죽고 다친 학생들이 옮겨진 병원에는 다음날부터 사람들의 발길이 끊이질 않았어. 쓰러지는 순간까지 정의를 지키기 위해 앞으로 나아갔던 학생들에게…… 어른들은 달걀 꾸러미를 두고 가면서, 혹시 치료에 모자랄까 자신의 피를 뽑아 맡기고 가면서, '장하고 고맙구나!' 또 '미안하구나!' 하는 인사를 잊지 않았지."

"아아, 어쩌면 좋아!"

허영심의 애타는 목소리였다.

"그리고 시위의 함성은 또 한 번, 더욱 크게 울려 퍼졌단다. 4월

종로 시위 행렬 1960년 4월 19일, 서울 종로에서 시민들이
시위하는 모습이야.

교수단 시위 1960년 4월 25일, 서울 시내 여러
대학 교수들이 '학생의 피에 보답하라'라고 적힌
플래카드를 들고 시위하는 모습이야.

25일, 이번에는 대학 교수들이 '학생의 피에 보답하라'고 쓴 플래카
드뿐 아니라 '이승만 대통령은 물러나라'는 구호까지 들고 나왔지.
나이 지긋한 교수들이 시위 행렬을 이룬 모습에 학생들도 화답이
라도 하듯 다시 거리로 쏟아져 나왔어. 4월 26일 아침, 종로와 광
화문 일대는 온통 시위대로 가득했어. 곧 탑골 공원에 있던 이승만

끌어내려진 이승만 대통령 동상 1960년 4월 26일, 탑골 공원에서 시민들에 의해 끌어내려진 이승만 대통령 동상의 모습이야.

대통령의 동상이 바닥으로 끌어내려졌지. 그러고도 사람들은 앞으로, 경무대를 향해 나아갔어."

"이제 이승만 대통령한테로 가는 거군요!"

나선애가 저도 모르게 주먹에 힘을 쥐며 외쳤다.

"그래. 결국 이날 아침 10시 30분, 이승만 대통령은 국민이 원한다면 물러나겠다고 선언했어. 그러자 시위대 속에서 만세 소리가 터져 나왔어! '피의 화요일'로부터 딱 일주일 뒤, 이 날은 '승리의 화요일'이라고 불리게 됐지!"

"와아아!"

"국민이 이겼다!"

비로소 긴장이 풀린 아이들이 한꺼번에 소리쳤다.

"이승만 대통령이 물러나자 자유당도 힘없이 무너져 내렸고, 드디어 오랜 독재 정치도 끝을 맺게 됐어."

"그래도 이승만 대통령은 독립운동도 하고, 우리나라 초대 대통령까지 했던 사람인데 결국 이렇게 되었다니 안타깝네요."

"그러게, 민주적으로 나라를 이끌었으면 좋았을 텐데……."

아이들이 무거운 표정으로 용선생을 바라보았다.

"한편 자신들의 힘으로 독재 정치를 무너뜨린 국민들은 이제야말로 자유롭고 정의로운 나라를 만들어 보자며 기대에 부풀었단다."

"후유~ 솔직히 아까는 그렇게 헌법도 선거도 엉망이 되는 걸 그냥 놔두는 국민들이 답답했어요. 그런데 이제는 대단해 보여요. 특히 학생들이 먼저 앞장섰다는 거!"

"근데 그분들이 다 우리 할머니, 할아버지들 맞죠? 그래서 더 신기하고 자랑스러워요."

"우아, 진짜네! 전쟁 뒤에 그렇게 힘들게 사시면서도 민주주의를 위해 싸운 거였어!"

아이들이 종알거리는 모습을 기특하게 바라보던 용선생이 "그래!" 했다.

"이렇게 학생들을 비롯해 많은 국민들이 피를 흘려 가며 이승만 정부와 자유당의 독재를 몰아낸 일을 '4·19 혁명'이라고 불러. 이렇게 많은 희생을 치르며 독재 정부와 싸우는 동안 우리 국민들은 민주주의에 새로이 눈을 뜰 수 있었단다. 정치인들이 알아서 가져다 주는 것이 아니라 국민들이 싸워서 얻어 내고 지켜 가야 할 것, 그것이 바로 민주주의라는 점을 배울 수 있던 거야. 그래서 4·19 혁명은 그 뒤로도 민주주의가 위기에 처할 때마다 국민들이 다시 일

4·19 민주 묘지를
방문하다

용선생 현장 강의

어나 그에 맞설 수 있도록 용기를 불어넣는 소중한 역사로 기억되고 있단다."

용선생은 아이들의 눈이 유난히 반짝이는 모습을 보며 가만히 미소를 지었다.

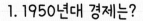

나선애의 정리노트

1. 1950년대 경제는?

① 6·25 전쟁 후 많은 사람들이 구호물자에 의지함

② 경제를 일으키기 위해 미국의 원조를 받음(원조 경제)

② 삼백(밀가루, 설탕, 면직물) 산업을 중심으로 발전

2. 1950년대 사회는?

① 많은 사람들이 일자리를 찾아 도시에 몰림

② 어려운 상황에서도 교육열이 높았음

3. 이승만 대통령의 독재

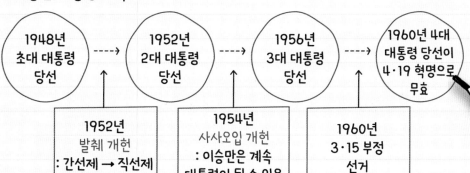

| 1948년 초대 대통령 당선 | → | 1952년 2대 대통령 당선 | → | 1956년 3대 대통령 당선 | → | 1960년 4대 대통령 당선이 4·19 혁명으로 무효 |

1952년 발췌 개헌 : 간선제 → 직선제

1954년 사사오입 개헌 : 이승만은 계속 대통령이 될 수 있음

1960년 3·15 부정 선거

4. 4·19 혁명(1960년)

전개 과정	3·15 부정 선거 규탄 시위(마산) → 김주열 시신 발견 → 4·11 2차 마산 시위 → 4·18 고려대학교 학생 시위 → 4·19 전국에서 대규모 시위 → 4·25 대학 교수단 시위 → 4·26 이승만 대통령 하야
의의	·국민의 힘으로 독재 정권을 물리친 최초의 혁명 ·우리나라 민주주의 발전의 토대가 됨

용선생의 역사 카페

역사계의 슈퍼스타,
용선생의 역사 카페에
오신 걸 환영합니다

Log in

게시판 ⌄

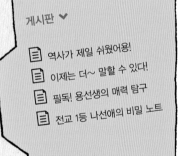

'또순이'를 아시나요?

'또순이'라는 말을 들어 본 적 있니? 또순이는 6·25 전쟁 때 북에서 내려온 함경도 아줌마들을 부르는 말이었어. 함경도 아줌마들이 피란지에서 장사를 주로 했었는데, 워낙에 똑 부러지고 억척스럽게 장사를 잘해서 붙여진 이름이었지. 전쟁이 끝난 후에도 '또순이'들은 시장에서 열심히 일했어. 특히 부산의 국제 시장에 '또순이'들이 많았지. 국제 시장은 해방 후 일본인들이 남기고 간 물자들을 팔면서 생겨난 시장인데, 전쟁 뒤 부산에 자리 잡은 피란민들이 장사를 한 곳이야.

국제 시장에 '또순이'들이 있었다면, 자갈치 시장엔 '자갈치 아지매'들이 있었어. 자갈치는 자갈이 많이 깔린 해변에서 유래된 말이야. 자갈치 시장도 6·25 전쟁 이후 피란민들이 북적거렸지. 이곳에서 여성들은 머리에 수건을 두르고 '몸뻬'를 입은 채 비린내 나는 생선을 다듬어 팔았는데, 고생을 마다치 않고 억척스럽게 장사를 하는 이 여성들을 '자갈치 아지매'라고 불렀어.

1950년대에는 부산 외에도 전국 곳곳의 시장에서 '또순이'와 '자갈치 아지매'처럼 장사에 나선 여성들이 매우 많았어. 당시엔 왜 이렇게 장사하는 여성들이 많았을까? 바로 전쟁 때문이야. 한창 일할 나이인 20~40대 남성들이 전쟁에서 죽거나 다쳐 제대로 돈벌이를 할 수 없게 되자 가족의 생계를 책임지는 건 여성들의 몫이 된 거지. 특별한 기술이나 돈이 없는 대다수 여성들이 그나마 손쉽게 할 수 있는 일은 보따리와 좌판을 꾸려 시장이나 거리에서 장사하는 것이었어.

그러나 변변한 가게도 없이 하루 종일 바깥에 나와 물건을 파는 일은 만만치 않았어. 무덥거나 추운 날에는 나와 있는 것 자체가 곤욕이었고, 손님 한 명이라도 놓치지 않기 위해 자리를 지키다 보면 화장실에 가기도 어려웠지. 게다가 노점상을 철거하거나 단속하는 통에 마음 놓고 장사하기도 어려웠어.

이런 어려움 속에서도 여성들은 가족들을 위해 매일 시장과 거리에 나섰어. 이들 덕분에 가족들은 생계를 이어 나갈 수 있었고, 자녀나 동생들은 상급 학교로 올라가 계속 공부할 수 있었지. 이처럼 1950년대 열심히 일했던 여성들 덕분에 우리나라는 전쟁의 폐허에서 빨리 벗어날 수 있었던 거란다.

시장에서 장사를 하는 여성들

 COMMENTS

곽두기 : 1950년대 여성들은 장사 말고 다른 일도 했나요?

↳ 용선생 : 응. 공장에서 일하거나 남의 집 부엌일을 도맡아 하는 식모로도 일했어. 농촌에서는 농사일을 많이 했지.

한국사 퀴즈 달인을 찾아라!

출발!

02 ★★★☆☆

6·25 전쟁이 끝난 후 1950년대의 경제와 사회에 대해 역사반 아이들이 이야기하고 있어. 엉뚱한 소리를 하는 사람은 누구일까?
( )

 ① 전쟁으로 모든 것이 파괴되어 미국의 원조에 의지할 수밖에 없었어.

 ② 미국에서 원조를 해 준 덕분에 한국의 농업이 크게 발전했지.

 ③ 사람들이 일자리를 찾아서 도시로 모여들었어.

 ④ 구호물자를 얻기 위해 미군 부대나 교회로 사람들이 몰렸어.

01 ★★☆☆☆

삼백 산업은 '세 가지 하얀색의 원료'를 바탕으로 상품을 만들어 내는 산업이야. 삼백 산업으로 만들어 낸 상품이 아니었던 것은 무엇일까? ( )

① 설탕   ② 소금
③ 밀가루   ④ 면직물

04 ★★☆☆☆

1960년 3월 15일 마산에서는 이승만 대통령과 자유당의 부정 선거를 규탄하는 시위가 있었어. 그런데 이 시위에 참여했던 한 학생이 최루탄에 맞아 사망하는 사건이 발생했지. 다음 중 그 학생은 누구일까? ( )

① 윤동주   ② 박준채   ③ 유관순   ④ 김주열

03 ★★★★★

역사반 아이들이 어떤 개헌에 대해 이야기하고 있어. 아이들이 말한 개헌의 내용으로 옳은 것은 무엇일까? (   )

> 장하다 : 첫 번째 개헌은 6 · 25 전쟁 중에 이뤄졌었지?
> 나선애 : 응! 이승만은 국회가 개헌안을 받아들이지 않자 임시 수도였던 부산 일대에 계엄령을 선포하고 개헌을 단행했어.

① 대통령 임기가 7년으로 늘어났다.
② 대통령의 중임 제한이 없어지게 되었다.
③ 대통령과 부통령을 국민들이 직접 선거를 통해 뽑게 되었다.
④ 정당이 정부를 꾸리는 내각 책임제로 바꾸었다.

도착!

05 ★★★★☆

4 · 19 혁명의 과정을 담은 사진들이야. 시간 순서대로 나열해 볼래?

① 이승만 대통령 동상 철거

② 교수단 시위

③ 2차 마산 시위

④ 종로 시위

⑤ 4 · 18 대학생 시위

(   ) – (   ) – (   ) – (   ) – (   )

• 정답은 357쪽에서 확인하세요!

같이 일하고 함께 나눠 갖는
협동농장

전쟁이 끝나고 북한에서도 폐허가 된 나라를 복구하기 위한 노력이 시작되었어. 그런데 그 모습은 우리와 많이 달랐어. 자본주의 체제를 택한 우리와 달리 북한이 선택한 것은 사회주의 체제였기 때문이지. 특히 북한의 농촌에는 남한에는 없는, '협동농장'이라는 게 생겼어.

그럼 협동농장이라는 게 무엇이냐? 사회주의 국가에서는 경제가 국가에 의해 계획되고 운영돼. 개인의 사유 재산은 인정하지 않고, 토지나 공장 등은 모두 국가가 소유해. 어떤 물건을 얼마만큼 만들지도 국가에서 정하고, 그에 따라 나라 전체가 공동으로 일하고 나눠 가지는 거야.

이러한 사회주의 경제 체제가 농업에 적용된 게 바로 협동농장이야. 그동안 개인 소유로 되어 있던 토지와 가축, 농기구 등을 모두 협동농장에 통합시켜서

평안남도 협동농장에서 거름을 만들고 있는 노동자들(2008년)

공동의 소유로 바꾸고, 농민들은 협동농장에서 공동 작업을 한 후 수확한 농산물을 일정한 비율에 따라 나눠 갖는 제도지. 북한은 1953년 8월에 모든 농업을 협동농장으로 운영하기로 했어. 처음에는 농민들이 많이 반발하기도 했대. 자기 땅과 농기구를 남들과 함께 쓰자고 하니 반대하는 사람도 많았겠지? 하지만 당시의 농촌 환경은 3년간 이어진 6·25 전쟁 때문에 엉망이 되어 있었어. 땅과 가축이 크게 줄고, 대부분의 농기구가 망가진 데다가, 청장년층의 남성들이 전쟁터에 나가 죽는 바람에 일손이 턱없이 부족해졌지. 농민들은 서로 땅과 농기구를 빌려주고 일손을 돕지 않으면 농사를 지을 수가 없게 되었어. 그래서 빠른 속도로 협동농장들이 만들어져서, 1958년에는 대부분의 북한 농민이 협동농장에서 일하게 되었다고 해.

그럼 협동농장은 어떻게 운영될까? 협동농장은 농사일의 성격에 따라 여러 작업반들로 구성되고, 각 작업반은 다시 20명 정도의 농민들이 일하는 분조(分組)들로 나뉘어서 운영돼. 또한 협동농장 안에 학교, 탁아소, 유치원, 보건진료소, 상점, 목욕탕, 미용원, 양복점 등도 함께 갖추어져 있어. 농촌 전체가 공동 경작뿐 아니라 공동 생활이 가능하도록 마을이 개조된 거야.

민주주의의 새벽을 기다리며

1960년부터 1979년까지 근 20년이나 되는 긴 기간 동안
대한민국은 한 명의 지도자가 이끌었어. 바로 박정희 대통령이었지.
군사 정변을 일으켜 권력을 얻은 그는 경제 발전에 힘을 쏟았지만
유신 독재 체제를 세워 민주주의의 실현을 더디게 만들었어.
그러나 유신 독재의 어둠이 짙어 갈수록 그에 맞서 싸우는 사람들도 늘어 갔어.
긴 밤 끝에 오는 민주주의의 새벽을 기다리며, 저항은 끝없이 이어졌단다.

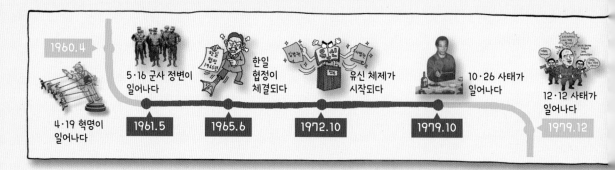

1960.4
4·19 혁명이 일어나다

5·16 군사 정변이 일어나다
1961.5

한일 협정이 체결되다
1965.6

유신 체제가 시작되다
1972.10

10·26 사태가 일어나다
1979.10

12·12 사태가 일어나다
1979.12

5·16 군사 정변

✔ 알고 있는 용어에 체크해 보자!
☐ 5·16 군사 정변 ☐ 7·4 남북 공동 성명
☐ 유신 헌법 ☐ 부마 항쟁

어슬렁어슬렁 교실에 들어선 용선생의 눈에 아이들이 한창 이야기꽃을 피우고 있는 모습이 들어왔다.

'녀석들, 또 무슨 황당한 얘기들을 하느라 저렇게 신이 났지? 어디 한번 들어 볼까? 크크!'

용선생은 발소리를 죽이고 살금살금 아이들 뒤로 다가갔다.

"일단 대통령부터 새로 뽑아야지!"

"그런가? 이번엔 제대로 선거를 해야 돼. 진짜 민주적인 선거!"

"그야 당연하지! 국민들이 다시는 못된 부정 선거를 봐주지 않을 걸?"

"맞아, 4·19 혁명을 괜히 했겠어? 어! 선생님? 언제 오셨어요?"

겸연쩍어진 용선생이 "으응? 지금 왔지, 뭘⋯⋯." 하며 머리를 긁적였다.

"선생님, 저희 말이 맞죠? 이제 독재 정치를 끝냈으니까 진짜 민주적인 나라로 새로 태어나는 거죠, 그렇죠?"

나선애가 또박또박 묻는 말에 아이들 모두 기대에 찬 눈으로 용선생을 바라보았다.

"그게…… 얘들아. 당시 국민들도 너희와 똑같은 기대를 품고 있었어. 하지만 4·19 혁명 뒤에는 5·16 군사 정변이 떡하니 버티고 있었단다. 군인들이 정변을 일으켜 권력을 잡은 거였지."

"네? 그건 또 무슨 일이래요!"

"군인들이 권력을 잡다니…… 어째서요?"

"자, 이럴 게 아니라 4·19 혁명 뒤부터 차근히 이야기해 보자."

물음표가 가득한 아이들의 시선 속에 용선생이 천천히 교탁 앞으로 나아갔다.

박정희와 군인들, 권력을 잡다

"1960년 봄, 4·19 혁명으로 이승만 대통령이 물러나면서 자유당 정부도 무너져 내렸지. 국회에서는 헌법부터 고쳤어. 이승만 대통령의 독재 시기를 거치는 동안, 대통령에게 권력이 집중되어 있는 대통령 중심제를 내각 책임제로 바꿔야 한다고 생각하는 이들이 많아졌거든."

"그럼 어떻게 달라지는 건데요?"

"국회 의원 선거를 치러서 가장 많은 국회 의원을 낸 정당에서 국무총리를 뽑고, 그 국무총리가 국회 의원 가운데서 장관들을 뽑아

 나선애의 개념 사전

내각 책임제
'내각(행정부)이 의회에 대하여 책임을 지는 제도'라는 뜻이야. 내각이 정치를 잘못할 경우 의회가 내각 구성원 전원을 사퇴시킬 수 있는 권한을 갖고 있거든. 그래서 내각이 좀 더 책임 있는 정치를 하도록 견제할 수 있어.

내각, 즉 정부를 꾸리는 거야. 결국 실질적으로 권한을 가진 사람이 대통령이 아닌 국무총리가 되는 거지. 1960년 7월 말, 이렇게 고친 헌법에 따라서 선거를 치른 결과 가장 많은 국회 의원을 낸 것은 민주당이었어. 그에 따라 민주당 정부가 꾸려지게 됐고, 국무총리로서 정부를 대표하게 된 것은 이전에 부통령을 지냈던 장면이었단다. 대통령 자리에는 윤보선이 뽑혔지."

"그러면 이제부터는 국무총리인 장면이 나라를 이끌어 가는 거네요?"

"그래. 장면은 국무총리로서 국민들 앞에 나선 첫날, 새 정부의 가장 큰 과제는 경제를 발전시키는 일이라고 선언했어. 이후 장면 정부는 경제 발전을 위한 여러 정책을 내놓았단다."

"맞다, 나라에서 경제를 키워야 국민들이 빨리 가난에서 벗어나겠네요."

"근데 4·19 혁명 얘기는 이제 완전히 끝난 거예요? 어째 싱거운 것 같네. 할 일이 더 있을 것 같은데……."

장하다가 고개를 갸웃거리며 하는 말이었다.

"응, 할 일은 정말 많았지. 4·19 혁명으로 들어선 장면

3·15 부정 선거 재판 4·19 혁명이 일어난 지 한참 뒤인 1961년 2월 20일에 3·15 부정 선거 관련자들의 재판이 열렸어. 맨 오른쪽에 있는 사람이 부정 선거를 주도한 최인규 전 내무 장관인데, 이 사람만 사형에 처해졌고, 나머지 피고인들은 징역형을 선고받았다가 나중에 형량이 줄어들거나 특별 사면되어 거의 풀려났어.

정부에게는 경제를 발전시키는 일뿐 아니라 혁명에서 나온 요구들을 처리할 책임도 있었어. 부정 선거에 앞장섰던 이들, 또 그동안 자유당 정부를 등에 업고서 부당하게 재산을 모으고 사업을 키운 이들의 죄를 묻는 일이었지. 그런데 장면 정부는 이런 일들을 대충 형식적으로만 처리하는 데 그쳤어. 부정 선거에 앞장섰던 사람들을 잡아들이긴 했지만, 대부분 가벼운 처벌을 내리거나 무죄를 선언한 거야. 부당하게 재산을 모은 사람들에 대해서도 마찬가지였어. 이들의 재산을 국가가 되돌려 받아야 한다는 요구가 빗발쳤지만, 장면 정부는 관련 법을 만드는 데에 소극적이었어."

"아휴, 답답해라."

"그러게, 뭐하고 있는 거야, 정말!"

"그 때문에 과거를 후련하게 털어 내고 새로운 사회로 나아가기를 기대하던 국민들은 큰 실망감을 맛보아야만 했지. 하지만 그 와중에도 국민들 사이에서는 4·19 혁명의 기운을 이어 일터와 학교 등을 민주적으로 바꾸려는 노력이 줄을 잇고 있었어. 그동안 노동조합들이 정부로부터 지시를 받고, 노동자가 아닌 경영자를 위해 일하는 경우가 많았거든. 그래서 혁명 이후 노동자들은 자신들의 권리를 위해 일할 새 노동조합을 만들기 시작했어. 또 교사들도 새 교원 노동조합을 만들자고 주장했어. 그동안 독재 정권에 휘둘려 온 학교에 민주적인 질서를 세우기 위해서였지. 또 그동안은 쉽지 않았던 통일 운동도 활발해졌고, 언론도 한층 활기를 띠었어. 분명 온 나라에 자유의 바람이 불고 있었지! 그런데…… 이런 분위기는 그리 오래 이어지지 못했단다. 장면 정부가 들어선 지 열 달이 채 지나지 않은 어느 날, 큰 사건이 터졌거든."

"큰 사건이오?"

용선생이 조용히 고개를 끄덕였다.

"1961년 5월 16일 새벽의 일이었어. 한

서울로 들어오는 군인들 1961년 5월 16일 새벽. 군인들이 탱크를 앞세우고 남대문을 지나 서울 시내로 들어오고 있어.

무리의 군인들이 탱크를 앞세운 채 서울 시내로 밀고 들어온
거야! 이 소식을 듣고 출동한 헌병 부대가 막아 보려 했지만,
결국 그들에게 밀려 길을 내주었어. 시내로 들어선 군인들은
곧장 육군 본부를 비롯해 방송국, 시청 등 중요한 기관을 차지
해 버렸단다.”

“왜요? 나라를 지켜야 할 군인들이 왜 그런 일을 한 거죠?”

“정부가 강력한 힘을 갖지 못한 틈을 타서 권력을 손에 넣고자 한
거였지. 이런 사건을 일으킨 건 박정희를 비롯한 젊은 육군 장교들
이었어. 이들은 자신들이 무능한 정치인들 대신 나라를 구하기 위
해 어쩔 수 없이 ‘혁명’을 일으킨 것이라고 했어. 자신들의 역할이
끝나면 양심적인 정치인들에
게 다시 정치를 맡기고, 자신
들은 본래의 임무로 돌아가겠
다고 했지.”

“정치인들 대신? 그럼 이제
군인들이 정치를 하겠다는 건
가?”

“장면 정부는 어떻게 하고
요?”

“군인들은 장면 총리를 비
롯해 내각 전체를 사퇴시켰
어. 국회도 못 열게 해산시켜

5·16 군사 정변을 일으킨 군인들 1961년 5월 16일, 군사 정변을 일으킨
군인들이 서울 시청 앞에 서 있는 모습이야. 가운데가 박정희 소장이야.

버렸지. 그러고는 군사 정부, 즉 군정을 세워 직접 나랏일을 처리하기 시작했단다. 군정의 중심에 선 인물은 박정희였어."

"에에? 그래도 되는 거예요?"

"당연히 안되는 일이지. 총칼을 앞세워 국민들이 선택한 정부를 무너뜨리고 권력을 빼앗은 거니까. 그래서 이 사건을 '5·16 군사 정변' 또는 '5·16 군사 쿠데타'라고 불러. 정변이란 '정치상의 큰 변화'라는 뜻이고, 쿠데타는 무력을 사용해서 정권을 빼앗은 일을 뜻하는 프랑스 말이야."

"어떻게 이런 일이 다 일어난 거지?"

허영심이 불안한 표정으로 중얼거렸다.

"군정은 북한의 공산주의에 맞서 나라를 안전하게 지켜야겠다며 '반공'을 나라의 기본 정신으로 삼겠다고 했어. 또 앞선 민주당 정부와 달리 부정 선거 책임자나 부정부패에 앞장섰던 이들을 처벌하겠다며 많은 이들을 잡아 가두었어. 이런 모습은 장면 정부에 실망을 느끼고 있던 국민들에게 꽤 점수를 살 수 있었지."

"아무리 그래도 탱크를 몰고 가서 정부를 뺏은 건데……."

"하지만 군정이 잡아 가둔 것은 그들뿐이 아니었어. 군정에 반대할 만한 정치인들, 또 4·19 혁명 이후 다양한 목소리를 내며 민주화를 요구하던 이들도 감옥에 갇히거나 옴짝달싹도 못할 처지가 되어 버렸지. 신문과 잡지도 수도 없이 폐간을 당했어. 이런 분위기에서 정당의 활동은 물론, 나라 안의 모든 정치 활동이 금지되었고, 군정이 모든 권력을 쥐게 되었지."

나선애가 어깨를 움츠리며 "결국 자신들을 제외한 모든 세력을 착 눌러 버린 거네요?" 했다.

"그랬지. 거기엔 군정이 만든 '중앙정보부'의 역할도 아주 컸어. 중앙정보부, 줄여서 '중정'은 나라의 안전 문제와 관련된 정보를 모으고 수사를 하는 기관이라고 했어. 그 위에는 딱 한 사람, 대통령밖에 없었기 때문에 엄청나게 큰 권력을 갖고 있었지."

"뭔가 대단한 거 같긴 한데……. 잘 모르겠어요. 그니깐 무슨 일을 하는 건데요?"

"한마디로 말해 중앙정보부는 정권에 반대하는 세력을 감시하고, 억압하는 일을 했어."

"윽, 그런 거군요."

"그들은 이렇게 정신없이 휘몰아치는 한편, 박정희는 군인 신분을 버리고 아예 정치인으로 나설 준비를 했지. 일단 1962년 12월, 군정은 대통령이 강한 권력을 가질 수 있도록 내각 책임제 헌법을 대통령 중심제로 바꾸었어. 그리고 다른 정치인들을 옴짝달싹 못하게 만든 상황에서 자신들을 정치인으로 거듭날 수 있도록 해줄 정당도 비밀리에 만들었지. 바로 '민주 공화당'이라는 정당이었어."

"양심적인 정치인들한테 맡길 거라더니,

윤보선
(1897~1990)
일제 강점기에 여운형을 만나 함께 독립운동을 했고, 해방 이후에는 국회 의원과 서울 시장 등을 지냈어.

바로 자기들이 정치인이 된 거네요?"

허영심이 뜻밖이라는 표정을 지었다.

"어쨌든 이렇게 군정 세력은 군정이 끝날 때를 확실히 대비해 놓은 뒤 선거 일정을 잡았어. 그에 따라 제5대 대통령 선거가 치러진 것은 1963년 10월이었단다. 박정희는 군대에서 나와 공화당의 대표가 됨과 동시에 대통령 선거 후보로 나섰어. 전 대통령 윤보선이 또 다른 후보로 나서 박정희와 겨루었지만, 결과는 박정희의 승리였단다. 이제 박정희는 대한민국의 제5대 대통령이 된 거야."

 ## 일본과 국교를 맺고 베트남에 군대를 보내다

"이렇게 해서 새로 들어선 박정희 정부는 경제 발전을 최우선의 목표로 삼았어."

"어? 그전의 장면 정부도 그랬던 것 같은데……."

"맞아. 어떤 정부라도 이 시기에는 경제 발전을 가장 중시할 수밖에 없었어. 하루빨리 나라 경제를 일으켜 배고픔에서 벗어나야 했으니까. 그래서 박정희 정부는 경제적으로, 또 외교적으로 무척 중요한 두 가지 일을 추진했단다. 바로 '한일 협정'과 '베트남 전쟁 파병'이야. 먼저 한일 협정부터 살펴보자."

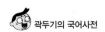 곽두기의 국어사전

파병(派兵)
보낼 파(派), 병사 병(兵)으로 '군대를 보낸다'는 뜻이야.

"한일 협정이라면, 일본이랑 뭔가를 하는 건가요?"

"응. 협정이란 두 나라 사이에 서로 협상을 하고 조약을 맺는 일을 말해. 한일 협정은 한국과 일본 간에 다시 국교를 맺기 위한 조약이었지."

"국교…… 그게 뭐였더라?"

장하다가 갸웃거리자 용선생이 다시 말뜻을 일러 주었다.

"나라와 나라 사이에 외교 관계를 맺는 일을 말해."

"일본이 우리나라를 식민지로 삼고서 그렇게 괴롭혔는데, 국교를 맺어요? 왜요?"

"너희도 알다시피 동아시아 지역에는 소련과 중국, 북한으로 이어지는 공산주의 세력이 크게 자리를 잡고 있었잖아. 반면 한국과 일본은 자본주의를 선택한 나라였고. 당시 세계에는 두 세력이 경쟁을 거듭하는 냉전이 한창이었지. 따라서 한국과 일본은 공산주의 세력에 대응하기 위해 긴밀한 관계를 맺고 서로 협력할 필요가 있었던 거야. 그래서 특히 미국이 한일 협정을 강하게 요구했지."

"흐음, 듣고 보니 이해가 되네요."

"그래. 사실 한일 협정은 이승만 정부 때부터 논의되어 왔어. 우리 나라의 입장은 우선 과거 역사에 대해 일본의 사죄를 받고 국교

를 맺자는 것이었어. 그런데 문제는 일본이 사죄를 하지 않았다는 점이야. 과거 역사를 어떻게 볼 것인가에 대해 두 나라는 입장 차이가 컸어. 한국은 일제의 식민 지배가 불법적인 침략에서 비롯되었다고 주장했지만, 일본은 당시 국제법상 합법적으로 한반도를 지배한 것이었고 오히려 그 기간에 한국을 발전시켰기 때문에 사죄할 게 없다고 주장했지. 일본의 이런 태도 때문에 그동안 국교를 맺지 못했던 거야."

"와, 사죄할 게 없다니, 너무한 거 아니에요?"

"지금도 일본 정치인들이 가끔 그런 소릴 해서 신문에 나오고 하잖아."

흥분한 장하다에게 나선애가 차분히 대꾸했다.

"맞아. 그런데 당시 박정희 정부는 일본이 사죄를 하지 않는데도 한일 협정을 밀어붙였어."

"왜 밀어붙였는데요?"

"가장 큰 이유는 경제 개발을 위한 자금을 모으기 위해서였어. 사실상 군사 정변을 계기로 정권을 얻은 박정희 정부는 하루라도 빨리 경제를 발전시키려고 했지. 그래야 자신들이 정권을 잡은 게 옳았다는 것을 보여 줄 수 있을 테니까 말이야. 그러다보니 일본으로부터 돈을 받는 게 무엇보다 중요했고, 결국 여유를 갖고 협정에 임하지 못했던 거야."

"그런데 협정을 맺는 거랑 돈이랑 무슨 관계가 있는 건데요?"

나선애가 이해가 안 된다는 듯 눈을 깜빡깜빡거렸다.

"두 나라가 과거의 역사를 넘어 친밀한 관계를 맺으려면 일본의 사죄 외에도 짚고 넘어가야 할 일들이 많았어. 그중에서도 일제 강점기 동안 일본이 조선 은행에서 빼내 간 금, 은이라든가, 일본이 물러가면서 그대로 사라져 버린 조선인들의 은행 저금, 또 징병이나 징용을 당한 조선인들의 밀린 임금을 돌려받아야 하는 문제가 있었지. 이와 관련된 논의를 '청구권 협상'이라고 해."

"청구권이라, 청하고 구하는 권리?"

"그렇지. 정부는 이 청구권 협상을 통해 일본으로부터 돈을 받으려고 했던 거야. 그러나 정부가 일본으로부터 사죄는 받아 내지 못하고 비밀스럽게 협상을 진행하고 있다는 사실이 알려지자, 국민

한일 협정 반대 시위 시민 단체와 학생들이 한일 협정 반대 시위를 벌이는 모습이야. '매국적 외교를 결사 반대한다' 등의 구호가 적힌 푯말들이 보여.

한일 협정 조인식 1965년 6월 22일 일본 총리 관저(고위 관료의 집)에서 열린 한일 협정 조인식이야. '조인'은 서로 약속해 만든 문서에 서명하는 거야.

들 사이에서는 한일 협정 반대의 열기가 타올랐단다. 특히 대학생들이 앞장서서 '굴욕 외교에 반대한다!', '나라를 팔아먹는 매국 외교를 멈춰라!'하며 시위에 나섰지. 하지만 정부는 1964년 6월 3일, 비상 계엄령까지 내려가면서 국민들의 목소리를 꺾어 버렸단다."

"아우, 진짜로 그러면 안 되는데!"

장하다가 속이 타는지 두 발을 동동 굴렀다.

"1965년 6월 22일, 결국 한일 협정이 맺어졌어. 그리고 이승만 정부 때 요구했던 것

에도 훨씬 못 미치는 액수를 받는 것으로 청구권 문제가 매듭지어
졌지."

"으…… 사과는요? 이때는 한국에 사과를 했나요?"

"아니. 두 나라가 일제 강점기에 대해 공식적으로 처음 정리한 이
자리에서조차 일본은 한국에 사과하지 않았어."

"어이구 진짜! 싹싹 빌어도 모자랄 판에!"

장하다의 얼굴이 벌겋게 달아올랐다.

"이렇게 한일 협정을 맺음으로써 정부는 경제 개발을 위한 자금
을 마련할 수 있었지. 하지만 이 협정은 지금까지 한일 관계에서
문젯거리들을 만들어 오고 있어."

"왜요? 또 무슨 문제가 있는 건가요?"

"일본이 이때 협정을 맺은 것을 빌미로 더 이상 한국에 갚아야 할
것이 없다고 주장해 왔기 때문이야. 하지만 이건 전혀 사실이 아니
란다. 특히 예민한 문제인 일본군 '위안부' 문제의 경우, 당시 협상

배상(賠償)

물어줄 배(賠), 갚을
상(償)으로, 남의
권리를 침해하고
손해를 입힌 사람이
그 손해를 물어 주는
일을 말해.

대상에 들어 있지도 않았지. 그래서 위안부 할머니들은 지금까지도 진정한 사과도 듣지 못하고 배상도 받지 못한 채 고통을 받으시고 있어. 2015년 12월 한국 정부와 일본 정부가 위안부 문제에 대해 협상을 했지. 하지만 일본 정부는 위안부 문제에 대해서 자주 말을 바꿔 왔기 때문에 조금 더 지켜봐야 해."

"으휴, 일본이 툭하면 오리발을 내미는 게 이유가 있었구만!"

이번엔 왕수재가 고개를 절레절레 흔들었다.

"자…… 이제 베트남 파병에 대해 알아볼 차례구나. 당시 베트남에서는 사회주의 세력과 미국의 지원을 받던 반공주의 세력이 전쟁을 치르고 있었어. 미국은 베트남이 공산주의 나라가 되면 아시아 전체가 위험하고, 그러면 자본주의 세계 전체가 흔들리게 될 거라며, 다른 나라들에도 베트남 전쟁에 참여할 것을 요구했어. 미국과 튼튼한 동맹 관계를 맺고 싶어 했던 박정희 정부는 군대를 보내기로 결정했단다."

"동맹? 동맹이 뭐예요?"

"쉽게 말해, 국가나 단체끼리 같은 편이 되기로 약속하는 거야."

"그런데 우리나라와 미국은 이미 동맹 관계에 있었던 거 아니에요? 6·25 전쟁 때도 같이 싸우고 원조 물자도 보내 주고 했잖아요."

왕수재가 안경을 고쳐 쓰며 말했다.

"그랬지. 박정희 정부는 그런 관계를 더욱 튼튼히 다지기 위해서 베트남 파병을 결정한 거야. 파병의 또 한 가지 이유는 역시 경제 발전을 위한 자금을 마련하기 위해서였어. 베트남에 파병된 군인들

베트남 파병 1966년 7월 22일 부산항에서 베트남으로 떠나는 군인들을 환송하는 모습이야. 이날 떠났던 군인들은 해병대 청룡 부대 소속의 전투 병사들이었어.

은 미국으로부터 별도의 참전 수당을 받도록 되어 있었거든. 그들의 참전 수당은 대부분 한국으로 들어왔기 때문에, 이는 고스란히 외화 수입으로 이어지게 되었지. 또 군인들의 참전 수당 말고도 외화를 벌어들일 수 있는 길이 생겼어. 한국 기업들은 베트남에서 한국 군인들이 사용하는 물건을 공급하는 한편, 베트남에 직접 진출해서 운송 사업, 건설 사업을 하며 적지 않은 외화를 벌 수 있게 됐지."

"그래도 다른 나라의 전쟁에 우리 군인들이 목숨을 걸고 가야 되는 건데……. 반대하는 국민들이 많았겠네요."

나선애의 걱정스런 목소리였다. 하지만 용선생은 고개를 저었다.

"그건 아니었어. 몇몇이 반대했을 뿐 조용히 넘어갔지. 정부가 파

병을 하면 얼마나 많은 경제적 이득을 볼 수 있는지 크게 선전을 한 효과였어. 그만큼 당시 한국인들에게는 경제 발전이 절실했던 거야. 하지만 이후 시간이 흐르면서는 베트남 전쟁에 대규모 참전을 한 것이 과연 잘한 일인가 묻는 이들이 점점 많아졌단다. 이때 죽거나 다친 한국군도 많았거든."

"결국, 그 병사들의 희생으로 얻은 돈이 우리나라 경제 발전의 밑천이 된 거네요."

왕수재의 목소리가 어쩐지 숙연해졌다.

"이 무렵 외화를 벌기 위해 다른 나라로 떠나야 했던 사람들은 또 있었단다. 정부는 당시의 서독에 광부와 간호사들을 보내는 일도 추진했어. 베트남에 파병된 이들이 그랬듯, 이들도 대부분 낯선 곳에서 힘들게 일해 번 돈을 한국으로 보냈지."

"그런데 선생님, 이렇게 열심히 돈을 모아서요, 우리나라 경제는 정말 발전하게 되었나요?"

불안한지 곽두기가 조심스레 묻는 말에 "그럼!" 하고 용선생의 시원한 대답이 돌아왔다.

"이리저리 모은 외화를 자본으로 삼아 정부는 본격적인 경제 개발에 나섰고, 한국은 놀라운 경제 성장을 이룰 수 있었어."

"진짜요? 어떻게요?"

"돈이 생겼으니까 그 돈으로 공장을 세우고 외국에서 원료와 기계를 사들여 물건을 만들어 낸 거야. 그리고 그 물건을 다시 외국에 수출해 돈을 벌어들였고."

"사람들의 고생이 헛되지 않아서 다행이네요."

"그래도 국민들의 뜻을 외면하고, 많은 사람들의 희생을 낳으면서 경제 성장을 이루었다는 게 뭔가 꺼림칙해요."

"그러게요. 꼭 그렇게 해야만 했을까요?"

나선애와 허영심이 찜찜한 표정을 지으며 말했다.

"그래. 정부가 다른 방식으로 경제 성장을 이룰 순 없었을까 하는 의문이 들 수도 있을 거야. 그런데 이 시기의 경제 성장을 어떻게 볼 것인가는 쉬운 문제가 아니란다. 아무튼 우리 경제가 발전한 과정은 다음 시간에 더 자세하게 알아보자꾸나."

왕수재의 지리 사전

서독
제2차 세계 대전에서 패배한 독일은 연합군에 의해 나뉘어 통치를 받았어. 그중에서 미국, 영국, 프랑스가 점령했던 서쪽 지역을 '서독'이라고 불렀는데, 1990년 독일이 통일되면서 서독이라는 지명은 더 이상 사용하지 않게 되었어.

참고 영상

해외로 간 이들은 어떻게 살았을까?

3선 개헌을 통해 장기 독재를 꾀하다

"자, 이렇게 여러 가지 일들이 벌어지는 사이에 다시 대통령 선거를 치를 때가 돌아왔어. 1967년 5월에 치러진 제6대 대통령 선거에서 박정희 대통령이 다시 당선되었단다. 무엇보다 지난 4년 동안 경제가 빠른 속도로 성장해 온 모습에 많은 국민들이 그에게 표를 던진 거였지."

"호오, 경제라는 게 정말 중요한 문제인가 봐요."

"그럼, 그런데 대통령 선거 바로 한 달 뒤에 있던 국회 의원 선거는 여러모로 전혀 다른 분위기에서 치러졌어. 이 선거에서 박정희 정부와 공화당은 많은 부정을 저질렀거든. 고무신과 막걸리를 나눠 주며 공화당 후보를 찍어 달라고 하는 일부터, 돈 봉투를 나눠 주

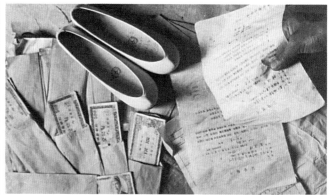

6·8 부정 선거　1967년 6월 8일에 열릴 국회 의원 선거를 앞두고 공화당은 표를 얻기 위해 각종 금품을 나눠 주는 등 부정 선거를 저질렀어. 왼쪽은 공화당원들이 사람들에게 막걸리를 공짜로 나눠 주는 모습이야. 오른쪽은 고무신, 수건, 돈 봉투 등 야당이 제시한 부정 선거의 증거물이야.

고 마을 주민들을 모아 단체로 관광을 시켜주기도 했지. 이게 다 공화당에서 많은 국회 의원을 당선시켜 자기네 뜻대로 헌법을 고치기 위해서였지."

"에? 헌법을 또 고쳐요? 왜 자꾸 그러는 거예요?"

장하다가 알 수 없다는 표정으로 물었다.

"자자, 지난 수업을 떠올려 보자. 너희들, 대통령은 한 사람이 두 번까지만 할 수 있다고 헌법에 정해져 있는 것 기억하니?"

"그럼요!" 하며 왕수재가 공책을 뒤적였다.

"그래서 이승만 대통령이 다시 선거에 나가려고 사사오입 개헌을 했죠."

그 말에 나선애가 "그럼 혹시 박정희 대통령도……?" 했다.

"그래. '3선 개헌', 즉 한 사람이 대통령 선거에 세 번 나갈 수 있도록 헌법을 고쳐 박정희 대통령이 다음번에도 대통령이 될 수 있는 길을 열어 놓으려는 의도였지. 부정 선거의 결과는 공화당의 큰 승리였어."

"으, 4·19 혁명도 못 보셨나? 그러다 국민들한테 혼쭐이 나지! 맞죠, 선생님?"

"그래, 이들이 부정 선거를 저질러 가며 헌법을 고치려 하자, 점점 더 많은 사람들이 정부에 등을 돌렸어. 특히 1969년 6월부터는 전국에서 대학생들을 중심으로 3선 개헌에 반대하는 시위가 줄을 이었지. 야당의 정치인들을 비롯해, 그동안 박정희 정부를 비판적으로 바라봐 온 이들도 모두 개헌 반대 투쟁으로 힘을 합치기 시작했어."

 나선애의 개념 사전

야당(野黨)
현재 정권을 잡고 있지 않은 정당을 말해. '야(野)'는 '재야(在野)'의 준말로, '공직에 나가지 않음'을 뜻해. 반대말은 여당(與黨)이야.

"그럼 3선 개헌은 막았나요?"

나선애의 질문에 아이들이 모두 숨을 죽였다.

"결론은…… 막아 내지 못했어. 정부는 학생들의 시위가 거세지자 아예 각 대학의 문을 닫아 버리기까지 했어. 그러고는 국회에서 개헌에 찬성하는 이들끼리 모여 몰래 3선 개헌안을 통과시켜 버렸지. 결국 1969년 10월, 그들은 원하는 대로 헌법을 고쳐 박정희 대통령이 다시 대통령이 될 수 있는 길을 열어 놓았어."

나선애가 뭔가 생각난 듯 "하지만!" 하고 소리쳤다.

"다음 선거에서 박정희 대통령이 꼭 다시 대통령으로 뽑히라는 법은 없는 거잖아요? 국민들이 많이 등을 돌리고 있다면서요."

"그래. 게다가 마침 야당에서는 김대중, 김영삼, 두 젊은 정치인이 새롭게 떠오르고 있었어."

"뭔가 변화의 바람이 불어올 것 같아! 그럼 대통령 선거에도 나왔겠네요?"

김대중과 김영삼
1971년 대통령 선거를 앞두고 김대중(왼쪽, 당시 45세)과 김영삼(오른쪽, 당시 43세)이 선거 유세에 나선 모습이야.

"응, 1971년에 치러진 제7대 대통령 선거에서 김대중은 야당의 후보로 나와 박정희 대통령과 맞붙었단다. 그는 만약 이번에 다시 박정희가 대통령이 된다면 앞으로 절대로 권력을 놓지 않으려 들 거라고 경고했어. 그러자 박정희 대통령은 자신이 대통령 후보로 나서는 것은 이번이 마지막이라며 믿어 달라고 호소했지. 치열한 분위기에서 치러진 선거 결과, 두 후보의 표 차이는 그리 크지 않았어."

용선생이 말을 멈추자, 아이들이 침을 꼴깍 삼켰다.

"그래서, 어떻게 됐어요? 누가 당선됐어요?"

"대통령으로 당선된 것은 또다시 박정희였어. 하지만 정부는 이번에도 역시 어마어마한 돈을 쏟아부어 가며 부정 선거를 저질렀지."

"흐와, 결국은 세 번째 대통령 자리에 앉는구나. 참 엄청나네."

"그런데 얘들아, 엄청난 일은 또 있었어!"

"그게 뭔데요?"

"대통령 선거가 끝나고 얼마 뒤, 한국에는 커다란 뉴스거리가 있었어. 남북 사이에 통일을 위한 회담이 이루어진 거야!"

"네? 어머, 어떻게 갑자기요?"

"여기에는 당시의 세계 분위기가 큰 영향을 끼쳤어. 자본주의 대 사회주의로 대립하고 있던 냉전이 조금씩 풀리며 화해 분위기가 감돌았거든. 무엇보다 1972년에 미국과 중국의 정상이 만난 것은 무척 큰 변화였지. 남한과 북한도 이런 분위기에 영향을 받아 회담을 가졌고, 통일을 위한 몇 가지 원칙을 서로 합의하는 데까지 이르게 된 거야. 1972년 7월 4일, 정부는 국민들에

미국과 중국의 외교 1972년 2월 21일 중국 베이징에서 만난 미국 대통령 닉슨(왼쪽)과 중국 공산당 주석 마오쩌둥(오른쪽)의 모습이야.

장하다의 호기심 사전

남북 공동 성명
이 성명을 통해
남북은 외세에
의존하거나
간섭을 받지 않고
'자주적'으로,
무력에 의하지
않고 '평화적'으로,
사상과 이념, 제도의
차이를 초월하여
'한 민족으로서
대단결'을 도모하는
세 가지 통일 원칙에
합의했어.

게 그동안 북쪽과 비밀 회담을 해 온 성과라며 '남북 공동 성명'이
라는 것을 발표했어."

"우아! 서로 싸우려고만 들더니, 잘됐네요!"

"당시 국민들도 멀게만 보이던 통일의 날이 눈앞에 다가오는 듯 큰
기대에 찼어. 하지만 이런 분위기는 오래 이어지지 못했단다……."

용선생의 목소리가 확 낮게 깔리며 아이들을 긴장시켰다.

"이번엔 또 무슨 이야길 하시려고……?!"

민주주의를 짓밟은 유신 독재

"7·4 남북 공동 성명 이후 석 달 만인 1972년 10월, 박정희 대통령은 전국에 비상 계엄령을 내렸어. 서울을 비롯한 주요 도시에 군대가 배치됐어. 국회도 해산되고 모든 정치 활동은 금지당했고, 대학들은 아예 문을 닫게 했지. 그뿐 아니라 기존의 헌법마저 없애 버리고 새로 '유신 헌법'이라는 것을 내세웠어."

"아니 웬…… 그게 다 무슨 말씀이세요?"

"유신 헌법? 그건 또 뭐죠?"

비상 계엄령 보도 1972년 10월 18일 비상 계엄령 선포를 보도하는 신문 기사야. '전국에 비상 계엄령 선포'라는 제목이 보여. 박정희 정부가 비상 계엄령을 선포하면서 기존 헌법은 아무런 기능을 하지 못하게 했어.

"유신이란 말뜻만 보면, 모든 것을 새롭게 고친다는 뜻이야. 그래도 무슨 말인지 잘 이해가 안 되지? 당시 정부가 만들어 아이들 사이에 퍼뜨린 노래가 있는데 말야. '10월의 유신은 김유신과 같아서 삼국 통일 되듯이 남북통일 이뤄요. 우리 몸에 알맞은 민주 나라 만들어……' 하고 이어지는 노래였는데, 이 노래 가사에서 알 수 있

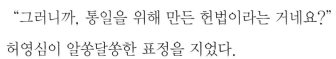

듯 박정희 대통령은 유신 체제가 통일을 준비하기 위한 것이라고 내세웠어. 통일을 하려면 나라가 평소와 똑같이 움직여서는 안 된다, 비상시니까 그에 맞는 비상 체제를 세워야 한다, 이런 논리였지."

"그러니까, 통일을 위해 만든 헌법이라는 거네요?"

허영심이 알쏭달쏭한 표정을 지었다.

"그 내용을 한번 볼까? 유신 헌법은 우선 대통령의 임기를 4년에서 6년으로 늘렸어. 그리고 한 사람이 대통령을 여러 번 하는 것을 막는 내용은 헌법에서 완전히 없앴어. 다시 말하면 대통령을 두 번 하느냐 세 번 하느냐가 문제가 아니라, 열 번이고, 죽을 때까지고, 계속 할 수 있게 됐다는 얘기야."

놀란 아이들의 입이 떡 벌어졌다.

"에? 그게 통일과 관련이 있는 내용이에요?"

"그렇게 보긴 힘들겠지? 그리고 이제 대통령 선거도 달라졌어. 간접 선거를 실시해서 '통일 주체 국민 회의'라는 단체가 대통령을 뽑게 됐지."

"이제는 국민들이 대통령을

통일 주체 국민 회의 1972년 12월 23일 제8대 대통령 선거 때 통일 주체 국민 회의 대의원들이 장충 체육관에서 투표하고 있는 모습이야. 2,359명의 대의원이 참여했는데, 찬성 2,357표, 무효 2표로 박정희 대통령이 당선되었어.

뽑지 않는다는 거예요?"

"그래. 국민들이 각 지역에서 선거를 통해 통일 주체 국민 회의의 구성원들을 뽑으면 이들이 대통령을 뽑는 거였어."

"음…… 그러면 국민들의 대표가 대신 선거를 하는 거네요? 별문제 없는 거 아닌가요?"

"하지만 당시에 각 지역의 대표로 뽑힌 사람들은 정부의 말을 잘 들을 수밖에 없는 이들이었어. 기존의 정치인들은 아예 출마할 수 없게 법으로 정해 놓았고, 그렇다 보니 사람들은 자기 지역에서 그나마 잘 알려진 유명 인사를 뽑게 되었거든. 이들은 주로 기업체 사장이나 대학교 총장, 읍·면·동장 출신으로, 정부와 친밀한 관계에 있었던 사람들이야. 게다가 정부는 선거 전에 아예 정부에 협조적인 사람을 후보자로 정해서 출마하라고 권했어. 반대로 정부에 비판적인 사람이 후보로 나오려고 하면 은밀히 막기도 했지. 결국 통일 주체 국민 회의는 정부에 우호적인 사람들로만 채워진 셈이었고, 1972년 12월에 유신 헌법에 따라 다시 치러진 대통령 선거에서 박정희 대통령은 혼자 후보로 나서 99.9%의 찬성으로 당선됐어. 2,300여 명의 통일 주체 국민 회의 사람들이 체육관에 모여 치렀기 때문에 이 선거를 두고 흔히 '체육관 선거'라고 불러."

"흐음, 대통령 선거가 이상하게 바뀐 것 같아요."

"이제 국회 의원도 1/3은 국민이 뽑을 수 없게 됐어. 절차가 필요하긴 했지만, 사실상 대통령이 마음대로 뽑았지. 또 대통령은 국회를 아예 해산시킬 수 있는 권한도 갖게 됐어. 한편 대법원장을 포

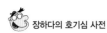
장하다의 호기심 사전

삼권 분립의 원칙
국가를 다스리는
힘을 입법권,
행정권, 사법권,
즉 삼권(三權)으로
나누어 균형을
이루게 하는
원칙이야. 권력이
어느 한 쪽으로
쏠리면 독재나
부정부패가 일어날
수 있기 때문이지.

함한 모든 판사들도 대통령이 임명하고, 또 쫓아낼 수 있도록 했어. 입법부도 사법부도 대통령의 손 안에 들어간 거야. 결국 민주주의의 기본 원리인 삼권 분립의 원칙이 완전히 깨져 버렸단다."

"그 모든 권력을 다 대통령이 혼자 차지하게 됐다는 거네요?"

"응, 그뿐이 아니었어. 대통령은 새로 '긴급 조치권'을 갖게 됐어."

"그게 무슨 말인데요?"

"'나라가 긴급한 상황일 때 내리는 조치'라는 뜻인데, 결국은 대통령의 명령 하나만으로 국민의 자유를 마음껏 제약할 수 있도록 하

나는 삼국 통일, 너는 삼권 통일? 내 이름에 칠하지마!

김유신 장군

김유신

는 권한이었어. 한마디로, 유신 헌법이 세운 유신 체제는 민주주의의 기본 원리들을 무시하고 대통령에게 강력한 권력을 영원히 보장해 주는 체제였어."

"허어, 너무 심한 거 아니야?"

허영심이 감탄 아닌 감탄을 하며 혀를 내둘렀다.

"당시 사람들은 어떻게 받아들였어요? 당연히 반대했겠죠?"

"처음엔 국민들이 이에 저항할 엄두를 내지 못했어.

하지만 1년여가 흐른 1973년 가을부터는 정권의 탄압 속에서도 대학생들의 시위가 터져 나오기 시작했어. 자유 민주주의를 짓밟아 버린 유신 체제를 당장 거두라는 것이 그들의 한결같은 목소리였지. 곧바로 12월에는 장준하 등 지식인들도 나서서 유신 헌법을 민주주의 헌법으로 돌려놓기 위해 국민들로부터 서명을 모으는 운동을 벌였어."

"서명이라면, 사람들이 직접 이름을 적는 거 말이죠?"

"그렇지. 장준하와 그 동료들은 우리 국민 100만 명

장준하(1918~1975) 1973년 12월 24일 서울 YMCA 2층 총무실에서 장준하가 개헌을 위한 백만 인 서명 운동을 벌이자고 연설하고 있어. 장준하는 독립운동가 출신 정치가, 언론인으로 잡지 《사상계》를 창간하기도 했어.

으로부터 서명을 모으겠다는 계획을 세웠어. 그토록 많은 국민이 직접 자신의 이름을 걸고 유신 헌법에 반대한다면 유신 정권이 큰 타격을 입게 될 거라고 본 거야."

"그래서요? 정말로 국민들이 서명을 많이 했나요?"

"암! 국민들의 반응은 무척 뜨거웠어. 서명 운동을 시작한 지 단 열흘 만에 무려 30만여 명이 서명을 할 정도였대."

"아, 역시 우리 국민들이 보고만 있지는 않았구나!"

"하지만 얘들아, 유신 정권은 그 정도로는 끄떡도 하지 않았어. 유신 반대 운동이 국민들 사이에 퍼져 나가기 시작하자, 정부는 긴급 조치를 내려 이를 철저하게 탄압했단다. 1974년 1월에 처음 긴급 조치 1호가 선포된 뒤로 1975년 5월에 긴급 조치 9호까지 잇달아 나오면서, 온 나라가 꽁꽁 얼어붙고 말았지."

"잠깐만요! 아까부터 궁금했는데, 긴급 조치라는 게 긴급하게 어떤 조치를 취한다는 말인가요?"

"긴급 조치의 내용은 쉽게 말해 유신 헌법에 절대 대들지 말라는 것이었어. 유신 헌법을 비판하거나 그에 반대하는 사람, 또는 유언비어, 즉 근거 없는 뜬소문을 퍼뜨리고 다니는 사람은 그 자리에서 체포해 감옥살이를 시키겠다고 했지. 또 그런 사건이 생겼다고 언론에서 이를 보도한다면 그 역시 똑같이 잡아다 감옥에 집어넣겠다고 했어."

"으으, 이제 아무도 유신에 반대를 못하겠네."

"그러면 아까 그 서명 운동을 하던 사람들은 어떻게 되고요?"

휴교령이 내려진 대학교 1975년 4월, 군인들이 휴교령이 내려진 고려대학교 정문 앞을 지키고 있는 모습이야. 정부는 4월 8일 오후 5시, 긴급 조치 7호를 통해 고려대학교에 휴교를 명령하고, 학교 안에서의 집회를 금지했어.

"그야, 장준하처럼 서명 운동에 앞장섰던 사람들은 처음 긴급 조치가 나왔을 때 바로 붙들려 감옥에 갇혔지. 그리고 몇 년 뒤 1978년, 박정희 대통령은 제9대 대통령 선거에서 다시 대통령으로 뽑혔단다. 물론 이번에도 체육관 선거를 치른 거였어."

"휘유우⋯⋯."

땅이 꺼질 듯 새어 나오는 한숨 소리에 장하다의 목이 축 늘어졌다.

유신 독재 정권이 무너지다

"얘들아, 하지만 이미 유신 독재는 끝에 다다르고 있었어. 그 뚜렷한 증거는 대통령 선거 바로 뒤에 치러진 국회 의원 선거 결과였지. 국민들이 유신 정권에 반대하는 야당에 여당보다 많은 표를 던졌거든! 유신 정권은 국민들이 자신들을 지지한다고 주장해 왔는데, 그렇지 않다는 게 공개적으로 드러난 셈이었지. 이렇게 국민들의 뜻이 분명해지는 가운데, 유신 반대 투쟁도 다시 불붙기 시작했단다."

"그렇담 이제 국민들하고 유신 정권하고 한판 싸움을 벌이는 건가요?"

"잘 들어 보렴. 시위는 부산에서부터 시작되었어. 1979년 10월 16일, 부산대학교 학생들이 유신 체제를 무너뜨리자며 대규모 시위를 벌인 거야. 학생들은 교문을 넘어 거리로 쏟아져 나와 '유신 정권에 반대한다!' 하고 외쳤어. 그 모습에 부산 시민들도 팔을 걷어붙이고 함께 시위에 나서기 시작했지!"

"그럼 시위가 무척 커졌겠네요?"

"그렇고말고. 오래 억눌려 온 국민들의 분노는 한번 터지자 걷잡을 수 없이 번져 갔단다. 시위는 다음날도, 그 다음날도 이어졌어. 처음엔 학생들이 앞장섰지만, 뒤이어 시위를 이

부산에서의 유신 반대 시위 1979년 10월. 학생과 시민들이 부산 광복동 거리로 나와 시위하는 모습이야. 시위대는 당시 야당 총재였던 김영삼이 국회 의원직을 빼앗긴 것에 대해 반대하며 유신 정권을 비판했어.

끈 것은 가난한 노동자들, 또 일자리가 없는 실업자들이었어."

"어? 그건 왜죠?"

"이 무렵엔 그동안 계속 발전하던 우리나라 경제가 주춤했거든. 일자리는 줄어들고 물가는 오르고……. 시민들의 불만과 분노도 한층 커졌어. 그들은 경찰차를 뒤엎어 버리고, 경찰서에 불을 질렀

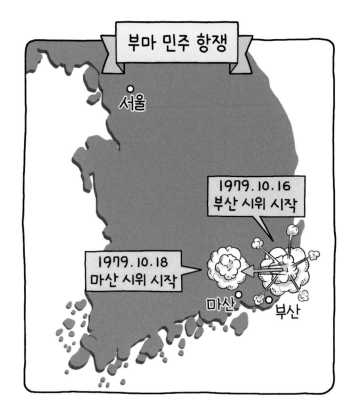

부마 민주 항쟁

서울

1979. 10. 16
부산 시위 시작

1979. 10. 18
마산 시위 시작

마산　부산

어. 그동안 유신 정권에서 하는 말을 그대로 받아 옮기기만 해 온 방송국들도 시민들의 손에 부서졌지."

"후…… 이거 일이 보통 크게 터진 게 아닌데요? 정부가 가만히 있진 않았을 것 같은데."

왕수재가 초조한지 안경을 만지작거렸다.

"그랬지. 시위가 시작된 지 사흘째인 10월 18일 새벽, 정부는 부산 지역에 비상 계엄령을 내리고 군대를 보냈어. 하지만 이미 시위는 부산을 넘어 이웃 도시인 마산까지 번지고 있었지. 마산에서도 대학생들은 물론이고 일반 시민들, 노동자들까지 힘을 보태 온 도시가 유신 정권에 맞서기 시작한 거야. 정부는 마산에도 군대를 보내 탄압했지. 이렇게 부산과 마산에 걸쳐 일어난 싸움을 '부마 민주 항쟁'이라고 부른단다."

"그렇다고 물러설 우리 국민들이 아니지! 이제 곧 유신 독재도 국민들의 손에 끝이 나겠군요! 맞죠, 선생님?"

장하다가 서두르며 재촉했지만 용선생이 "흐음" 하며 뜸을 들였다.

"그래, 바로 얼마 뒤 유신 정권은 무너져 내렸어. 그런데 뜻밖에도 그 계기는 박정희 대통령의 갑작스런 죽음이었어."

"네? 갑작스런 죽음이라니……. 왜요?"

"10월 26일, 중앙정보부 부장인 김재규라는 사람이 그를 총으로 쏜 거야. 부마 민주 항쟁을 지켜보며 유신 정권의 권력자들 사이에는 큰 의견 차가 생겼어. 김재규는 시위만 억누른다고 해서 끝날 일이 아니라며 근본적인 변화가 필요하다고 했대. 하지만 박정희 대통령과 항상 그의 곁을 지키던 대통령 경호실장 차지철은 시위를 더욱 강하게 억눌러야 한다고 했다지. 그러던 중에 김재규가 대통령을 쏜 거였어. 군사 정변 이후 18년이나 이어져 온 박정희 대통령의 권력은 이렇게 그의 죽음과 함께 끝이 났단다."

'아아!' 하는 영심의 탄식을 시작으로 여기저기서 한숨 소리가 새어 나왔다.

"이렇게 끝이 날 줄이야……!"

"휘유, 독재라는 건 끝이 진짜 안 좋네."

"그러게. 예전 이승만 대통령 때도 그렇고 이번에도 그렇고!"

체포된 김재규 1979년 10월 26일 박정희 대통령을 살해한 김재규가 체포된 후, 사건을 재연하는 모습이야.

잠자코 아이들의 말을 듣던 용선생이 고개를 끄덕였다.

"그래. 너희들 말이 맞아. 국민들의 지지를 받지 못하는 독재 권력은 언제고 무너질 수밖에 없는 법이야. 뿐만 아니라 역사에도 깊은 그림자를 드리우곤 해. 박정희 대통령의 죽음으로 한국은 유신독재에서 벗어났지만, 국민들이 그동안 치른 고통과 상처는 그대로 덮을 수 없는 것이었어. 그 상처를 극복하고 우리 국민이 다시 민주주의를 일구기 위해서는 오랜 시간이 필요했단다."

"얼른 그렇게 돼서 다들 평화롭게 살면 좋겠는데……."

곽두기가 나지막이 중얼거리는 소리에, 다른 아이들도 하나둘 고개를 끄덕였다.

나선애의 정리노트

1. 박정희 정부의 등장

① 4·19 혁명 이후 새롭게 장면 정부가 들어섬.

다양한 정치·사회적 요구가 있었지만, 장면 정부는 소극적으로 대처함

② 5·16 군사 정변 : 1961년 5월 16일 새벽, 박정희 등 젊은 육군 장교들이

정변을 일으켜 장면 정부를 무너뜨리고 군사 정부를 세움

③ 군인이었던 박정희가 민간인 신분으로 출마하여 5대 대통령에 당선(1963)

④ 경제 개발 자금을 마련하기 위해 한일 협정과 베트남 파병을 추진함

2. 박정희 정부의 장기 집권 시도

부정 선거	→	3선 개헌	→	유신 체제
1967년		1969년		1972년

3. 유신 체제에 대한 저항

① 유신 반대 운동 : 개헌 청원 백만 인 서명 운동 등 학생과 지식인들이

긴급 조치와 같은 탄압에도 불구하고 꾸준히 저항함

② 부마 민주 항쟁(1979) : 부산과 마산에서 시작된 대학생들의 유신 철폐 시위에

시민들이 합세. 정부는 비상 계엄령을 내리고 군대를 보내 탄압함

4. 유신 체제의 붕괴

부마 민주 항쟁에 대한 처리를 놓고 정권 내부에서 갈등이 일어남. 그 과정에서 김재규

중앙정보부 부장에 의해 박정희 대통령이 피살됨(10·26 사태)

http://cafe.naver.com/yongyong

용선생의 역사 카페

역사계의 슈퍼스타,
용선생의 역사 카페에
오신 걸 환영합니다

Log in

게시판 ⌄

- 역사가 제일 쉬웠어용!
- 이제는 더~ 말할 수 있다!
- 필독! 용선생의 매력 탐구
- 전교 1등 나선애의 비밀 노트

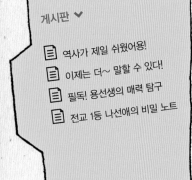

《동아일보》 백지 광고 사건

박정희 정부 시절, 중앙정보부에서는 각 신문사와 방송국을 감시했어. 정부를 비판하는 내용을 보도하지 못하게 하기 위해서였지. 1972년 유신 체제가 시작되고 1974년 1월 긴급 조치 1호가 나오면서 감시는 더욱 심해졌어. 대학가에서 유신 체제를 반대하는 시위가 있어도 '유신 체제에 대한 비판을 보도하는 일을 금한다'는 긴급 조치 조항에 묶여 기사를 쓰지 못하고 있었어.

그러던 1974년 10월 23일, 《동아일보》가 서울대학교 문리대 학생들의 시위를 신문에 실어 내보내는 사건이 벌어졌어. 중앙정보부는 당장 《동아일보》의 편집국장과 편집부장들을 잡아들였지. 그러자 이를 본 《동아일보》 기자 180여 명이 더 이상 자유 언론을 방해하는 어떤 압력에도 굴하지 않겠다는 '자유 언론 실천 선언'을 발표하며 투쟁을 시작했어.

이에 박정희 정부는 기업들에게 《동아일보》에 광고를 내지 말라고 협박했어. 광고비 수입이 없으면 신문사가 경제적으로 큰 타격을 입기 때문이지. 정부 눈치를 보던 기업들은 하나둘 《동아일보》와 광고 계약을 해지했고, 급기야 12월 26일자 광고란이 백지로 나가는 사태가 벌어졌지. 이후에도 광고를 싣지 못하는 사태가 계속 이어졌어. 그런데 이때 놀라운 일이 일어났어. 유신 정권에 맞서는

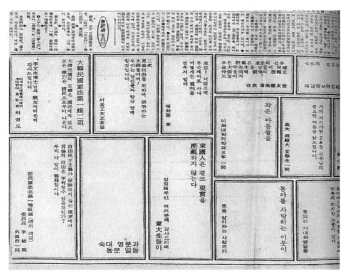

《동아일보》에 실린 국민들의 격려 광고

《동아일보》의 이야기를 듣고 국민들이 직접 격려 광고를 내기 시작한 거야. 천주교 정의 구현 사제단과 익명의 서점 주인, 대학생들에 이르기까지 많은 국민들이《동아일보》에 광고를 내며 도왔어.《동아일보》배달원 15명이 돈을 모아 한 칸의 광고를 내기도 했지. 이렇게 이어진 국민들의 격려 광고는 1975년 3월까지 9,223건이나 이어졌다고 해.

 COMMENTS

허영심 : 멋지다! 결국 기자들의 투쟁은 승리했나요?

└ 용선생 : 국민들의 감동적인 성원이 있었지만, 그것만으로는 신문사를 유지하기 어려웠지. 안타깝게도 결국 경영진이 정부의 압력에 굴복해 많은 기자들을 해고했단다.

한국사 퀴즈 달인을 찾아라!

01 ★★★☆☆

선애가 4·19 혁명 이후의 변화 모습을 정리하고 있어. 빈칸에 공통으로 들어갈 말은 무엇일까? (   )

4·19 혁명 이후 대한민국 헌법은 (   )로 개헌되었어. (   )란 국회에서 많은 의석을 차지한 정당이 내각을 구성하는 것을 말해. 대통령의 권한은 축소되는 대신 국무총리가 내각을 책임지고 이끌어 갔지.

① 대통령 중심제
② 내각 책임제
③ 입헌 군주제

02 ★★☆☆☆

다음은 역사 신문에서 박정희 정부가 한 일을 정리한 거야. 빈칸에 알맞은 말을 골라 순서대로 완성시켜 줄래? (,   )

박정희 정부는 경제 개발에 필요한 자금을 마련하기 위해 (   )을 맺었다. 그러나 자금이 절실했던 정부가 일본으로부터 사죄를 제대로 받아 내지 못한 채 협상을 진행했기 때문에 국민들 사이에서는 반대 열기가 타올랐다.
또 박정희 정부는 미국과의 동맹 강화와 경제적인 이득을 위해 1964~1973년까지 (   )을 진행했다.

① 긴급 조치   ② 베트남 파병
③ 한일 협정   ④ 3선 개헌

03 ★★★★★

선애가 어떤 헌법에 대한 설명을 적어 두었어. 다음 헌법에 대한 설명으로 옳지 않은 것은 무엇일까? (   )

 박정희는 7·4 남북 공동 성명을 발표하고 석 달 만인 1972년 10월에 전국에 비상 계엄령을 내리고, 헌법을 개정했다.

① 4·19 혁명이 일어나는 계기가 되었다.
② 대통령의 임기가 4년에서 6년으로 늘어나게 되었다.
③ 북한과의 통일을 준비해야 한다는 것이 개헌의 이유였다.
④ 간접 선거로 통일 주체 국민 회의에서 대통령을 뽑게 되었다.

04 ★★★★☆

아래는 1960~70년대에 있었던 일들이야. 시간 순서대로 번호를 적어 볼래?

(   ) – (   ) – (   ) – (   ) – (   )

 ① 7·4 남북 공동 성명

 ② 5·16 군사 정변

 ③ 한일 협정

 ④ 유신 헌법 체제

 ⑤ 부마 민주 항쟁

• 정답은 357쪽에서 확인하세요!

김일성,
권력을 독차지하다

북한에서는 오랫동안 김일성 한 사람이 권력을 독차지했어. 어떻게 그렇게 되었을까?

해방이 되었을 때 북한에도 남한처럼 많은 독립운동 세력들이 귀국했어. 이들은 대부분 사회주의자들이었는데, 활동했던 지역의 이름을 따와 연안파, 만주파, 소련파, 남로당파 등으로 불리며 한동안 서로 경쟁하였지. 김일성은 만주파였고, 1948년 9월 9일, 조선 민주주의 인민공화국이 들어설 때 내각의 대표인 수상으로 선출되었어.

그런데 김일성은 6·25 전쟁을 거치며 자신의 최대 정적인 박헌영을 비롯해 남로당파 대부분을 제거했어. 전쟁 중에 나타난 부정행위에 책임을 묻거나 미국의 간첩 역할을 했다는 혐의를 뒤집어 씌워서 말이지. 그리고 1956년 8월에 연안파와 소련파가, 1966년 만주파 내의 또 다른 세력인 갑산파가 마지막으로 제거되면서 김일성이 유일한 절대 권력자가 되었어.

김일성과 김정일 동상 앞에서 참배하는 북한 사람들

이후 북한 정부는 김일성을 '위대한 수령'이라 부르며, 인민들을 지도할 유일한 지도자로 떠받드는 작업을 시작했어. 독립운동을 했던 때의 김일성 이야기를 모든 사람들에게 가르치고, 그가 태어난 집을 사적지로 만들었지. 북한 곳곳에 김일성과 관련된 혁명 기념비도 세웠어. 그런데 이 일에 앞장선 사람이 바로 김일성의 아들 김정일이었어. 자신의 아버지에게 충성하는 모습을 보이면서, 후계자로서의 입지를 튼튼히 했던 거야. 이런 분위기 속에서 1972년 12월, 김일성을 절대 권력을 가진 국가 '주석'으로 추대하는 사회주의 헌법이 만들어졌지. 이 헌법은 북한이 더 이상 다른 나라에 간섭받지 않는 '김일성의 나라'라는 것을 대외적으로 공포한 것이기도 해.

김일성이 살아 있는 동안 후계자로 활발히 활동하던 김정일은, 1994년 김일성이 사망하자 북한 군대의 총책임자인 국방 위원장의 자리에 오르면서 최고 권력자가 되었어. 1998년에는 헌법을 고쳐 김일성을 '영원한 주석'이라고 명시하고, 대신 국방 위원장의 권한을 강하게 만들었지. 2011년에 김정일이 사망하자 이번엔 그의 아들 김정은이 권력을 이어받았어. 3대째 이어지는 북한의 권력 세습은 전 세계적으로 비판을 받고 있어.

6교시

경제 개발 시대의 빛과 그림자

조금씩 일어서기 시작한 우리나라 경제는 1960~1970년대를 거치며 눈부시게 발전했어.
경제 개발에 힘을 쏟은 정부와 고된 일 험한 일 가리지 않고
열심히 일한 국민들이 함께 이룬 성과였지. 하루가 다르게 발전해 가는 사회에서
사람들이 사는 모습도 빠른 속도로 변화해 갔어.
하지만 이 화려한 경제 개발의 시대는 빛과 함께 그림자도 지니고 있었단다.

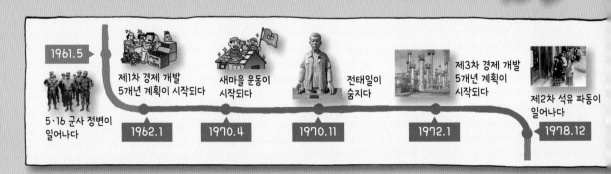

1961.5
5·16 군사 정변이
일어나다

제1차 경제 개발
5개년 계획이 시작되다
1962.1

새마을 운동이
시작되다
1970.4

전태일이
숨지다
1970.11

제3차 경제 개발
5개년 계획이
시작되다
1972.1

제2차 석유 파동이
일어나다
1978.12

1970년대 서울의 모습

알고 있는 용어에 체크해 보자!

☐ 경제 개발 5개년 계획   ☐ 한강의 기적

☐ 정경 유착   ☐ 전태일   ☐ 새마을 운동

"선생님, 오랜만에 나왔네요. 오늘은 어딜 가나요?"

"청계천에 갈 거야. 만나 볼 사람이 있거든."

"만나 볼 사람이오? 그게 누군데요? 음, 하여튼 일단 안전벨트부터 매야겠죠?"

오늘따라 유난히 말이 많은 왕수재였다.

"너 오늘 왜 그러니? 혹시 넌 아직도 수업 시간에 나가는 게 불만이야?"

허영심이 미심쩍은 눈초리를 보내며 물었지만, 왕수재는 못 들은 척 아이들을 재촉했다.

"야야, 너네도 빨리 안전벨트 매. 선생님 기다리시잖냐."

이상하다는 듯 눈빛을 주고받는 아이들 속에서 곽두기가 배시시 웃었다.

"수재 형, 현장 학습 엄청 좋아하는구나?"

"오오, 친구! 드디어 니가 정신이 든 거냐?"

장하다도 과자를 와그작거리다 말고 거들었다.

"됐고, 그 과자 봉지나 이리 내! 우리가 놀러 가냐? 수업하는 거라고!"

얼결에 과자 봉지를 빼앗긴 장하다가 "아직 왕수재 맞구나……." 하며 쩝쩝 입맛을 다셨다.

"그럼 가실까요, 선생님?"

"하하. 오냐! 자, 오늘도 할 이야기가 많으니까 가는 동안 수업을 시작하자. 지난번에 말했듯이 1960년대부터 1970년대에 걸쳐 우리나라 경제는 놀라울 정도로 성장했어. 어떻게, 얼마나 성장했는지 그 이야기부터 시작해 보자. 다들 준비됐니?"

아이들이 자세를 고쳐 앉으며 "네!" 하고 대답했다.

'한강의 기적'을 일구다

"이 시기에 우리나라 경제는 1962년부터 시작된 '경제 개발 5개년 계획'에 맞추어 굴러갔어. 장면 정부 때 처음 마련되었던 것을 박정희 정부가 이어받아 조금씩 고치고, 또 5년마다 방향을 틀면서 경제를 꾸려 간 거야."

"음, 그게 경제 성장의 비결인가요? 역시 무슨 일이든 계획성 있게 해야 된다니까."

왕수재가 다 알겠다는 표정으로 하는 말에 나선애가 "하지만" 하고 토를 달았다.

"경제가 성장한다는 게 결국 나라가 돈을 벌어서 부자가 되는 거 잖아요? 계획만 잘 세운다고 돈을 잘 벌 수 있는 건 아닐 텐데……."

"그야 물론이지. 경제를 키우려면 필요한 게 많아. 공장을 세울 돈도 필요하고, 공장을 돌려 물건을 만들어 내려면 원료와 기술도 필요하지. 당시 한국엔 이 모든 것이 부족했어. 지난번에 말했듯이 이 무렵엔 미국의 원조도 한참 줄었거든."

"잠깐만요! 지난 시간에 한일 협정이나 베트남 파병으로 모은 외화가 있다고 하지 않았나요?"

왕수재가 안경을 치켜 올리며 물었다.

"그렇지. 그 돈들은 경제 발전의 밑천으로 유용하게 쓰였어. 하지만 그것만으로는 부족했지. 결국 정부는 돈, 원료, 기술, 이 모든 것들을 외국에서 꾸어 오기로 했어. 그러면 이자도 주어야 하고,

때가 되면 꾸어 온 돈도 모두 갚아야 했지. 또 외국에 갚아 줄 돈이니, 우리 돈이 아니라 달러를 많이 모아야 했고."

"으잉? 달러를 어떻게 모아요?"

"달러를 벌려면, 외국에 물건을 내다 팔면 되지 않겠니? 바로 수출을 하는 거야. 그뿐 아니라 당시 우리 국민 중에는 가난한 사람들이 대부분이었어. 공장에서 물건을 많이 만들어 낸들, 국내에서는 많이 팔기 어려운 상황이었지. 그러니 정부는 빨리 많은 돈을 벌기 위해서도 넓은 해외 시장에 물건을 내다 파는 것이 좋겠다고 판단했지."

"오호, 그럼 수출은 잘되었나요?"

"응. 우리나라 제품은 다른 나라 제품에 비해 값이 쌌거든. 다른 건 몰라도 우리에겐 노동력만큼은 풍부했으니까. 전쟁 뒤 너도나도 학교에 다니며 교육을 받았기 때문에 국민들의 교육 수준도 꽤 높

앗고, 다들 아무리 힘든 일이든 돈을 적게 주는 일이든 가리지 않고 열심히 일하려는 분위기였어. 그러니 공장에서는 노동자들에게 적은 임금을 주면서도 많은 제품들을 만들어 낼 수가 있었어. 그 덕에 제품을 싼값에 수출할 수 있었고."

"어떤 물건을 만들어 수출했는데요?"

1960년대 가발 공장 가발 공장에서 여성 노동자들이 가발을 만들고 있는 모습이야. 가발은 1960년대 대표적인 수출 품목 중 하나였어. 1966년에만 가발 수출로 벌어들인 돈이 약 1,062만 달러였는데 이는 전체 수출액의 약 24%에 달했어.

"대표적인 수출품은 가발, 옷감, 신발 등이었어. 이런 물건들을 만들어 내는 산업을 경공업이라고 해. 경공업이란 쉽게 말해 우리가 일상생활에서 사용하는 가벼운 물건들을 만들어 내는 공업이란다. 큰 자본이나 복잡한 기술이 없어도 풍부한 노동력만 뒷받침되면 쉽게 발달시킬 수 있는 분야이기도 하지."

이제 이해가 되는지 나선애가 고개를 끄덕끄덕했다.

"경공업 제품 수출을 통해 우리나라 경제는 쑥쑥 커 나갔어. 경제가 전체적으로 얼마나 발전하고 있는지를 알 수 있게 여러 조건을 따져서 수치로 계산을 한 것이 '경제 성장률'인데, 1960년대 중반 이후 한국의 경제 성장률은 1년 평균 10%쯤 되었어. 이전의 경제 성장률이 5%도 안 되던 데 비하면 크게 발전한 거였지."

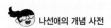

나선애의 개념 사전

경제 성장률
보통 1년 동안 국민 총생산이 증가한 비율로 측정해. 여기서 국민 총생산 (Gross National Product)이란 한 나라의 국민이 생산한 상품과 서비스의 가치를 모두 합한 총액이지.

"그럼 우리 경제가 팍팍 크고 있는 거네요!"

"응, 하지만 가발이나 옷감 같은 것들을 수출해서 경제를 키우는 데는 한계가 있었단다. 값비싼 물건들도 아닌 데다, 물건을 팔아서 남길 수 있는 이득이 얼마 되지 않거든. 그래서 1970년대에 들어서자, 정부는 경공업 대신 중화학 공업을 키우기로 했어."

"경공업은 가벼운 거랬으니까, 혹시 중화학 공업이란 건 무거운 건가요?"

곽두기의 말에 용선생이 "그렇지!" 했다.

"중화학 공업은 중공업과 화학 공업을 합해서 부르는 말이야. 커다랗고 무거운 물건들, 그러니까 철강을 만들어 내고 자동차나 배를 만드는 산업, 또 석유나 각종 화학 약품을 다루거나 화학 제품을 만드는 산업이지."

"정말 자동차나 배를 팔면 가발, 신발을 파는 것보다 돈을 많이 벌 것 같네요."

"정부가 이렇게 중화학 공업을 본격적으로 키우면서 남쪽 울산이나 구미, 포항, 마산, 창원 등에는 아예 큰 중화학 공업 단지가 들어서게 됐어. 여러 기업들이 정부의 지원을 받아 중화학 공업에 뛰어든 거였지. 당시 이런 기업들의 노력도 대단했어. 아무런 경험도 기술력도 없고, 자금도 모자란 상황에서 새로 조선업이며 제철업,

1970년대 조선소 1973년 현대 중공업이 처음으로 외국으로부터 주문을 받아 '애틀랜틱 배런' 호를 만드는 모습이야. 26만 톤에 달하는 이 배는 1974년 6월에 완성되었어.

포항 제철 직원들 1973년 6월 9일, 용광로에서 흘러나오는 첫 쇳물을 보고, 포항 제철 직원들이 환호하는 모습이야. 우리 기술로 우리가 만든 제철소에서 철을 생산한 역사적인 순간이었지.

자동차 산업을 일구어야 했던 기업들은 불가능해 보이는 일들에 끊임없이 도전했어. 그 과정에서 많은 일화들이 생겨나기도 했지."

"재밌겠다! 조금만 이야기해 주세요."

곽두기의 말에 다른 아이들도 기다렸다는 듯 끄덕거렸다.

"흠, 그럴까? 울산에 처음 조선소가 세워질 때의 이야기야. 이 일을 책임진 것은 지금은 아주 유명해진 정주영이라는 기업가였어. 무엇보다 조선소를 만들려면 돈이 무척 많이 들지 않겠니? 하지만 당장 나라 안에서는 그렇게 큰돈을 구할 길이 없었어. 정주영은 투자를 받기 위해 여러 나라를 돌아다녔지만 모두 냉정히 거절했어. 아무리 봐도 한국엔 그만한 능력이 없다는 거였어. 정주영은 마지막이라는 심정으로 영국으로 날아가 한 사업가를 만났어. 영국 은

행에서 자금을 빌리려면 꼭 도움을 구해야 할
사람이었지. 하지만 그의 반응도 똑같았어."

당시 쓰였던 500원짜리 지폐

"어휴, 그럼 이제 어떡해요?"

"어떻게 했냐면, 정주영은 갑자기 주머니에
서 500원을 꺼내 펼쳐 보였어. 그땐 500원짜
리가 동전이 아니라 종이돈이었거든. 거기엔 바로 거북선이 그려져
있었지."

알쏭달쏭한 표정의 아이들 앞에 용선생이 얼굴을 불쑥 내밀었다.

"보십시오! 이 배는 철로 만든 거북선이라는 배입니다. 우리는 당
신네 영국보다 300년이나 앞선 1500년대에 이런 튼튼한 배를 만들
었습니다. 이 배로 일본과 전쟁을 치러 승리를 거두었죠. 단지 산
업화가 늦어졌을 뿐, 우리에게는 큰 잠재력이 있습니다. 자금만 마
련된다면 곧 최고의 조선소와 배를 만들어 낼 자신이 있습니다!"

"오오, 맞아! 거북선이 엄청나긴 했지!"

"그래서요? 설마…… 성공했나요?"

용선생이 씨익 웃으며 고개를 끄덕였다.

"그래. 결국 정주영은 영국 은행으로부터 8천만 달러를 투자받아
조선소를 짓는 데 성공했지."

"그러니깐, 결국 500원으로 8천만 달러를 얻게 된 거네요?"

"하하, 그렇구나! 당시 우리 경제가 성장해 나간 과정은 이렇게
상식적으로는 불가능한 일을 가능하게 만드는 일들의 연속이었단
다. 그런가 하면, 이 시기에는 교통도 크게 발달하면서 공업의 발

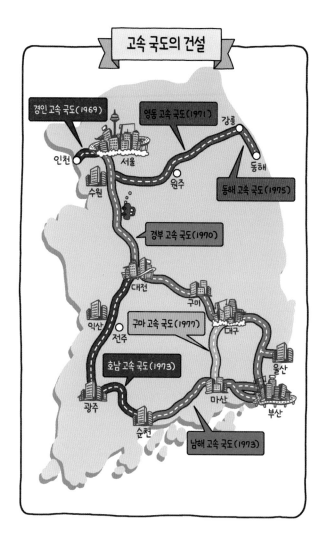

고속 국도의 건설

경인 고속 국도 (1969)
영동 고속 국도 (1971)
강릉
인천
서울
동해
수원
원주
동해 고속 국도 (1975)
경부 고속 국도 (1970)
대전
구미
익산
구마 고속 국도 (1977)
전주
대구
호남 고속 국도 (1973)
울산
광주
마산
순천
부산
남해 고속 국도 (1973)

달을 도왔지. 1970년에 서울과 부산을 잇는 경부 고속 국도가 놓인 것을 시작으로, 서울에서 전라도 쪽으로 이어지는 호남 고속 국도와 강원도 쪽으로 이어지는 영동 고속 국도도 뚫리고, 곳곳에 철로도 더 놓였어. 그 덕에 전국 곳곳이 하루 안에 오갈 수 있는 거리로 가까워지고, 원료와 상품을 실어 나르는 속도는 전과 비할 수 없이 빨라졌단다."

"그럼 중화학 공업으로 경제를 성장시킨다는 계획도 성공인가요?"

"그래. 수출액도 더 늘고, 주춤했던 경제 성장률도 다시 뛰어올랐지. 1977년에는 수출액 100억 달러를 넘어섰는데, 이건 십여 년 전만 해도 꿈만 같은 일이었단다. 전쟁 뒤모든 것이 파괴되었던 나라가 이토록 경제 성장을 이루는 모습은 외국인들이 보기에도 놀랄 만한 것이었어. 그래서 '한강의 기적'이라는 말까지 생겨났지."

"키야, 기적이라……! 한강의 기적!"

저절로 으쓱한 기분에 장하다가 어깨를 덩싯거렸다.

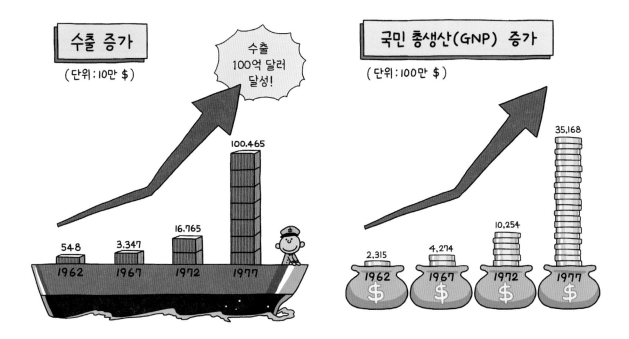

수출 증가

(단위 : 10만 $)

수출 100억 달러 달성!

54.8
1962

3,347
1967

16,765
1972

100,465
1977

국민 총생산(GNP) 증가

(단위 : 100만 $)

35,168
1977

2,315
1962

4,274
1967

10,254
1972

"그런데 이런 정부의 경제 정책에는 문제점도 뒤따랐어. 일단 우리나라 경제가 지나칠 정도로 외국에만 의존하면서 생기는 문제가 컸어. 외국의 경제 사정이 조금만 나빠져도 우리나라 경제는 큰 영향을 받을 수밖에 없었거든. 그래서 1970년대에는 두 번이나 경제가 곤란한 지경에 빠졌단다."

"왜요? 무슨 일이 있었는데요?"

"두 번 다 석유에서 시작된 일이었어. 석유가 많이 나는 중동 지역에서 전쟁이 나는 등 큰 혼란이 생겨서 그 지역에서 세계 곳곳으로 공급되던 석유가 급격히 줄어든 거야. 이 때문에 세계 경제 전체가 어려워지게 되었지. 그러자 많은 나라들이 당장 외국에서 물건을 사 오는 양부터 줄였고, 수출에만 기대고 있던 한국 경제는

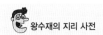

왕수재의 지리 사전

중동
서남아시아에서 아프리카 북동부에 이르는 지역으로 이집트, 사우디아라비아, 이라크, 이란 등의 국가를 포함하고 있어.

크게 흔들리게 된 거였지."

"아, 그런 약점이 있었네요."

왕수재가 끄떡거리며 하는 말이었다.

"한편, 산업을 급속히 키우는 과정에서 정부는 몇몇 큰 기업들에게 큰 혜택을 주곤 했어. 그 때문에 생긴 문제도 있었지. 정부의 지원을 받은 기업들은 여러 사업에 뛰어들어 큰돈을 벌면서 엄청난 규모의 대기업으로 성장할 수 있었던 반면, 중소기업들은 성장하기 쉽지 않았어. 대신 정부로부터 혜택을 입은 대기업들은 정부에, 또 힘 있는 정치인들에게 '정치 자금'을 갖다 바쳐야 했어. 이런 일들이 오랫동안 반복되면서, 기업인들과 정치인들이 서로서로 뒤를 봐주는 '정경 유착' 현상이 굳어지고 말았어."

"으이그, 정말!"

허영심이 고개를 잘잘 흔들었다.

"그리고 중요한 또 한 가지. 이 시기 동안 이루어진 눈부신 경제 발전의 혜택은 온 국민이 골고루 누릴 수 있던 것이 아니란다. 가만있자…… 거의 다 왔으니 내려서 다시 이야기하자."

나선애의 개념 사전

정경 유착
(政經癒着)
정치 정(政), 경제 경(經), 더욱 유(癒), 붙을 착(着)으로, 정치와 경제가 서로 깊은 관계를 가지고 결합하여 있는 걸 말해.

'기적' 뒤에 가려진 땀방울

청계천 줄기가 이어지는 평화 시장 앞, 아이들은 길가에 선 반신상을 바라보고 있었다.

"이건 누구죠?"

"여기 평화 시장에서 일하던 스물두 살의 재단사, 전태일이라고 해. 옷을 만들기 위해 옷감을 재고, 잘라 내는 일을 하는 사람이지."

"그런데 왜 여기 이 사람 동상이 있어요?"

허영심이 묻자 용선생은 일단 앉으라는 손짓을 해 보였다. 사람

거리에서 만난
전태일!

용선생 현장 강의

전태일과 동료 전태일(왼쪽)이 평화 시장에서 일하는 보조 재단사와 함께 찍은 사진이야. 전태일은 보조 재단사들이 좀 더 나은 환경에서 일할 수 있도록 도와주었단다.

들을 피해 대충 둘러앉은 아이들이 호기심 어린 표정으로 용선생을 올려다보았다.

"전태일이 평화 시장에 처음 온 것은 열여섯 살 때였어. 1964년, 이 해는 정부가 수출액이 1억 달러를 넘어선 것을 기념해 '수출의 날'이라는 것을 만든 해였지. 옷을 만드는 공장에 보조 재단사로 취직한 그는 아침부터 밤까지 정말 많은 일들을 해야 했어. 아직 어린 소년에게는 고된 생활이었지만, 그는 열심히 일했단다. 그 덕에 3년 뒤에는 보조 생활을 끝내고 정식 재단사가 되었지. 이제 그의 작업장인 공장 다락방에는 새 보조들이 들어왔어. 그가 그랬듯, 대부분 지방에서 올라온 가난한 소녀들이었지. 그들은 비좁은 다락방에서 하루에 열서너 시간씩을 일했단다. 쉬는 날은 한 달에 딱 두 번이었어."

"어, 잠깐만요? 지금 뭔가 잘못 이야기하신 것 같은데요."

왕수재가 고개를 비스듬히 흔들며 용선생의 이야기를 끊었다.

"말이 안 된다 싶지? 하지만 사실이었단다. 수출을 무조건 늘리자는 정책 아래 정부는 1965년을 '일하는 해'로 정했어. 다음 해는 '더 일하는 해'로 정했지. 수출을 늘리기 위해서 일하고 또 일해야 하는 것은 공장 노동자들이었어. 세계에서 노동 시간이 가장 길었던 한국의 노동자들을 정부는 '나라를 살리는 산업 역군'이라고 치

곽두기의 국어사전

역군(役軍)
일할 역(役), 군사 군(軍)으로, 어떤 분야에서 중요한 역할을 하는 일꾼이라는 뜻이야.

켜세웠어. 하지만 아무리 수출액이 늘어도 노동자들의 생활은 별로 나아지지 않았어."

"잉, 수출이 그렇게 잘된 게 결국 다 그 사람들 덕분인데……!"

"전태일은 이런 현실에 화가 났어. 무엇보다 함께 일하던 어린 소녀들이 하루가 다르게 시들어 가는 모습이 마음 아팠지. 그러다 어느 날, 그는 '근로 기준법'이라는 게 있다는 사실을 알게 됐어. 노동시간이며 임금, 쉬는 날 수 등 여러 노동 조건의 기준을 정해 두어 노동자들의 기본적인 생활을 보장해 주기 위한 법이었지. 전태일은 당장 근로 기준법 책을 구해 공부하기 시작했어. 처음 보는 한자며 어려운 말들이 잔뜩 있었지만 노동자들을 지금 자신들처럼 대우해선 안 된다고 쓰여 있는 것만은 분명했지."

"그럼 그 법대로 하면 되겠네요!"

곽두기의 말에 용선생이 고개를 저었다.

"하지만 아무도 그 법을 지키지 않았거든. 있으나 마나 한 법이었지. 그래서 전태일은 동료들을 모아 근로 기준법에 대해 알리고, 서로 힘을 모아 공장 주인들이 이 법을 지키게 만들기 위해 노력했어. 노동자들의 현실을 자세히 조사해 언론에 알려 보기도 했지. 하지만 그래도 바뀌는 건 없었어. 오히려 전태일이 공장에서 쫓겨나고 '위험한 인물'이라는 소리를 듣게 됐지."

용선생은 잠시 말을 멈췄다 다시 입을 열었다.

"처음 '수출의 날'을 만든 뒤 6년 만인 1970년, 정부에서는 떠들썩하니 축하 인사가 그치지 않던 해였어. 그런데 그해 가을, 이곳 평화시장에서도 세상을 떠들썩하게 만든 일이 벌어졌어. 11월 13일이었단다. 바로 저쪽 시장 앞길에 온몸에 휘발유를 끼얹은 전태일이 나타났어. 그의 손에는 근로 기준법 책이 들려 있었어. 곧 그의 몸에서 불길이 일었어. 활활 타오르는 불길 속에서 전태일은 있는 힘을 다해 소리쳤어. '근로 기준법을 지켜라!', '우리는 기계가 아니다!'"

"하아……."

아이들 사이에서 탄식이 새어 나왔다.

"근로 기준법과 함께 자신의 몸을 태운 젊은 노동자의 소식에, 사람들은 큰 충격을 받았어. 특히 초등학교도 마치지 못한 그가 법전과 씨름하며 '내게도 대학생 친구가 하나 있었으면' 하고 말하곤 했다는 이야기는 많은 이들을 안타깝게 했지. 공장의 현실이 언론에 잘 보도되지도 않았으니 세상 사람들은 노동자들이 어떻게 살고 있는지 모르고 있었어. 그러나 이제 전태일이 그토록 알리려 했던 공장의 노동 현실이 점점 세상에 드러나게 되었어. 이런 변화에 힘입어 노동자들도 서로 힘을 합쳐 자신의 권리를 찾기 위한 싸움에 나서기 시작했지."

"전태일은 결국 죽은 뒤에야 자기 뜻을 이룬 셈이군요."

"그래. 얘들아, 산업화가 이루어진 사회에서는 경제를 이끌어 가는 세 주인공이 있어. 바로 정부, 기업, 그리고 노동자야. 이 셋이 서로 건강한 관계를 맺으며 각자 제 역할을 충실히 할 때 경제는 가장 바람직한 모습으로 성장해 갈 수 있는 거란다. 하지만 전태일이 평화 시장에서 일하던 시절, 아직 우리 사회는 이 세 주인공이 모두 다 중요하다는 당연한 사실을 채 깨닫지 못하고 있었지. 전태일의 죽음은 우리 사회에 이 사실을 깨우쳐 준 거야."

"이제 왜 여기 서 있는지 알 것 같네요……."

허영심이 중얼거리는 말에 아이들이 새삼 전태일의 동상을 바라보았다. 그런데 갑자기 그 앞으로 아이들을 향해 총총총 다가오는 할머

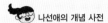
나선애의 개념 사전

산업화
좁은 의미에서 공업화와 같은 개념이야. 농업 위주의 사회에서 공업을 바탕으로 하는 사회로 변화하는 과정을 의미해.

니 한 분이 있었다.

"어…… 용사장! 올 필요 없다니까 왜 나오셨어?"

개량 한복 차림에 푸근한 웃음을 짓고 있는 할머니는 용선생과
눈매가 꼭 닮아 있었다.

"아따, 우리 막둥이가 아그들까지 데불고 온다는디 이 큰누님이
가만있으라고? 야들아, 우리 한복 가게로 가자, 잉?"

막둥이라는 말에 아이들 사이에서 큭큭, 웃음이 터졌다. 얼굴이
벌게진 용선생이 말려 보려 했지만, 큰누님은 벌써 곽두기의 손을
잡고 앞장을 서고 있었다.

농촌에 분 '새마을 운동'의 바람

"진짜 우리 선생님 누나 맞으세요? 우리 선생님은 서울말 쓰시는데……."

구수한 전라도 사투리를 쓰는 용사장이 신기한지 곽두기가 눈을 깜박거리며 물었다.

"나이 차가 좀 많아 농께로 이상하제? 느그 선상님이야 고향 말 배울 시간이나 있었간디. 시골서 쌀농사 폭삭 망해불고, 야가 쪼매날 때 온 식구가 서울로 왔어야."

"농사가 폭삭…… 망했어요? 가뭄이라도 들었나 보다."

"아따, 쌀값이 똥값이니 안 그랬냐."

거침없는 누님의 말투에 용선생이 흠칫 놀라 끼어들었다.

"윽, 용사장, 애들한테 예쁜 말 좀……. 하, 하하. 그게 무슨 말이냐면 애들아. 당시 노동자들의 임금이 낮았다고 했잖아. 그런데 노동자들이 적은 돈을 벌어서도 살아갈 수 있으려면 딴 건 몰라도 식량은 비싸면 안 돼. 그러니 정부에서는 쌀값을 낮게 유지하는 정책을 폈어."

"그렇지만 이때는 경제가 막 발전했다면서요. 그럼 농촌 사람들도 전보다 잘살게 된 것 아니고요?"

나선애가 이상하다는 듯 물었다.

"응, 물론 경제는 크게 발전했다만, 공업이 발달한 거였지 농업은 나아진 게 없었거든. 게다가 정부의 경제 개발 정책도 도시 위주로

만 진행되었기 때문에 농촌은 점점 더 뒤처져 갔지."

"그러다 농촌 사람들이 다 농사를 그만둬 버리면 어쩌게요?"

"그래. 이건 심각한 문제였지. 그래서 정부는 1970년대부터 '새마을 운동'이라는 것을 벌였어. 농업 기술을 발전시켜서 농민들의 수입도 늘리고 농촌의 뒤처진 환경도 바꾸기 위해 여러 사업을 벌인 거였지. 농촌에도 전기를 들이고, 도로도 넓히고, 집집마다 초가지붕이며 낡은 가축우리도 고쳐 짓게 하고. 정부는 이런 일들에 농민들 스스로 앞장서야 한다고 강조했어. 그냥 길만 넓히고 지붕만 고치는 게 아니라, 농촌 사람들의 정신 자세까지 다잡아야 한다고 했지. '근면, 자조, 협동', 즉 부지런히, 스스로 알아서, 서로 도와 가면서 농촌을 일으켜 살리라는 것이 정부가 내세운 새마을 운동의 기본 정신이었단다."

"그럼 새마을 운동을 해서 진짜로 농촌이 새마을이 됐나요?"

왕수재가 묻자, 이번엔 용사장님이 나섰다.

"그라지. 길을 싹 닦아 놓으니 다니기 편치, 초가지붕을 슬레이트로 갈아 올리니 해마다 지붕에 볏짚 쌓을 일도 없더구만. 그러고 공사들을 한다고 한동안은 도통 정신없었다잉. 동트자마자 '새벽종이 울렸네' 함씨롱 온 마을이 쩌렁쩌렁 울리게 노래를 틀어 대는 통에 나가 늦잠을 잘래야 잘 수가 없었당께. 그랑께 우리 막둥이는 아직 태어나기도 전이구마."

아이들이 또 킥킥거리고, 질색을 한 용선생이 "막둥이란 말 좀 빼요!" 했다.

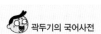
곽두기의 국어사전

자조
스스로 자(自), 도울 조(助)를 써서, 자기의 발전을 위하여 스스로 힘쓰는 것을 말해.

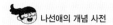
나선애의 개념 사전

슬레이트
지붕을 덮는 데 쓰는 얇은 석판이야. 시멘트와 석면을 물에 섞은 후 센 압력으로 눌러 얇은 판으로 만들었어.

새마을 운동 길 닦기 1970년대 마을 주민들이 마을 길을 닦고 있는 모습이야. 이때 마을 길은 거의 다 흙길이고 너비도 좁았기 때문에 정부에서 지원해 준 시멘트로 길을 포장하고 넓혔단다. 왼쪽 위는 새마을 운동 깃발이야.

"확실히 새마을 운동을 통해 농촌의 모습은 많이 달라졌어. 특히 이 시기를 거치며 대부분의 농촌 지역에도 전기가 들어오게 되어 농촌의 생활이 한결 편리해졌지. 도로를 새로 닦아 마을 안까지 차가 다닐 수 있으니 농산물을 내다 팔기도 쉬워졌고. 오랜 세월 동안 제자리걸음을 해 온 농촌에 활기가 도는 듯했지."

"그럼 농촌도 살기 좋아진 거네요?"

"음, 하지만 그렇다고 해서 농촌 사람들의 생활이 핀 것은 아니야. 정부는 새마을 운동을 통해 농민들도 잘살 수 있게 될 거라고 했지만, 실제론 그렇지 못했어. 여전히 농사를 지어서는 먹고살기가 쉽지 않았지. 그러니 해방 뒤부터 도시로 빠져나가던 농촌 사람들은 이 시기에 한층 무서운 속도로 도시로 떠나갔단다. 어느

정도냐면 1960년에 전체 인구의 65%였던 농촌 인구는 20년 뒤인 1980년에 33%를 조금 넘었어. 이렇게 사람들이 빠져나간 농촌을 지키는 것은 대부분 노인들이었지. 그 때문에 도시와 농촌의 삶은 갈수록 더욱 딴판이 되어 갔어."

"우리 집서도 어떻게든 버텨 본다고 했는디…… 결국은 그때 할아버지, 할머니 두 분만 남고 서울로 와부렀지."

아파트와 달동네가 마주 보는 서울

"그렇게 많은 사람들이 도시로 갔으면, 도시는 엄청 커졌겠네요?"

허영심이 묻는 말에 용선생이 끄덕였다.

"아무렴! 많은 도시들이 커지고, 새로운 도시들이 생겨나기도 했지. 특히 서울은 커지다 못해서 주변에 작은 위성 도시들까지 발달하게 됐어."

"위성 도시가 뭐예요?"

"행성의 둘레를 도는 위성처럼 대도시 주변에 위치해 대도시에 집중된 기능을 나누어 맡은 도시를 말해. 서울 근처의 수원이나 부천처럼 말이야."

아이들이 눈을 꿈뻑거리며 용선생의 말에 귀를 기울였다.

"결국 1970년대가 끝날 때 서울과 그 주변 수도권 지역은 우리나라 전체 인구의 절반 가까이가 사는 곳이 되어 있었어. 지금처럼 어딜 가나 사람이 많고 복잡한 서울의 모습이 시작된 것이 바로 그 시기였던 거야."

"인구의 반이 다 모였다니……

1970년대 서울 고층 건물 1976년 12월 18일 서울 도심의 모습이야. 가운데 멀리 보이는 검은색 건물은 삼일 빌딩으로 당시 가장 높은 건물이었어. 삼일 빌딩의 높이는 114m로 총 31층이었지. 그래서 이름도 삼일(31)로 지었다고 해.

엄청나네요!"

"인구만 늘어난 게 아니라 이 시기에는 서울 풍경도 확확 달라졌어. 사람들 머리 위로 지나는 고가 도로도 놓이고, 몇십 층짜리 높은 건물도 지어졌지. 1974년에는 처음으로 지하철이 놓여 지금처럼 지하철을 타고 출퇴근을 하는 사람들이 생겨나기 시작했어.

"아. 지하철이 이때 생긴 거구나."

"너희들 남산에 있는 서울 타워 알지? 예전엔 그 이름이 남산 타

지하철 개통식 1974년 8월 15일에 있었던 지하철 개통식 모습이야.
개통 당시 서울의 중심지인 종로를 통과하여 종로선이라고 이름
붙여졌다고 해.

3·1 고가 도로 1960년대 말 서울 청계천 3·1 고가
도로의 모습이야. 자동차가 많아지면서 청계천 일대의
교통량이 증가하자 이를 분산시키기 위해 만든 거야. 지금은
철거되었어.

워였는데, 남산 타워가 세워진 것도 1975년의 일이었어. 또 마포
대교, 한남 대교, 잠실 대교, 영동 대교……. 이렇게 한강 다리도
줄줄이 늘어났지. 강남 지역이 허허벌판에서 아파트 숲으로 변하기
시작한 것도 바로 이때였단다. 서울로 모여드는 사람들이 많아지
면서 모자란 주택 문제를 해결하기 위해 아파트 단지를 지은 거였
지.”

“호, 아파트도 생겼어요? 아파트에 처음 사는 사람들은 참 좋았
겠다.”

“그랬겠지? 집 안 한가운데 거실을 중심으로 식당과 부엌, 식구
들의 방, 그리고 화장실이 둘러선 신식 아파트에는 편리한 점이 많
았어. 부엌에는 부뚜막 대신 싱크대가 놓였고, 화장실에는 세면대

아파트　1969년 서울 서대문구 천연동에 지어진 금화 시민
아파트의 모습이야.

달동네　1972년 서울 서대문구 현저2동에 있었던 달동네
모습이야. 산등성이까지 집들이 빼곡하게 들어차 있어.

와 수세식 변기가 놓였지. 이런 아파트에는 냉장고나 세탁기 같은
당시에는 아직 귀했던 가전제품을 들여놓고 사는 사람들도 꽤 있었
어."

"와, 그럼 요즘이랑 비슷했던 거네요."

"하지만 아파트에 살면서 그런 편리한 생활을 할 수 있는 사람들
은 아주 적은 숫자였단다. 특히, 시골에서 올라온 가난한 농민 가
족에게는 아파트의 삶이 그야말로 꿈같은 것이었어. 수많은 사람들
이 그저 빈 땅을 찾아 대충 판잣집을 세우고 살아야 했지. 그 덕에
서울 곳곳의 야산마다 비탈부터 꼭대기까지 까맣게 판잣집이 뒤덮
이게 됐어. '산동네'라고도, 또 '달동네'라고도 불렸지."

"산동네는 산에 있는 동네니까 달동네는 달에 있는 동네예요?"

"설마 그럴 리가 있겠냐? 달에 어떻게 사람이 살아?"

장하다의 질문에 핀잔을 주는 건 역시 왕수재였다.

"달동네는 높은 곳에 있어 달이 가까이 잘 보이기 때문에 붙여진 이름이야. 그런데 이런 동네는 사람들이 살기 힘든 환경이었어. 높아서 수돗물을 끌어올리기 어려웠기 때문에 물도 시원하게 나오지 않았지. 또 집집마다 화장실이 따로 없어 공동 화장실 한두 칸을 여러 집이 같이 쓰곤 했어."

"화장실을 같이 쓴다니, 그럼 똥이 마려우면 밖으로 달려 나가요?"

장하다가 잘 상상이 가지 않는지 눈을 껌벅거렸다.

"그라제. 아침에는 아주 난리가 난다. 애나 어른 할 거 없이 바지춤 붙들고 동동거림서 줄을 서 있당께. 누가 오래 들어가 있으면 뒤에서 빨리 나오라고 을매나 성화들인지."

용사장님이 옛날 생각이라도 나는지 쿡쿡 웃음소리를 냈.

"우리 용사장, 그때 고생 많이 하셨어. 나 공부시킨다고……. 그치?"

용선생이 나직이 하는 말에, 왕수재가 갸웃거리며 끼어들었다.

"선생님을, 여기 사장님이 직접 가르치셨다는 거예요?"

"아, 나가 직접 가르쳤겄냐. 그때 우리 형편에 형제들 아무도 중학교 못 갔거든. 막둥이 하나만은 나처럼 일 안 시키고 학교 가서 공부하게 허겠다고, 나가 이를 악물고 돈을 모았제. 공장 월급, 그 짜디 짠 것을 어떻게든 아껴서 따로 모았지."

"와아…… 그렇게 고생하신 덕분에 우리 선생님이 학교에 다닐 수 있으셨네요."

"그래. 큰누님은 나한테 은인이나 다름없으셔. 공장 생활 거쳐 바느질 일에, 그러면서 내 학비를 대 주시고 결국은 직접 한복집까지 차리게 됐으니…… 얼마나 열심히 살아오셨나 몰라."

용선생의 자못 진지한 말투에, 용사장님이 손을 내저으셨다.

"어따, 간지럽다잉. 느그덜 집에서도 어른들이 다 그 고생 넘어왔당게."

 ## 편리해지는 생활, 꿈틀거리는 문화

"그래도 세상이 발전허니께 사람들 사는 게 차차로 나아지지 않았냐. 지금도 생각나는 것이, 우리 어머니가 한번은 빨래를 하다 말고 '세상이 이래 좋아졌네.' 함씨롱 중얼중얼하시대. 하얀 가루비누를 처음 사다 써 보신 날인디, 암만 비벼 대도 누렇게 남아 있던 때가 그 가루비누를 물에 풀어서 팔팔 끓여 놓게 싹 날아가 버렸네? 그게 그렇게 신기하셨던 모양이여."

용선생이 빙그레 웃으며 끄덕거렸다.

"국산 화학 제품들이 많이 만들어지면서 세탁용 세제며 주방용 세제 같은 것들이 널리 퍼진 것이 1970년대 초였지. 공장에서 대량 생산해 낸 물건들이 전국 곳곳으로 퍼져 나가고, 사람들이 슈퍼마켓에서 라면이나 과자를 쉽게 사 먹을 수 있게 된 것도 이 무렵부터였어."

"고것뿐이당가. 여기저기 도로 뚫어 놓으니 다니기 좋고, 전화기 놓고 사는 집이 많아지니께 연락하기 편하고. 아, 텔레비전은 어떻고? 그때 연속극 보는 게 그렇코롬 큰 재미였제. 연속극 시작하기 전부터 동네 사람들이 테레비 있는 집에 다 모여들었어. 온 나라 사람들이 다 그랬어야! 오죽하면 연속극 나오는 시간이면 좀도둑이 활개를 치니께, 나라에서 연속극 볼 때 집단속 잘하쇼, 하고 선전을 다 했지."

"하하, 진짜요? 도둑들은 연속극을 안 봤나 보다."

장하다의 말에 아이들이 키들거렸다.

"아, 또 레슬링 선수 김일이 나와서 박치기 한 방 하면 온 나라가

1960~70년대 새롭게 등장한 물건들

1970년대 과자

최초의 국산 전화기(1961)와
흑백 텔레비전(1966)

우리나라 최초의
합성 세제(1966)와 라면(1963)

프로 레슬링 선수 김일 1963년부터 1972년까지 활약한 김일 선수의 모습이야. 김일 선수의 경기가 중계되는 날은 TV가 있는 곳 어디든지 많은 사람들로 붐볐다고 해.

마징가 제트 1975년 8월부터 1976년 2월까지 방영된 장편 만화 영화야. 마징가 제트는 세계 평화를 지키는 로봇 이야기로 큰 인기를 얻었어.

시끄러웠다잉. 아그들은 만화 영화도 참 많이 봤제. 마징가 제트라고 들어 봤냐. 느그 선상님이 젤로 좋아하던 만화 영화가 고것이었어."

"어! 마징가 제트, 우리 아빠도 좋아하던 만화 영화라고 하셨는데!"

"나는 그 시절에 통기타 치는 가수들이 참 멋지다 했는디, 툭하면 금지곡이다 뭐다 해서 못 듣게 하니 불만이었제. 하기사…… 극장에 가서도 애국가도 부르고, 그 반공, 반공 해 쌓는 재미도 없는 대한 뉴스를 다 봐야 겨우 영화를 틀어 주던 때였응게."

"그건 또 무슨 말씀이세요?"

이야기를 넋 놓고 듣던 허영심이 용선생에게 물었다.

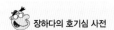
장하다의 호기심 사전

대한 뉴스
1953년부터 1994년까지 정부가 매주 제작해 극장에서 방영한 뉴스야. 주로 정부 정책을 홍보하거나 대통령의 일정, 나라 안의 다양한 화젯거리를 전했어.

"이 시기에는 경제가 발전하고 사람들의 시야가 넓어지면서 자연스럽게 대중문화도 발달하기 시작했어. 하지만 정부는 자신들의 뜻대로 문화를 통제했어."

"왜 그런 건데요?"

"대중문화가 발달하다 보면 사람들은 자유로운 분위기 속에서 다양한 생각을 표현하고 싶은 욕구가 커지게 마련이거든. 그러나 1970년대 박정희 정부는 국민들에게 일치단결하여 국가에 충성할 것을 강요하고 있었지. 그러니 정부는 당시 사람들이 즐기던 문화 속에 담긴 욕구가 자유를 억압하고 사람들의 생각을 하나로 묶으려는 유신 체제에 위협이 될까 봐 문화를 통제하려 했던 거야."

"자유를 원하면서 정부를 비판하는 사람들이 많아질까 두려웠던 거군요?"

가만히 용선생의 이야기를 듣고 있던 곽두기가 물었다.

"맞아. 정부 입장에서는 국가 경제를 발전시키기 위해서 열심히 일하고 정부 말을 잘 듣는 국민들이 필요했어. 그래서 당시 정부가 강조한 것은 '반공'과 더불어 국민 한 사람 한 사람보다는 '국가'가 훨씬 더 중요하다는 생각이었는데, 사람들에게 이 생각을 계속 주입시켰지."

"아니, 어떻게요?"

"텔레비전이나 라디오, 신문에서는 반공에 대한 내용이 끊임없이 흘러나왔고, 영화도 반공을 주제로 삼은 영화를 많이 만들어 상영하도록 했어. 영화관에서는 애국가를 부르고 국기에 대한 경례를

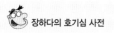

국민 교육 헌장

1968년 12월 5일
박정희 정부가
발표한 규범이야.
국가와 민족의
발전이 교육의
목적이라는 내용을
담고 있지.

해야 했는데, 이건 영화관에서만 그랬던 게 아니야. 학교에서도 아침 조회 시간에 국기에 대한 경례를 했고, 국민 교육 헌장을 외우게 했어. 뿐만 아니라 날마다 오후 6시가 되면 사람들은 길을 걷다가도 그 자리에 멈춰 서서 국기에 대한 경례를 해야 했지."

"흐, 진짜 그랬단 말이에요?"

장하다가 믿어지지 않는다는 듯 껌벅거렸다.

1970년대 초등학생의 하루

"그리고 아까 말한 통기타와 금지곡, 이건 당시 청년들 사이에서 유행했던 문화인데 흔히 '통블생'이라는 말로 표현해. 통기타와 블루진, 즉 청바지 그리고 생맥주를 줄여서 부르는 말이지. 거기에 또 더하자면 남자들의 치렁치렁한 장발과 여자들의 미니스커트! 이전보다 풍요로워진 환경에서 자란 젊은이들이 주로 미국을 통해 들어온 서양 문화와 자유로운 감성

통기타와 젊은이들 1970년대에 들어서면서 통기타를 들고 팝송을 부른 가수들이 큰 인기를 끌었고, 이런 문화는 대학생들에게 급속도로 퍼졌어. 유신 정권은 이를 퇴폐적이고 건전하지 못하다며 길거리에서 통기타를 빼앗기도 했단다.

을 받아들여 자신들만의 청년 문화를 만들어 간 거였어."

"와, 멋지네. 예전하곤 확 다른 분위기예요!"

"그런데 유신 정권이 보기엔 이런 젊은이들의 문화가 무척 위험한 것이었어. 일단 장발과 미니스커트는 금지된 차림새였지. 그런 모습에서 저절로 풍기는 자유로운 분위기부터가 싹을 잘라야 할 대상이었으니까. 그래서 당시 길거리에는 남자들의 긴 머리를 귀 밑까지 쳐 낼 '바리깡'과 여자들의 치마 길이를 잴 자를 들고 돌아다니는 경찰들이 심심치 않게 눈에 띄었대."

"꺅! 치마 길이를 자로 잰다고요? 정말이에요?"

기겁을 한 허영심이 이번엔 용사장님을 바라보았다.

"나도 언젠가 한번 고놈의 미니스커트를 빌려서 싹 멋을 부리고

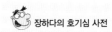

장하다의 호기심 사전

바리깡
머리털을 깎는 금속으로 된 기구야. 이 기구가 한국에 들어올 때 프랑스의 '바리캉 마르'라고 하는 회사의 제품이 맨 처음 들어왔기 때문에 그 이름이 널리 쓰이게 되었어.

나갔는디, 하필 단속에 걸렸지 뭐냐! 하이고, 내 옷 내맘대로 입는데 왜 간섭이오, 하고 따져 볼라니께 더 호통을 치대. 어쩌겠냐. 오늘 첨이니 봐주쇼, 내 옷도 아닝게 담부턴 안 입을라요, 아주 싹싹 빌었어야."

장하다의 입에서 킥킥 소리가 새 나오자, 허영심이 "웃음이 나오니?" 하며 눈을 흘겼다.

"정부는 자신들의 입맛에 맞지 않으면 대중가요도 금지곡으로 정했어. 예를 들어서 당시 인기를 끌던 〈거짓말이야〉라는 노래는 사회에 '불신 풍조', 그러니까 서로 믿지 못하는 분위기를 만들어 낸다는 이유로 금지곡이 됐어. 하지만 그 말을 믿는 사람은 많지 않았지. '거짓말이야'가 여러 번 반복되는 노랫말이 거짓말을 일삼는 유신 정권을 찔리게 만들었기 때문이라고들 생각했어. 또 〈왜 불러〉라는 노래는 반말을 한다고, 〈그건 너〉라는 노래는 남 탓을 한다고 금지곡이 됐다지."

"금지곡이 되면 노래를 부를 수 없는

장발과 미니스커트 단속 경찰이 장발을 한 남자들의 머리카락을 강제로 자르고(왼쪽), 미니스커트 길이를 재고 있는 모습(오른쪽)이야. 정부는 1973년 3월 10일부터 장발과 미니스커트 차림을 금지하는 경범죄 처벌법을 발표하고, 시민들을 대상으로 단속했어.

건가요?"

"그렇진 않고, 라디오나 TV
에서 내보내지 못하거나 그 노
래가 담긴 음반을 판매하지 못
하는 거지. 정부에서 아무리
금지곡으로 지정해도 사람들
이 부르는 것까지 막진 못했으
니까. 대표적인 금지곡이었던
〈아침 이슬〉이라는 노래는 특

1970년대 금지곡 1970년대 중반 유신 정권은 대중문화를 건전하게 한다는 이유로 대중가요를 검열했고, 총 223곡을 금지곡으로 정했단다. 왼쪽은 가수 이장희의 〈그건 너〉, 오른쪽은 가수 김추자의 〈거짓말이야〉가 담긴 앨범의 모습이야.

참고 영상

'그건 너' 들어 볼까?

히 대학생들이 모인 자리에서는 빼놓지 않고 부르는 노래였지. 젊
은이들은 아침 이슬처럼, 시련을 딛고 서러움을 모두 버리고 거친
광야에 가리라, 하고 이 노래를 부를 때면 슬프고도 엄숙해지곤 했
어. 마치 민주주의를 내몬 유신 독재 정권에 저항이라도 하듯 말이
야."

"참말, 그땐 우덜처럼 공장에서 일하는 사람이고 대학까지 가서
공부하는 사람이고 갑갑한 것이 많았제."

용사장님이 조용히 읊조리는 말이었다.

"자, 이렇게 많은 사건과 갖가지 사연들 속에 어느덧 1970년대도
저물고 있었어. 그 끝머리인 1979년 10월, 박정희 대통령이 죽음을
맞았고, 국민들에게 그토록 많은 것을 금지했던 유신 정권도 막을
내리게 되었지."

"헌데, 참 신기할세. 우리 선상님은 안즉 코 찔찔 흘리고 다닐 때

1970년대 대학생의 하루

아침 8시 만원 버스와 버스 차장

꾸물거리지 말고 빨리 타요! 오~라이~!

부릉~

BUS

며

어어~ 내 스 또 일 다 망가지 겠네!

오후 1시 장발 단속

어이, 장발! 딱 걸렸어!

어, 아저씨! 돈이 없어서 못 자른 거예용!

오후 4시 학생 운동과 금지곡

유신 철폐

왜 불러~ 왜 불러~

자정(밤 12시) 통행 금지

삐빽!

어헛!

오늘 되는 일 하나도 없네!

일을 어찌 그리 잘 아소? 나가 우리 막둥이 공부시킨 게 겁나게 잘한 일이네잉. 안 그냐, 야들아?”

용사장님의 말에 아이들이 와하하 웃음을 터뜨렸다.

“그럼요! 막둥이 선생님이 저희를 얼마나 잘 가르쳐 주시는데요?”

“끄응, 나는 같이 웃어야 되나, 말아야 되나?”

용선생이 아이들과 용사장님을 번갈아 바라보며 하는 말에 아이들은 다시 한번 웃음을 터뜨렸다.

나선애의 정리노트

1. 경제 개발 계획

① 1960년대: 경공업 중심

② 1970년대: 중화학 공업 중심

③ 성과: 수출 100억 달러 달성, 국민 총생산 증가

④ 문제점

- 국제 경제 상황에 따라 크게 영향 받음(1970년대 석유 파동)

- 대기업 위주의 경제 성장: 정경 유착이 심해짐

- 노동자들에게 정당한 대가가 분배되지 못함(1970년 전태일 분신 사건)

2. 새마을 운동

① 내용: 농촌의 생활 개선과 소득 증대를 위해 노력하자는 운동

② 결과: 전국적으로 농촌의 생활 환경이 개선되었으나, 농민들의 살림이 나아지지는 못함

3. 도시화

① 달라진 도시의 풍경: 고층 빌딩, 지하철

② 인구 증가로 아파트가 지어진 반면 판잣집이 많은 달동네도 생김

4. 1960~70년대 문화

① 대중문화가 발달하기 시작: 텔레비전 연속극, 만화 영화, 대중가요

② 장발, 미니스커트가 금지되고 대중가요에서 금지곡이 생김

용선생의 역사 카페

역사계의 슈퍼스타,
용선생의 역사 카페에
오신 걸 환영합니다

Log in

게시판 ❤

📄 역사가 제일 쉬웠어용!
📄 이제는 더~ 말할 수 있다!
📄 필독! 용선생의 매력 탐구
📄 전교 1등 나선애의 비밀 노트

'안 계시면 오라이~'

우리나라 최초의 대중교통 수단은 전차였어. 1899년 서울에 처음으로 등장하였는데, 1960년대 말까지 '서울 시민의 발' 역할을 하다가 철거되었지. 이후에는 일제 강점기인 1912년 처음 등장한 시내버스가 그 역할을 대신했어. 시내버스는 지하철이 개통되기 전까지 유일한 대중교통 수단이었기 때문에 대도시의 출퇴근 시간에는 버스 문이 간신히 닫힐 정도로 많은 승객을 태웠단다. 당시 버스에는 안내양이 있었어. 이들은 주로 승객들에게 요금을 받고 문을 여닫는 일을 했지. 버스가 서는 곳을 안내해 주며 '오라이(all right의 일본식 발음으로 출발해도 괜찮다는 의미로 사용함)'를 외쳤던 버스 안내양은 1980년대 후반, 버스 벨과 자동문이 생기면서 점차 사라졌어.

지하철은 1974년 서울에 처음 개통되었어. 1960년대로 접어들면서 서울의 인구가 크게 늘어나자 시내버스만으로는 교통 수요를 감당하기 어려웠지. 그래서 정부는 1971년 지하철 건설을 시작했고, 1974년 완공했어.

개통 당시 지하철은 서울역에서 청량리역을 오가는 짧은 노선이었어. 그래서 빠르고 편리하다는 장점에도 불구하고 많은 사람들이 이용하지는 않았지. 그러나 점차 여러 노선이 개통되면서 지하철은 서울의 핵심적인 교통수단으로 자리 잡았어. 지하철은 이후 부산(1985)을 시작으로 대구(1997), 인천(1999), 광주(2004), 대전(2006)에도 개통되었단다.

버스 안내양의 하루!

참고 영상

버스 안내양

 COMMENTS

허영심 : 그럼 택시는 언제 생긴 거예요?

ㄴ 용선생 : 우리나라에 택시가 처음 도입된 건 1912년 12월이었어. 도입 당시에는 일부 상류층만 이용할 수 있었다고 해.

한국사 퀴즈 달인을 찾아라!

01 ★☆☆☆☆

선애가 1960~70년대 우리나라의 경제 성장을 정리하고 있어. 빈칸에 알맞은 말을 각각 써 넣어서 완성해 줄래?

우리나라는 값싸고 풍부한 양질의 노동력을 기반으로 한 수출 중심의 경제 성장을 꾀했다. 그 결과 1960년대는 (   ) 중심으로, 1970년대는 (   ) 중심으로 경제를 성장시켰다.

02 ★★★★☆

아이들이 우리나라 경제 성장에 대해서 이야기하고 있어. 그런데 누군가 틀린 말을 하고 있네. 누구일까? (   )

 ① 우리나라 경제는 수출 중심으로 성장했지.

 ② 경제가 성장하니까 고층 빌딩과 고가도로, 지하철이 생기는 등 도시의 모습도 달라졌어.

 ③ 1960년대 중반 이후 한국의 경제 성장률은 1년 평균 10%쯤 되었어.

 ④ 열심히 일한 노동자들도 모두 잘 살게 되었지.

도착!

03 ★★☆☆☆

이 사진은 1970년대의 농촌 모습이야. 이렇게 당시 정부가 농촌 문제를 해결하기 위해 벌인 활동이 뭐였더라? (   )

04 ★★★☆☆

영심이가 사진에 보이는 주거 형태를 설명하고 있네. 빈칸에 알맞은 말을 넣어서 완성해 볼래?

 1960~70년대 도시에는 늘어난 인구 때문에 새로운 주거 형태가 나타났어. 최신식 주거 시설인 (   ), 판잣집으로 이루어진 (   )가 대표적이야.

05 ★★★★★

다음과 같은 신문 기사를 볼 수 있었던 시기의 사회 모습으로 옳은 것은 무엇일까?

(   )

앗! 내 머리카락!
한 청년이 장발 단속에 걸려 경찰에게 머리카락이 잘리고 있다. 머리 깎기를 거부한 사람들은 즉결 심판에 넘겨지기도 했다.

① 사사오입 개헌을 했다.
② 국가가 국민의 삶을 통제했다.
③ 남한만 단독 선거를 실시했다.
④ 자유당이 부정 선거를 벌였다.

• 정답은 357쪽에서 확인하세요!

국민의 힘으로
민주화를 쟁취하다

1980년대, 유신 정권의 뒤를 이은 것은 또 다른 독재 정권이었어.
새로 들어선 전두환 정부는 저항 세력을 철저히 탄압하며 민주주의를 향한 국민들의
열망을 잠재우려 했지. 하지만 우리 국민은 결코 잠들지 않았단다.
군사 독재에 맞선 국민들의 싸움은 1987년 '6월 민주 항쟁'이라는 역사적인 사건으로
이어졌어. 마침내 국민의 힘으로 기나긴 독재의 사슬을 끊어 낸 순간이었지!

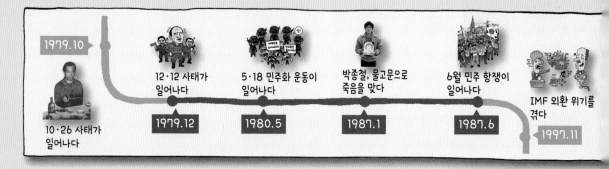

1979.10

12·12 사태가
일어나다

5·18 민주화 운동이
일어나다

박종철, 물고문으로
죽음을 맞다

6월 민주 항쟁이
일어나다

IMF 외환 위기를
겪다

10·26 사태가
일어나다

1979.12   1980.5   1987.1   1987.6   1997.11

명동 성당 앞 시우

✔ 알고 있는 용어에 체크해 보자!
☐ 신군부   ☐ 5·18 민주화 운동
☐ 6월 민주 항쟁   ☐ 6·29 선언

"너희들, 이게 뭔지 아니?"

용선생의 손 안에 든 작은 종잇조각을 보며 아이들이 고개를 갸웃거렸다.

"종이잖아요?"

"그래, 종이지. 하지만 이게 보통 종이가 아니야. 우리 국민 한 사람 한 사람이 직접 민주주의에 참여할 수 있도록 해 주는 엄청난 힘을 가진 종이라고."

"민주주의에 참여하게 해 준다고요?"

그제야 호기심이 동한 아이들이 종이를 가까이서 보려고 용선생 주위로 몰려들었다.

"대통령 선거? 알았다, 투표하는 종이네요!"

"그래, 바로 대통령 선거 때 쓰는 투표용지야. 선거일이 되면 만 18세 이상의 국민들은 투표소에 가서 이 투표용지를 받아. 그리고 용지에 적힌 후보들 중에서 자신이 선택한 후보를 찍어 투표함에 넣는 거야. 이 투표용지들이 모이고 모여서, 가장 많은 표를 얻은 후보가 대통령으로 뽑히게 되지."

용선생이 만들어 온 투표용지에는 후보 1번부터 5번까지 아이들의 이름이 새겨져 있었다.

"우아, 이렇게 쓰여 있는 걸 보니까 내 이름이 더 멋있네! 대통령 후보 장하다!"

"요즘은 대통령을 뽑을 때면 이렇게 온 국민이 투표를 하는 것이 당연한 일처럼 여겨지지. 하지만 그렇게 되기까지는 참 우여곡절이 많았단다. 1971년 대통령 선거 이후로 다시 투표용지를 사용해 국민들의 손으로 대통령을 뽑을 수 있게 된 것은 유신 시대가 끝나고도 한참이 지난 1987년에 와서였어."

"왜 그렇게 오래 걸렸어요?"

"왜 그랬는지 지금부터 알아보자고. 자, 이제 다들 제자리로!"

용선생의 손짓에 아이들이 후다닥 자기 자리를 찾아 앉았다.

신군부에 맞선 5·18 민주화 운동

"1979년 10월 26일 박정희 대통령이 갑작스런 죽음을 맞자 유신

최규하(1919~2006) 1979년 12월 21일 장충체육관에서 대통령 취임 선서를 하고 있는 최규하의 모습이야. 1975년 국무총리가 된 그는 유신 정권이 물러난 후 10대 대통령이 되었어.

독재 체제는 사실상 막을 내렸지. 정부는 혼란이 생기는 것을 막기 위해서라며 비상 계엄령을 내리고는 뚝딱 대통령 선거를 치렀어. 12월 6일, 통일 주체 국민 회의의 선거를 통해 10대 대통령으로 뽑힌 것은 유신 정부에서 국무총리를 지낸 최규하였단다. 그런데 새 대통령에게는 별로 힘이 없었어. 이 어수선한 틈을 타서 권력을 잡은 이들은 따로 있었거든."

"네? 그게 누군데요?"

"이번에도 군인 세력이었어. 당시 육군 안에는 '하나회'라는 비밀 모임이 있었는데 그들은 새 대통령이 뽑힌 뒤 엿새 만인 12월 12일, 자기네 멋대로 육군의 총책임자를 잡아 가둬 버렸어. '12·12

신군부 세력들 12·12 사태를 일으킨 군인들의 모습이야. 맨 앞 줄 가운데 핵심 인물인 전두환(오른쪽)과 노태우(왼쪽)가 앉아 있어.

사태'라고 불리는 이 일에 앞장선 것은 하나회를 이끌던 전두환과
노태우였어. 이렇게 해서 군대를 손안에 넣고 권력자로 떠오른 군
인 세력을 '신군부'라고 불러."

"신군부? 사람 이름 같네요?"

"새롭게 권력을 잡았다는 뜻에서 '새로울 신(新)'을 써 '신군부'라
고 하는 거야."

"그럼 이제 군대는 다 신군부가 마음대로 할 수 있게 됐다는 거네
요?"

"또 군인이라니…… 대체 어쩌려고 그러는 거지?"

아이들의 불안한 목소리였다.

"하지만 어서 유신 독재의 흔적을 지우고 민주주의를 이루려는 국민들의 열망도 점점 커져 가고 있었어. 1980년 봄, 사회 곳곳을 민주적으로 바꿔 내려는 '민주화'의 열기가 피어오르는 가운데, 대학생들은 유신 헌법을 민주적인 헌법으로 바꾸자며 목소리를 높였지. 특히 5월 15일에는 서울역 앞 광장에 10만여 명이나 되는 학생들이 모여서 '헌법 개정'과 '계엄 해제'를 외쳤어."

"그래서요? 학생들의 요구가 받아들여졌나요?"

"음, 안타깝게도 그런 일은 없었단다. 전두환을 대표로 한 신군부는 오히

서울역 시위 1980년 5월 15일 서울역 앞 광장에 모인 학생들의 모습이야. 1980년 봄의 뜨거운 민주화 열기가 느껴지지 않니?

려 5월 18일 새벽 0시부터 비상 계엄령을 전국으로 확대했어. 사실 이전의 계엄령에 빠져 있던 지역은 제주도뿐이었지만, 그 차이는 컸어. 전국에 계엄령이 내려지면 계엄 사령관이 대통령 다음으로 큰 힘을 갖게 되거든. 그런데 최규하 대통령은 처음부터 신군부

에 눌려 힘을 갖지 못했으니, 계엄 사령관이 온 나라의 권력을 쥐게 된 거였어."

"결국 나라 전체가 완전히 군인들 손에 들어갔다, 그 얘기군요?"

왕수재의 말에 용선생이 고개를 끄덕였다.

"응, 그리고 이때부터는 신군부가 노골적으로 앞에 나섰지. 그들은 모든 정치 활동을 금지하고 언론에서는 자신들이 허락한 내용만을 보도하도록 했어. 대학은 휴교령으로 문을 닫게 하고, 민주화 운동에 앞장선 야당 정치인들도 잡아들였어. 계엄군이 전국에 배치되었고, 온 나라가 순식간에 다시 얼어붙고 말았지."

"유신 독재가 끝나자마자 곧바로 이렇게 되다니!"

"그런데 얘들아, 그뿐이 아니었어. 신군부는 이렇게 권력을 잡는 과정에서 엄청난 짓을 저질렀어."

"무슨 일인데 그러세요?"

용선생의 착 가라앉은 말투에 아이들은 심상치 않은 분위기를 느낄 수 있었다.

"계엄령이 확대된 5월 18일, 전라남도 광주에서는 신군부에 맞선 대학생들의 시위가 일어났어. 그런데 계엄군은 시위 시작부터 학생들에게 무자비한 폭력을 휘둘렀어. 아마 신군부는 이렇게 힘으로 눌러 버리면 더 이상 국민들이 저항하지 못할 줄 알았을 거야. 하지만 실상은 달랐지. 학생들이 두들겨 맞고 마치 짐승처럼 끌려 다니는 모습을 본 사람들은 도저히 가만히 있을 수가 없었어. 곤봉을 휘두르는 계엄군을 말리고 쫓기는 학생을 도우면서, 광주 시민들도

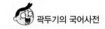

곽두기의 국어사전

계엄군
계엄의 임무를 맡은 군인 또는 군대를 의미해.

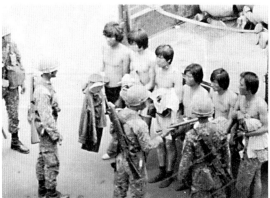

계엄군의 폭행 왼쪽은 1980년 5월 18일 전남대학교에서 금남로로 시위 행진을 하던 학생에게 계엄군이 폭행을 가하는 모습이야. 이 모습에 분노한 광주 시민들이 시위에 참여하자, 계엄군은 시민들도 폭행했어. 오른쪽은 5월 19일 계엄군이 시민들의 옷을 벗기고 군 트럭 앞에 세워둔 모습이야.

차량 시위 1980년 5월 20일 광주 금남로에서 버스 기사와 택시 기사들도 차량의 전조등을 켜고 경적을 울리며 시위에 참여했어.

시위대의 편에 서기 시작했지."

"학생들이 옳은 말을 하다가 당하는데 어떻게 그냥 보고만 있겠어요?"

허영심의 말에 곽두기도 "맞아!" 했다.

"그런데 계엄군은 시민들에게도 똑같이 폭력을 휘둘렀어! 다음날, 더 많은 학생과 시민들이 거리를 메우고 분노를 쏟아 냈지만 계엄군은 또다시 잔인하게 시위대를 탄압했단다. 온 도시가 아수라장으로 변해 가는 가운데 점점 더 많은 시민들이 거리로 쏟아져 나왔어. 계엄군의 폭력도 한층 도를 더해 갔지. 그리고 5월 21일, 계엄군은 끝내 시민들을 향해 총을 쏘기 시작했어."

"네에?"

놀란 아이들의 눈이 커다래
졌다.

"수많은 사람들이 쓰러졌어.
그리고 이제 시민들은 계엄군
에 맞서기 위해 무기 창고에
서 총을 꺼내 들었단다. 그러
자 계엄군은 잠시 물러났다가
며칠 뒤 다시 광주로 들이닥쳤
어. 계엄군에게 밀린 시민군들
은 마지막으로 전남 도청에 모

계엄군과 시민들의 대치　1980년 5월 21일 광주 금남로에서 계엄군과
시민들이 대치하고 있는 모습이야. 이날 오후 계엄군은 시민들을 향해 총을 쏘기
시작했어.

여 맞서 싸웠지. 계엄군이 총공격을 해 온 5월 27일 밤, 그곳에 있
던 시민군은 대부분 희생되고 말았어."

"아, 어쩌면 좋아!"

허영심이 두 손으로 얼굴을 감싼 채 몸을 떨었다.

"이렇게 열흘 남짓이 흐르는 동안 광주에서 희생된 사람들 수가
얼마나 되는지는 지금껏 아무도 정확히 알지 못해. 나중에 정부에
서 발표한 자료로는 죽거나 실종된 사람이 230여 명, 부상을 입은
사람 수는 수천 명에 달한다고 하지."

"사람들이 이렇게 죽고 다치고 있는데, 다른 국민들은요? 딴 지
역에서 도우러 가진 않았어요?"

"당시 국민들은 광주에서 무슨 일이 벌어지고 있는지조차 제대로 알 수 없었어. 전두환과 신군부가 신문이며 방송을 꽁꽁 묶어 두고 있었기 때문이야. 언론에서는 오히려 '광주에서 사나운 폭도들이 나라를 뒤엎으려고 난리를 일으켰다!' 하고 떠들어 댔지. 폭동을 뒤에서 조종한 세력도 있으니, 바로 북한의 명령을 받은 간첩들이라는 거였어."

"맙소사! 해도 정말 너무하네."

"하지만 시간이 흐르면서 광주의 진실은 조금씩 알려지기

망월동 묘지 1980년 5·18 민주화 운동 당시 희생된 129구의 시신은 광주 망월동 묘지에 묻혔어. 1990년대에 들어 5·18 민주화 운동을 재평가하면서 정부는 희생자들의 묘지를 새로 만드는 사업을 추진했고, 1997년 이후 망월동 묘지 옆에 5·18 묘지를 새로 만들었어(오른쪽). 5·18 묘지는 2002년 국립 묘지로 승격되었어.

시작했어. 국내 언론들은 입을 다문 상황에서 외국 언론을 통해 또는 입소문을 통해 알려진 거였지. 진실을 접한 사람들은 큰 충격을 받았고, 이런 엄청난 일을 벌인 신군부에 분노했어. 이는 이후 전두환 정부에 대한 격렬한 저항으로 이어지게 됐단다. 광주의 희생이 민주화 운동의 불씨가 된 거야. 이렇게 이후의 반독재 민주화 운동에 큰 영향을 끼치면서 신군부가 '폭동'이라고 불렀던 광주의 5월은 훗날 '5·18 민주화 운동'이라고 불리게 됐어."

"하아……."

탄식 소리와 함께 아이들의 얼굴에 엄숙한 표정이 흘렀다.

5·18 민주 묘지를
방문하다

용선생 현장 강의

국립 5·18 민주 묘지 높이 40m의 추모탑은 5·18 정신이 우주로 널리 퍼져 나가길 바라는 마음을 담고 있다고 해. 광주광역시 북구에 있어.

군사 독재 정권, 저항의 싹을 자르고 국민의 눈을 가리다

"권력을 잡고 광주의 민주화 운동을 짓밟은 뒤, 신군부는 마음껏 칼날을 휘둘렀어. 일단 사회를 깨끗하게 청소하겠다면서 정치인과 공무원, 대학의 교수와 학생들, 또 신문과 방송 기자들을 무더기로 쫓아냈어."

"아니, 그 사람들이 무슨 죄가 있다고 쫓아내요?"

"지식인들의 입을 막아 정부에 반대하는 움직임의 싹을 자르겠다는 거였지. 또 신군부는 여러 방송사와 신문사를 없애고 한데 합쳐서, 언론을 완전히 손안에 넣었어. 언론을 통제함으로써 국민들이 알면 자신들에게 불리할 만한 소식들을 아예 숨기려 한 거야."

삼청 교육대 삼청 교육대에서 훈련을 받고 있는 사람들의 모습이야. 폭력 · 마약 · 밀수 사범 등을 교육하여 사회 기강을 확립한다는 명분으로 세워졌어. 1980년 8월 4일부터 1981년 1월 24일까지 운영됐는데, 무려 총 6만 755명이 체포됐었대.

"아후, 온 나라를 자기네 입맛대로 바꿔 버리네."

나선애가 어이없다는 표정으로 혀를 내둘렀다.

"신군부는 국민들도 가만 놔두지 않았어. 불량배들을 다 모아다 착한 국민으로 만들어 놓겠다면서 '삼청 교육대'라는 것을 만들었어."

"무슨 대학인가 보죠?"

"아니, 그곳은 끔찍한 훈련과 노동, 폭력이 끝없이 이어지는 곳이었어. 게다가 그곳에 끌려간 사람들 중에는 노동 운동 지도자나 신군부에 불만을 품은 사람들, 아니면 그저 술김에 다툼을 벌이다, 혹은 길에다 오줌을 누다가 잡혀간 이들도 있었어."

"옴마나!"

장하다가 언젠가 길가에서 슬쩍 오줌을 눈 일을 떠올리며 몸을 부르르 떨었다.

"이 와중에 1980년 8월, 이름뿐인 대통령이던 최규하가 물러나고, 전두환이 대통령 자리에 앉았어. 정식으로 권력을 쥔 신군부는 그제야 유신 헌법을 개정했지. 이미 자신들의 뜻을 이루었으니 국민들이 등을 돌린 지 오래인 낡은 유신 헌법을 끌어안고 있을 이유가 없었던 거야."

"유신 헌법 그거, 참 질기기도 하네. 헌법은 어떻게 바뀌었어요?"

"유신 헌법의 핵심이었던 한 사람이 대통령을 여러 번 할 수 있게 한 조항이 사라졌고, 대통령이 긴급 조치를 내리거나 국회 의원을 임명할 수 있는 권한도 없어졌어."

"그럼 이제 민주적인 헌법으로 바뀌게 된 건가요?"

"하지만 새 헌법도 결코 민주적인 헌법이라고 볼 수는 없었어. 대통령의 임기가 7년으로 늘어난 데다, 여전히 국민들은 자신의 손으로 대통령을 뽑을 수가 없었거든. 통일 주체 국민 회의 대신 '대통령 선거인단'이 체육관에 모여 대통령을 뽑았어."

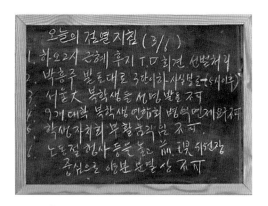

보도 지침 1980년 3월 6일의 보도 지침을 적어 놓은 칠판이야. 당시 정부에서는 매일같이 각 언론사에 '정부의 의도에 맞추어 이렇게 기사를 쓰라'고 지시를 내려 주었는데, 이를 보도 지침이라고 했어.

"아, 그럼 예전이랑 같은 방식인 거예요? 국민들이 대통령 선거인단을 뽑고, 그들이 대통령을 뽑고?"

"그래. 그런데 대통령 선거인단의 후보로 나온 사람들이 모두 신군부에 우호적이라는 게 문제였어. 여당뿐만 아니라 야당에서도 후보자들이 나왔지만 이때 김영삼, 김대중 등 신군부에 반대하는 정치인들은 모두 활동이 금지된 상태였거든. 결국 야당에서 나온 후보자들도 신군부에 협조적인 사람들뿐이었던 거지. 이렇게 구성된 대통령 선거인단이 1981년 2월, 새 헌법에 따라 다시 뽑은 대통령은 역시 전두환이었어."

"참내, 헌법을 고치나 마나 마찬가지잖아?"

"그래도 긴급 조치 같은 건 없어졌으니까……."

나선애의 말에 용선생이 "그 대신 다른 법들이 새로 생겼지." 했다.

"전두환 정부는 헌법 말고도 여러 분야에서 법을 새로 만들고 고치고 했는데, 어떤 거냐면 학생들이 시위를 벌이지 못하게 하는 법, 노동자들끼리 뭉치지 못하게 하는 법, 언론이 정부를 비판하지 못하게 하는 법 같은 것들이었어. 특히 언론에 대해서는 정부가 시시콜콜한 것까지 통제하고 나섰기 때문에 방송과 신문, 잡지에서는 정부가 허락한 내용이 아니면 아예 내보낼 수가 없었어. 이후 언론은 점점 전두환 정부의 심부름꾼으로 변해 갔지. 오죽하면 매일 방송하는 TV 뉴스가 '땡전 뉴스'라고 불릴 정도였단다."

"그건 무슨 뜻이죠? 땡전 한 푼, 할 때 땡전이오?"

"그게 아니고, 저녁 아홉시 종이 '땡!' 울리면 뉴스는 어김없이 '전두환 대통령 각하께서는 오늘……' 하며 전두환 대통령에 대한 소식으로 시작되었거든."

"윽! 못 살아."

허영심이 풀 죽은 표정으로 "이젠 누가 민주화니 어쩌니 말도 못 꺼냈겠네요." 했다.

"아니, 하지만 이렇게 독재의 칼바람이 몰아치는 와중에도 학생들은 끊임없이 저항했어. 정부가 기를 쓰고 감추려 드는 광주의 진실을 알리기 위해 비밀리에 인쇄물을 만들어 돌리고, 경찰의 눈을 피해 어떻게든 시위를 벌였지. 그러자 정부는 한층 더 집요하게 학생들을 감시하고 억눌렀어. 아예 대학마다 전투 경찰들이 탄 버스를 머물게 하고, 형사들을 배치해서 학생들 틈에서 똑같이 생활하게 했지. 그들은 누가 누구와 만나는지, 혹시 시위를 계획하려는 낌새는 없는지,

대학교 안 전투 경찰 1984년 서울대학교 안에 전투 경찰들이 배치된 모습이야. 전두환 정부 시절 대학교에서 흔히 볼 수 있는 풍경이었어.

날낱이 살폈단다."

"경찰들이 그러고 감시하고 있으면 진짜 학교 다니기 싫겠다."

"혹시 시위를 벌이다가 붙잡힌 학생은 학교에서 쫓아내 감옥으로 보내거나 강제로 군대에 보내 버렸어. 그렇게 군대로 보내진 학생들은 특별 관리를 받으며 '녹화 사업'이라는 것에 시달려야 했지."

"녹화 사업은 또 뭔데요? 이번엔 나무를 심나요?"

"아니야. 학생들의 머릿속에 든 '빨간 물'을 파랗게 바꿔 놓겠다며 그런 이름을 붙인 거였어. 정부에 대한 비판적인 생각을 빨간 물이라고 표현한 거야. 심지어 녹화 사업 대상자들은 억지로 휴가를 받아 학교로 돌아가선 함께 학생 운동을 하던 동료들에 대한 정보를 알아 오도록 강요받기도 했어."

"자기 친구들을 배신하라는 거잖아요? 치사하게 그런 짓까지 시키다니!"

장하다가 펄쩍 뛰고, 나선애는 답답한지 가슴을 두드렸다.

"아휴, 내가 다 숨이 콱콱 막히네. 여기저기 이렇게 다 틀어막아 놓는데 어떻게들 살았을까?"

"그런데 말이야, 모든 분야가 다 이렇게 사람들을 숨 막히게 한 것은 아니었어. 억압적인 사회 분위기 속에서도 대중문화만큼은 몰라보게 발달했지. 정부가 적극적으로 대중문화를 키우는 정책을 폈거든. 대표적인 예가 컬러 TV 방송이지. 그때까지 텔레비전에서는 칙칙한 흑백 화면만 나왔어. 그런데 1980년 12월 1일부터는 컬러 TV 방송이 시작되었지. 그날부터 알록달록 화려한 텔레비전 화면

에서 수많은 볼거리들이 사람들의 시선을 붙들었어."

"흑백 화면만 보다 컬러 화면을 보면 정말 신기했을 것 같아요."

"볼거리 중 큰 인기를 누린 것은 1982년에 시작된 프로 야구였어. 정부가 운동 경기를 직업으로 삼는 선수들이 모인 프로 야구단을 만들어 언제든지 경기가 열릴 수 있도록 한 거지. 프로 축구와 프로 씨름도 만들어졌어."

"저 아빠랑 야구장에 자주 가는데……. 프로 야구가 이때 시작된 거구나."

장하다가 반색을 하며 말했다.

"하지만 이러한 대중문화 정책에 대해 비판적인 의견도 있었어. 정치적으로는 탄압을 이어가면서 대중문화만 늘리는 것은 국민들에게 즐길 거리를 제공해 주어서 불만을 누그러뜨리고 정치 문제에 관심을 갖지 않도록 만들려는 의도가 아니냐는 거지."

"생각해 보니 그렇게 볼 수도 있겠네요."

나선애가 고개를 끄덕였다.

"정부는 사람들의 생활도 얼마간 풀어 주었어. 해방 뒤부터 이어져 오던 야간 통행금지가 풀리는가 하면, 중고등학생들의 교복과 머리 모양도 자유롭게 바뀌었어."

"헤에, 그때껏 그런 걸 묶어 놨다는 게 더 이상해요. 나라에서 별의별 걸 다 간섭했네."

 '대통령, 이제 국민의 손으로 뽑자!'

"전두환 정부는 민주화 운동을 벌인 대학생들을 강하게 탄압했지만, 대학생들의 저항은 점점 더 거세져만 갔어. 결국 계속 탄압만 하는 정책에 변화가 왔지. 1983년 말, 정부가 유화 조치를 취한 거야."

"유화 조치요? 그게 뭐죠?"

"너그러울 유(宥), 화목할 화(和)로 상대방과 사이좋

1980년대 학생 시위 1983년 11월 15일 대학생들이 시위를 벌이다 구속되었음을 보도한 신문 기사야. 정부의 탄압 속에서도 대학생들의 시위는 이처럼 계속되었어. 하지만 당시 신문은 시위 내용을 구체적으로 밝히진 못하고 구속된 학생들의 이름만 보도했어.

게 지낸다는 뜻인데, 당시 정부가 탄압을 다소 느슨하게 풀어 준 걸 가리켜. 정부는 시위를 벌이다 구속된 학생들을 석방시키고, 제적된 학생들을 학교로 복귀시키는가 하면, 대학 교정에 배치되었던 전투 경찰들을 철수시켰지. 또 그때껏 정치 활동을 할 수 없던 야당 정치인들도 꽤 제자리로 돌아갈 수 있었어."

"학생들이 계속 저항하니까 어쩔 수 없었나 보네요."

"그렇지. 1984년 대학에서는 학도 호국단이 없어지고 학생회가 부활하면서 민주화를 요구하는 학생들의 목소리가 더욱 커졌어. 그런 가운데, 1985년 2월에는 국회 의원 선거에서 놀라운 결과가 나왔어. 정부에 비판적인 정치인들이 모인 야당, 신한 민주당에서 기대 이상으로 많은 국회 의원들이 뽑힌 거였어."

"국민들의 뜻이 선거에서 나타난 거군요?"

"맞아. 그리고 1985년 5월 전국의 대학가에서는 학생회를 중심으로 이전부터 계속 나왔던 '광주 5·18 민주화 운동의 진실을 밝혀라!', '5·18 책임자들을 처벌하라!' 하는 목소리가 더욱 거세졌지."

"뭔가 막 변화될 것 같은 느낌인데요?"

"그래. 이런 분위기 속에 선거를 통해 국민의 뜻을 확인한 야당 국회 의원들은 1986년부터 직선제 개헌 운동을 벌이기 시작했어."

"대통령 선거를 직선제로 하자는 건가요?"

"그래. 대통령 선거를 간접 선거에서 직접 선거로 바꾸자는 거야. 이건 독재 권력에 정면으로 던지는 도전장이나 마찬가지였어. 많은 사람들이 여기에 적극적으로 참여했지. 그동안 오래도록 대통령을

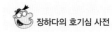

장하다의 호기심 사전

학도 호국단
반공 교육과 군사 훈련을 시키는 게 주요 목적인 학생 자치 단체였어. 4·19 혁명 이후 폐지되었다가 1975년 유신 정권에 의해 다시 만들어졌어.

박종철 사건 보도 1987년 1월 19일 박종철이 물고문을 당하다 질식해서 숨졌음을 상세히 보도한 신문 기사야.

뽑을 수 없었던 국민들은 이제 직접 자신들의 손으로 대통령을 뽑아 독재 정치를 끝내기를 열망했던 거야!"

용선생의 목소리에 힘이 실리자, 아이들이 꿀꺽 침을 삼켰다.

"심상치 않은 분위기가 이어지자, 정부는 개헌 운동을 방해하며 다시 민주화 세력을 강하게 탄압했어. 그러다 1987년 1월, 온 국민을 분노하게 만든 사건이 벌어졌어. 서울대학교에 다니던 박종철이라는 대학생이 경찰에 잡혀 고문에 시달리던 끝에 그만 목숨을 잃고 말았던 거야."

"세상에, 어쩌다 그런 일이 벌어진 거죠?"

"사실 정부가 대학에서 경찰들을 철수시키며 한발 물러선 뒤로도 학생 운동에 대한 탄압은 전혀 잦아들지 않았어. 경찰에 쫓기고, 붙잡혀 고문을 당하고 감옥에 갇힌 학생들이 한둘이 아니었지. 당시 대학생들은 마음 편히 공부에만 집중하기가 쉽지 않았어. 광주에서 민주화 운동을 잔인하게 탄압하고 권력을 쥔 이들, 그들이 나라의 지배자가 되어 독재 정치를 펼치는 현실. 여기에 눈을 감고 대학 공부에만 열중한다는 것은 양심을 거스르는 일이라고 여기는 대학생들이 무척 많았지. 박종철도 그중 한 명이었고."

"대학생이 할 일이 민주화를 위해 싸우는 일이라고 본 거네요."

"그들은 함께 모여 민주주의에 대해 공부하고 정권이 탄압하는 노동자, 농민들, 도시 빈민들과 힘을 합칠 방법을 찾았어. 그들과 함께 독재 정권에 맞서 싸우는 일이 바로 민주화를 이루는 길이라고 믿었기 때문이야. 하지만 이는 위험하기 짝이 없는 일이었어. 쥐도 새도 모르게 붙들려 가 소식이 끊어지는 선후배의 모습을 보면서 학생 운동을 하는 대학생들은 목숨까지도 걸어야 했지. 혹시 붙잡혀 가면

박종철 추모제 1987년 1월 20일 서울대학교에서 박종철 추모제를 마친 학생들이 그의 영정을 들고 교문을 나서는 모습이야.

고통스러운 고문을 견디지 못하고 자신의 동료들에 대한 정보를 넘겨줄까 봐 이를 악물고 끝까지 버텨야 했어. 박종철도 다른 동료가 숨어 있는 곳을 대라며 고문을 당하던 끝에 끝내 죽음을 당하고 만 거였어."

"세상에, 그 사람이 무슨 죄가 있다고……."

허영심이 안타까운 얼굴로 한숨을 내쉬었다.

"그뿐이 아니었어. 사건을 우연히 알게 된 신문 기자에 의해 박종철의 죽음이 세상에 알려지자 정부와 경찰은 조사 과정에서 '책상을 탁! 치니 억! 하고 죽더라'는 황당한 거짓말을 늘어놓으며 박종철의 죽음을 덮으려 들었어. 하지만 국민들이 끝까지 진실을 요구한 덕에 결국은 그가 경찰의 고문으로 죽음을 당했음이 밝혀졌지.

국민들은 죄 없는 젊은이의 목숨을 앗아 놓고도 반성은커녕 발뺌만 하는 정권에 더욱 화가 났어. 그런데 1987년 4월, 정권은 국민들의 분노에 기름을 부었어. 전두환 대통령의 임기가 곧 끝나는 시점에 직선제 개헌을 하지 않겠다는 '호헌 조치'를 발표한 거야."

"호헌 조치요?"

"보호할 호(護), 법 헌(憲)으로 현재의 헌법을 보호하여 지킨다는 뜻이야."

"뭐야, 그럼 국민들의 뜻을 완전히 무시하겠다는 거 아니에요?"

"그러니 이제 국민들은 독재 정권과 피할 수 없는 싸움을 치러야 했어. 1987년 5월 말, 학생들은 물론 지식인과 종교인, 야당 정치인 등 각계각층이 모두 참여해 전두환 정부의 호헌 조치에 맞서 싸우기 위한 단체를 만들었어. '민주 헌법 쟁취 국민 운동 본부'라는, 그야말로 전 국민 차원에서 민주화 투쟁이 시작됐음을 알리는 단체였지!"

"휘유, 이거 땀나는구만!"

장하다가 정말로 땀이 배기 시작한 손바닥을 바지에 슥슥 문질렀다.

 1987년 6월, 민주주의를 향한 뜨거운 함성

"1987년 6월 10일, 이날은 전두환 대통령이 속해 있던 여당 '민주 정의당'이 대통령 후보를 발표하는 날이었어. 전두환과 함께

'12·12 사태'에 앞장섰던 노태우가 진작부터 후보로 정해져 있었지."

"그러니깐, 전두환 대통령은 물러나도 자기네 편에서 그대로 정권을 물려받겠다 이거군요."

왕수재가 알 만하다는 듯 머리를 까닥거렸다.

"그랬지. 하지만 여당의 대통령 후보가 발표되는 그 시간, 국민들도 행동을 시작했어. 국민 운동 본부의 계획에 맞추어 전국의 22개 도시가 한꺼번에 들고 일어난 거였어! 특히 서울에서는 엄청난 시위가 벌어져 해가 넘어가도록 이어졌어. 아니, 퇴근길 시민들까지 그대로 거리로 나서면서 저녁이 되자 오히려 시위가 더욱 커졌어."

"어머, 회사에서 퇴근한 사람들이 시위에 참여했다고요?"

명동 성당 앞 시위 1987년 6월에 있었던 명동 성당 앞 시위 모습이야. 당시 명동 성당은 독재 정부에 저항하는 시위대가 탄압을 피해 모여든 피난처였어. 독재 정부라 해도 종교 시설인 성당 안에 경찰을 투입하는 것은 큰 부담이 되었기 때문이지.

"4·19 혁명 때처럼 국민들이 하나가 되어 싸운 거군요?"

"그래! '독재 정권, 살인 정권 물러나라!', '호헌 조치를 당장 취소하라!', '대통령 직선제를 실시하라!', 사람들은 지칠 줄을 모르고 끝도 없이 외쳤지. 교회마다 뎅뎅~ 종을 울리고, 도로 위 자동차들

시위에 참여한 직장인들 1987년 6월 10일 서울 명동 일대에서 직장인들이 시위에 참여한 모습이야. 이처럼 6월 민주 항쟁에서는 시민들의 참여가 활발했어.

도 구호 소리에 맞춰 빵빵! 경적을 울렸어. 시위는 그날 이후로도 계속해서 이어졌단다. 점심시간이나 퇴근 이후 넥타이를 맨 채로 시위에 참여하는 회사원들이 더욱 늘어나 '넥타이 부대'라는 말까지 생겨났지."

"어? 넥타이 부대! 그게 이런 거였어요!?"

갑자기 눈이 커다래진 왕수재가 집에서 들은 이야기를 꺼내 놓았다.

"우리 큰아버지들이 만나실 때마다 정치 얘기를 하시는데 꼭 하는 얘기가 넥타이 부대 얘기였거든요! 두 분 다 옛날에 넥타이 부대였다고 그래서, 난 또 무슨 군대 이름인 줄……. 우아, 우리 집안이 민주화 집안이었구나!"

"시위가 커지자, 정부는 어떻게든 투쟁의 불길을 꺼뜨리려 애를 썼어. 도시 곳곳에 무장한 경찰들이 깔리고, 거리에선 매캐하고 독한 최루탄 냄새가 가실 줄을 몰랐어. 시위가 보름을 넘기면서는 정부가 군대를 출동시킬 거라는 소문이 나돌았지. 하지만 국민들은 겁을 먹지도, 물러서지도 않았단다. 오히려 6월 26일, 전국적으로 또다시 엄청난 규모의 시위가 벌어졌어! 전국 38개 지역에서 이날 하루 동안 시위에 나선 사람들 수는 100만 명에 달했다고 해."

"우아, 끝내준다! 우리나라 만세!"

이번엔 장하다가 주먹을 쥐며 소리쳤다.

"결국! 더 이상은 국민의 뜻을 거스를 수 없음을 깨달은 정권은 무릎을 꿇었어. 6월 29일, 여당의 대통령 후보 노태우가 나서서 대통령 선거를 직선제로 바꾸겠다고 약속한 거야! 이렇게 1987년 6월을 뜨겁게 달군 온 국민의 투쟁을 '6월 민주 항쟁'이라고 불러. 4·19 혁명 뒤에 또 한 번 우리 국민의 힘이 하나로 모여 독재를 몰아내고 민주주의에 한 걸음 다가간 사건이었지."

장하다가 다시 "만세!" 하고 소리치는데, 나선애가 "잠깐만요." 했다.

"근데 왜 대통령이 아니라 대통령 후보가 나서서 약속을 해요?"

6·26 평화 대행진 점점 뜨거워지는 6월 민주 항쟁의 열기 속에, 국민 운동 본부는 6월 26일에 전 국민이 함께 평화적인 행진 시위를 하자고 제안했어. 1987년 6월 26일, 한참 행진과 시위가 이어지던 부산에서 한 청년이 갑자기 경찰들을 향해 달려가기 시작했어. 그는 "최루탄을 쏘지 말라"고 절규했다고 해.

6·29 선언 1987년 6월 29일 대통령 후보 노태우는 직선 개헌을 수용할 뿐 아니라 정치인들을 석방하고, 언론 자유를 보장하겠다고 발표했어.

"노태우 후보가 민주화 선언을 하도록 해서 국민들에게 그에 대한 좋은 인상을 심어 주려고 했던 거지. 그래야 직선제 선거에서 그가 조금이라도 더 유리해질 테니까."

용선생의 설명에 이해가 되는지 아이들이 고개를 끄덕였다.

"자, 그리고 6월 민주 항쟁의 뜨거운 열기는 거기서 사그라지지 않고 노동자들의 투쟁으로 이어

졌어. 노동자들이 노동 조건을 개선할 것, 임금을 올릴 것, 노동조합을 세울 권리를 보장할 것 등을 요구하며 들고일어난 거야. 그해 7월부터 9월까지 전국 곳곳에서 벌어진 파업과 시위에 참여한 노동자는 120만 명이 넘었어."

"아, 하긴 그리고 보니 정치만 민주화할 게 아니네."

허영심의 말에 용선생이 "그 말 한번 잘했다!" 하고 반색을 했다.

"민주주의 사회를 이루기 위해서는 독재 정권을 내모는 것만이 아니라 국민 한 사람 한 사람이 자신의 일터와 생활 속에서부터 정당한 권리를 찾고, 정의를 세우기 위해 노력해야 한다는 사실을 알게 된 거였지. 사회 곳곳에 변화의 바람이 불어오는 속에, 그해 가을에는 새 헌법이 만들어졌단다."

"크, 드디어 대통령 선거가 직선제로 바뀌는 건가요?"

"그렇지! 새 헌법은 국민이 선거를 통해 대통령을 직접 뽑도록 했어. 대통령의 임기는 5년으로 줄었고, 대통령 한 사람에게 너무 큰 권력이 집중되지 않도록 하는 조항들도 생겨났어. 또 노동자들의 노동 환경과 임금 문제를 개선할 수 있는 길도 열렸고. 이때 개정된 헌법은 지금까지 이어지면서 우리 사회의 기본 뼈대를 이루고 있단다."

"흐음, 그럼 지금 우리가 사는 이 사회는 6월 민주 항쟁으로 만들어진 거나 마찬가지군요."

장하다가 제법 그럴듯한 말투를 쓰자 아이들이 "오오!" 하며 추어올려 주었다.

"그럼 선생님, 다음 대통령은 누가 됐어요?"

"대통령 선거는 그해 12월에 치러졌어. 많은 이들이 독재 정권과 싸워 온 정치 지도자 중에서 대통령이 나올 것이라 예상했지만, 결과는 여당인 노태우 후보의 승리였어. 김영삼과 김대중 후보가 동시에 선거에 나서는 바람에 야당에 던진 국민들의 표가 반반으로 갈렸던 거야."

"여당이 어부지리로 또 권력을 갖게 된 거네요……."

장하다가 껌벅거리자 나선애가 "아, 어부지리? 둘이 싸우는 바람에 엉뚱한 사람이 이득을 봤단 얘기지!" 했다.

"그렇다고 할 수 있겠구나. 하지만 이듬해 1988년에 치러진 국회 의원 선거에서는 우리나라 국회가 생긴 뒤 처음으로 여당보다 야당에서 더 많은 국회 의원이 뽑혔어.

전두환 정부 청문회 1989년 12월 31일 청문회에 출석한 전두환 전 대통령의 증언을 듣기 위해 텔레비전 앞에 모인 시민들의 모습이야. 당시 야당이 주도권을 가진 국회가 등장하면서 전두환 정부의 잘못을 가리려는 청문회가 열렸어.

그 결과 국회를 중심으로 지난 정부의 죄를 묻고 잘못된 역사를 바로잡으려는 시도가 이어지기도 했지."

"대통령이나 정부가 모든 걸 마음대로 할 수 있는 시대가 지난 건 분명하네요!"

허영심의 말에 용선생이 "그럼!" 하며 고개를 끄덕여 주었다.

 ## 가난을 잊은 사회, 넓은 세상을 꿈꾸는 사람들

"자, 그런가 하면 민주화의 바람이 불던 이 시기에는 또 다른 변화도 많았어. 무엇보다 경제 사정이 아주 좋았지. 1980년대 중반부

3저 현상
석유 가격을 말하는
'유가', 돈을 빌릴
때 따라붙는 이자인
'금리', 국제 경제
거래를 할 때
사용하는 돈인 '미국
달러의 가치',
이 세 가지가 낮게
유지된 현상을 말해.

터 세계 경제에 '3저 현상'이라는 것이 생기면서 한국 경제에 유리한 조건들이 펼쳐졌기 때문이었어. 한국은 처음으로 나라 밖으로 나가는 돈보다 밖에서 벌어 오는 돈이 더 많아지게 되면서 전에 없던 풍요를 누리게 됐어. 이런 상황에 힘입어 1970년대부터 발달해 온 전자 산업과 자동차 산업, 그리고 좀 더 복잡한 기술력이 필요한 반도체 산업이 쑥쑥 커 나갔지. 중동, 남미에 이어 자동차 산업의 중심지인 미국에까지 자동차를 수출하기 시작했고, 반도체 산업에서는 미국, 일본에 이어 세계 세 번째로 메모리 반도체를 개발한 성과를 이루어 냈지. 이는 정부의 적극적인 지원 덕분이었어. 1980년대 후반에는 이렇게 기업들이 많이 성장하면서 경제 성장 속도도 빨라졌지. 특히 1986년부터 1988년까지 3년 동안의 경제 성장률은 1년에 평균 12%가 넘었어."

"정말요? 경제가 쑥쑥 성장하는군요!"

나선애가 주먹을 쥐어 보이며 말했다.

"맞다. 이 시기에는 대기업은 물론이고 작은 회사들도 전보다 많은 돈을 벌 수 있게 되고 회사원들의 월급도 늘어나면서, 사회 전체적으로 안정적인 생활을 할 수 있는 '중산층'이 늘어나게 됐어."

"중산층이오? 아파트 가운데 층에 산다는 뜻이에요?"

"하하, 아니야. 생활 수준이 중간 정도 된다는 뜻이야. 특히, 교육 수준이 높고 당장 먹고살 걱정을 하지 않아도 되는 젊은 중산층에는 한국이 어서 뒤떨어진 독재 정치에서 벗어나 합리적인 사회로 나아가야 한다고 여기는 이들이 많았어. 1987년에는 그중에도 특히 이삼십 대 회사원들이 행동에 나서면서 6월 민주 항쟁을 뒷받침했던 거란다."

"아, 넥타이 부대가 바로 그런 사람들이었던 거군요."

왕수재가 고개를 주억거렸다.

"경제가 피면서 사람들의 생활 모습도 빠르게 바뀌었어. 바로 10여 년 전만 해도 흔치 않았던 아파트에서 냉장고며 세탁기, 거기다 아이를 위해 피아노까지 갖추고 사는 이들이 많아졌지. 더 눈에 띄는 변화는 자가용 승용차가 확 늘어난 점이야. 아까 말한 자동차 산업이 발달하면서 값이 싼 국산 자동차들이 쏟아져 나왔거든. 자가용 승용차를 갖고 있는지가 중산층이냐 아니냐를 가르는 기준인 양 여겨지면서, 사람들은 더욱 차를 사는 데 열을 올렸어."

"그 말은, 사람들이 중산층이 되고 싶어 했다는 뜻인가요?"

"음…… 들어 보렴. 이 무렵은 '이제는 우리도 이만큼 잘살게 되었다!' 하는 생각이 사회에 가득해지면서 백화점의 값비싼 물건들이 불티나게 팔리고, 더 멋진 옷과 더 맛있는 음식을 찾는 사람들이 많아지던 때였어. 그러니 실제로는 경제적인 여유가 없는 이들도 '나라고 남들만

자동차 수출 1981년, 중동 지역으로 수출할 자동차들을 배에 싣기 위해 세워 놓은 모습이야. 우리나라는 1975년 카타르에 자동차 10대를 수출한 것을 시작으로, 2011년에는 연간 3백여 만 대를 수출하기에 이르렀어.

못하겠나?' 하며 스스로를 중산층으로 여기고 싶어 한 거야. 특히 자동차 대수가 무섭게 늘던 1988년은 서울에서 국제 올림픽 대회가 열린 해이기도 했어. 정부에서는 국민들을 향해 쉴 새 없이 '대한민국은 이렇게 눈부시게 발전했다!' 하고 선전했지."

"맞다! 올림픽! 엄청 많은 외국인들이 우리나라에 왔겠죠?"

곽두기가 묻는 말에 용선생이 고개를 끄덕였다.

"그럼. 서울 올림픽을 치르면서 한국은 세계에 널리 알려지게 됐어. 이름조차 들어 본 적 없는 작은 나라, 또는 전쟁으로 끔찍하게 파괴되었던 가난한 나라가 이렇게 발전한 것에 많은 외국인들이 놀라워했단다."

개막식 명장면!

참고 영상

1988년 서울 올림픽 개막식

"하긴, 제가 생각해도 정말 우리나라가 대단한 것 같아요!"

"그런데 얘들아, 화려했던 올림픽 뒤에서 고통을 당한 사람들도 있었어. 나라에서는 외국인들에게 깨끗하고 발전된 모습만을 보여 주어야 한다며 마구잡이로 거리의 노점상들을 없애고, 가난한 동네를 통째로 허물어 버리기도 했거든. 그 바람에 먹고살 길이 막막해진 이들, 집을 잃고 오갈 데 없는 신세가 된 이들도 있었지."

"히잉, 아무도 고통받지 않고 올림픽을 멋지게 치렀더라면 더 좋았을 걸……."

곽두기가 안타까운 표정으로 말꼬리를 내렸다.

"그러게 말이다. 이렇게 빛과 그림자를 함께 안고 있었지만, 올림픽을 치러 내며 한국인들은 한층 자부심을 갖게 됐어. 또 그동안은 멀게 느끼던 세계를 가까이서 실감하면서 사람들의 시야도 넓어지게 됐지. 마침 올림픽 다음 해인 1989년부터는 우리 국민들이 자유롭게 해외여행을 나갈 수 있게 됐어."

"어머, 그럼 그 전까진 해외여행을 갈 수 없었나요?"

"응, 일 때문에 출장을 갈 때도 나라의 허락을 받아야 했지. 이런 규제가 풀리자 사람들은 너도나도 비행기를 타고 해외로 나가 직접 넓은 세계를 만나고 많은 것들을 배우기 시작했어."

"처음 해외여행을 떠나는 사람들은 얼마나 설레었을까?"

"나도 저번 방학 때 유럽 여행 갔다 오니까 세상이 다르게 보이던데. 그때 말야……."

왕수재가 슬쩍 여행 자랑을 시작하자 허영심이 "그 얘기 벌써 열

번은 들었거든!" 하고 재깍 잘랐다.

"진짜 짧은 시간에 사람들 사는 모습이 많이 달라지고 있는 것 같아요."

"그만큼 우리나라가 발전한 거야, 그렇죠, 선생님?"

곽두기의 말에 용선생이 빙그레 웃으며 교탁 앞으로 걸어 나왔다.

"그렇고말고. 1980년대 말, 민주화 투쟁으로 독재 정치를 물리치고 경제적 풍요 속에 새로운 소비문화를 누리면서, 한국은 변화와 발전을 거듭하고 있었어. 그리고 이어진 1990년대에 우리 국민들은 사회 곳곳을 한층 성숙한 모습으로 바꾸어 나갔단다."

"그 이야긴 다음 시간에 하는 거죠?"

"그래! 오늘 수업은 여기까지!"

용선생의 말에 왕수재가 다시 "참, 나 유럽에 갔을 때 있잖아!" 하고 시작했다. 큰 목소리였건만 아이들은 하나같이 그 말을 못 들었다는 듯 아무 반응이 없었다. 두리번거리던 왕수재와 눈이 딱 마주친 용선생만이 "으응⋯⋯." 하며 애써 미소를 지어 보였다.

나선애의 정리노트

1. 5·18 민주화 운동(1980)

배경	전두환 중심의 신군부가 권력을 장악함(12·12 사태) → 전국에서 시민과 학생들이 민주화를 요구하는 시위를 벌임 → 신군부가 비상 계엄령을 전국으로 확대함
과정	1980년 5월 18일, 광주에서 신군부에 항의하는 학생과 시민들을 계엄군이 폭력으로 진압 → 분노한 시민들이 계엄군에 대항, 많은 시민들이 죽거나 다침
의의	1980년대 민주화 운동에 큰 영향

2. 전두환 정부의 정책

- 민주화를 요구하는 세력들을 억압함

- 오락적인 대중문화를 키우는 정책을 펼침

3. 6월 민주 항쟁(1987)

배경	전두환 정부가 직선제 개헌 운동을 방해, 민주화 운동을 탄압함 → 1월 박종철 물고문으로 사망 → 4월 13일, 호헌 조치 발표
과정	6월 10일 오후 6시, 국민 운동 본부의 계획에 따라 전국 22개 도시에서 학생과 시민들이 동시에 시위를 시작 → 6월 26일, 전국적으로 100만여 명이 참여하는 대규모 시위가 일어남
결과	6월 29일, 노태우 대통령 후보가 직선제 개헌을 약속하는 6·29 민주화 선언 발표 → 대통령 직선제 개헌

용선생의 역사 카페

역사계의 슈퍼스타,
용선생의 역사 카페에
오신 걸 환영합니다

Log in

게시판 ∨

📄 역사가 제일 쉬웠어용!
📄 이제는 더~ 말할 수 있다!
📄 필독! 용선생의 매력 탐구
📄 전교 1등 나선애의 비밀 노트

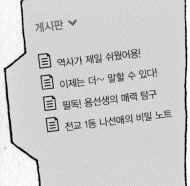

6월 민주 항쟁을 이끈 한 장의 사진

6월 민주 항쟁이 일어나기 하루 전인 6월 9일, 연세대에서는 전두환 정부를 비판하는 시위가 있었어. 구호를 외치며 정문을 나서던 학생들에게 최루탄 세례가 쏟아졌지. 그때 한 학생이 뒤통수에 최루탄을 맞고 피를 흘리며 쓰러졌어. 학생의 이름은 이한열. 연세대학교 경영학과 2학년에 재학중이었지.

당시 시위 현장에는 로이터 통신의 한국 지국에 근무하는 정태원이라는 기자가 있었어. 그는 광주에서 5·18 민주화 운동이 일어났을 때도 위험을 무릅쓰고 사진을 찍어 전 세계에 알린 인물이었지. 이날도 그는 시위하는 학생들의 모습을 더 생생히 전하기 위해 시위대 가까이에 있었어. 그러다가 눈앞에서 쓰러지는 이한열을 보게 되었고, 그는 6월 민주 항쟁의 거센 불길이 될 역사적인 사진을 찍게 되었어. 최루탄에 맞은 이한열과 그를 부축하고 있는 친구의 비통한 눈빛이 생생히 담긴 이 사진은 뉴욕 타임스, 내셔널 지오그래픽 등 전 세계 유명 매체에 보도되었지.

며칠 뒤에 국내에도 이 사진이 보도되었고, 그 다음날 최병수라는 작가가 '한열이를 살려 내라!'는 말과 함께 사진을 대형 그림으로 그려 연세대학교 도서관 앞에 걸었어. 또한 시위대는 사진을 손수건, 스카프로 제작해서 국민들에게 배포했어. 민주화를 외치다 최루탄에 맞아 피 흘리

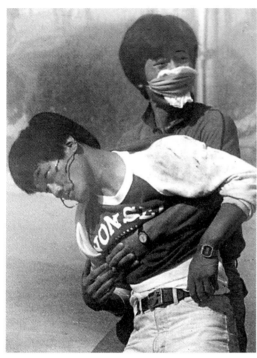

정태원 기자가 찍은 이한열의 사진

는 학생의 모습은 오랫동안 삭여 온 국민들의 분노를 이끌어 냈고, 더 많은 학생과 시민들이 거리로 나오게 만들었지. 결국 이 한 장의 사진은 6월 10일에 시작된 항쟁이 20여 일 가까이 뜨겁게 지속되는 데에 결정적인 역할을 하게 돼.

 COMMENTS

허영심 : 흑, 그래서 이한열 학생은 어떻게 되었어요?

용선생 : 안타깝게도 숨을 거두었어. 7월 5일, 그의 나이 22살이었지. 하지만 서울 마포구에 있는 이한열 기념관에 가면 여전히 그를 만날 수 있단다.

한국사 퀴즈 달인을 찾아라!

01 ★★☆☆☆

10·26 사태로 유신 체제가 막을 내렸어. 이때 전두환을 중심으로 한 신군부 세력이 군대 내 반란을 일으켜 권력을 장악했는데 이 사건의 이름이 뭐였더라? (   )

02 ★★☆☆☆

영심이가 1980년대 있었던 사건으로 역사 신문을 만들고 있어. 이 기사의 제목으로 알맞은 것은 무엇일까? (   )

1980년 봄, 계엄 해제와 민주화를 요구하는 시위가 일어났다. 그러나 신군부는 비상 계엄령을 전국으로 확대하고, 시위하는 학생들과 시민들을 더욱 강하게 탄압했다.
1980년 5월 18일, 광주에서 시위하는 학생들과 시민들을 계엄군이 폭력으로 진압하는 사건이 발생했다. 이에 분노한 광주 시민들은 계엄군에 맞서 싸웠다.

① 6월 민주 항쟁   ② 5·18 민주화 운동
③ 4·19 혁명   ④ 5·16 군사 정변

★★★★☆

선애가 전두환 정부에 대한 글을 쓰려고 해. 이를 위해 글감을 모으고 있는데, 다음 중 알맞은 글감을 모두 골라 보자!
(,   )

① 북한의 김일성을 만나 통일을 약속했다.
② 대학 내 전투 경찰을 배치하는 등 민주화 세력을 탄압했다.
③ 통행금지를 없애고, 중고등학생들의 교복과 머리 모양도 자유롭게 했다.
④ 군대 대신 삼청 교육대를 운영했다.

★★★★☆

수재가 1987년에 있었던 일에 대해 정리하고 있어. 어떤 사건을 말하는 것일까?
(선언)

1987년 민주화 열기는 뜨거웠어. 많은 시민들이 대통령 직선제를 요구하며 평화적인 시위를 벌였지. 그리고 1987년 6월 29일 마침내 대통령 직선제를 약속받았어.

★★★★★

역사반 아이들이 특별 전시전을 보러 갔어. 전시전에서 볼 수 있는 것으로 옳은 것은 무엇일까? (   )

[특별 전시전]
사진으로 보는 1980년대

① 서울 올림픽 개막식 영상
② 경부 고속 국도 개통식 사진
③ 베트남에 파병되는 군인을 촬영한 영상
④ IMF 긴급 구제 금융 신청을 알리는 뉴스

• 정답은 357쪽에서 확인하세요!

모든 사람이
단체에 가입해야만 해!

북한은 사회주의 국가이기 때문에 집단생활을 매우 중요하게 생각해. 집단생활을 통해서만 '개인'보다는 '집단'을 우선하는 사회주의 국가를 만들 수 있다는 거지. 그래서 북한에서는 7세부터 60세(여자는 55세)까지 모든 주민들이 반드시 집단생활을 하게 되어 있어. 만 14세부터 30세까지의 모든 청년들은 '청년 동맹'에 가입하고, 30세 이상 중 노동자나 사무직은 '직업 총동맹', 농민은 '농업 근로자 동맹', 전업 주부들은 '여성 동맹'에 소속되지.

북한의 어린이들은 소학교(우리의 초등학교)에 만 5세에 입학을 해. 만 7세가 되면 '소년단'이라는 어린이 단체에 가입하여 만 14세까지 활동을 해. 소년단에 가입을 하면 빨간색 머플러를 메고 다녀. TV에서 흰색 셔츠에 빨간색 머플러를 하고 있는 북한의 어린이들을 본 적이 있지?

그런데 나이가 되었다고 해서 모든 어린이가 한 번에 단체에 들어가는 것은 아니야. 총 3차례에 걸쳐서 가입하게 되는데 매년 2월 16일, 4월 15일, 6월 6일로 날짜가 나누어져 있어. 왜 나누어서 가입할까? 바로

소년단 입단식을 치르는
북한의 어린이들

모범 학생을 뽑아서 먼저 가입시키기 때문이야. 공부를 열심히 하거나 단체 생활에 적극적인 아이들을 맨 먼저 가입시킨대. 그러면 뽑힌 아이들은 무척 자랑스러워하고 친구들은 부러워하면서 자기도 가입하고 싶어 더욱 노력한다지. 그렇게 차례대로 가입이 이루어지고, 마지막 6월 6일 소년단 창립 기념일에는 나머지 어린이들이 모두 가입하여 입단 선서를 해.

학생들은 소년단에 들어가면 '정리 사업'이라는 환경 미화 활동을 하고, 간부가 되는 경우엔 '학습 회의'라고 불리는 학급 회의를 진행해. 마치 우리 학교의 회장, 부회장이 하는 역할 같지? 때로는 외국에서 오는 손님을 환영하는 행사나, 대규모의 인원이 모여 집단 체조 등을 하는 '매스 게임(mass game)' 같은 국가 행사에 동원되기도 해.

우리의 초등학교 단체 생활과는 좀 다르지? 우리도 아람단이나 걸 스카우트, 보이 스카우트 등의 단체에 가입해서 활동하지만 전적으로 개인의 자유로운 의사에 따라 가입하는 거니까 말야. 북한 정부가 모든 어린이를 소년단에 가입시키는 이유는 어렸을 때부터 개인보다는 집단을 중요하게 여기는 사회주의적 가치를 교육시키기 위해서라고 해.

8교시

한 걸음씩 성숙해 가는 대한민국

어느덧 우리의 긴 한국사 여행을 마무리 지을 때가 되었구나!
'6월 민주 항쟁'으로 정치의 민주화를 이룬 뒤,
우리 사회는 한층 복잡하고 다양해졌어.
지나간 역사가 안겨 준 과제들,
또 변화하는 세계 무대에서 새로이 안게 된 과제들 속에,
대한민국은 끊임없이 한 걸음씩 앞으로 나아갔단다.
그리고 오늘……! 우리는 과연 어떤 역사를 써 가고 있을까?
앞으로 우리가 써 갈 역사는 어떤 모습일까?

1987.6

6월 민주 항쟁이
일어나다

IMF 외환 위기를 겪다

1997.11

6·15 남북 공동 선언이 발표되다

2000.6

한일 월드컵이 개최되다

2002.6

현재

2002 한일 월드컵 거리응원

SEOUL
WELCOMES
THE WORLD

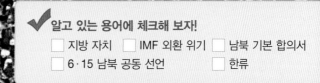

☑ 알고 있는 용어에 체크해 보자!

☐ 지방 자치   ☐ IMF 외환 위기   ☐ 남북 기본 합의서
☐ 6·15 남북 공동 선언   ☐ 한류

열린 창문으로 부드러운 바람이 솔솔 불어 드는 날이었다. 어쩐지 평소 같지 않은 얼굴로 아이들을 둘러보던 용선생이 문득 중얼거렸다.

"히야, 우리가 언제 여기까지 왔냐. 역사반이 처음 모인 날이 꼭 엊그제처럼 생생한데……."

이 말을 들은 나선애가 갑자기 떠오르는 게 있는 듯 "어라? 그러고 보니!" 했다.

"이제 우리 역사가 조금밖에 안 남았네! 선생님, 혹시 오늘이 역사반 수업 마지막 날이에요?"

용선생이 가만히 고개를 끄덕여 주었다.

"우아, 그 많은 역사를 언제 다 배우나 했는데! 처음엔 완전 눈앞이 깜깜했잖아요?"

장하다가 하는 소리에, 처음 만났을 때 투덜거리던 모습이 떠올라 용선생의 얼굴에 빙긋 웃음이 돌았다.

"음, 드디어 내가 한국사를 완전히 정복하는군! 너희들 앞으론 날 영어 수재 말고 역사 수재라고 불러라. 흐흐."

"하여튼…… 너 혼자 역사반 했니?"

어김없는 왕수재의 잘난 척에 삐죽거리면서도, 허영심 역시 은근히 상기된 표정이었다. 이때 수업 시작을 알리는 종소리가 울리고, 기다렸다는 듯 용선생이 목소리를 높였다.

"자자, 또 힘차게 수업을 시작해 볼까? 오늘은 1990년대부터 일어났던 몇 가지 사건들을 통해서 우리 사회가 변화해 온 모습을 알아볼 거야. 이름하여 '그때 그 장면'! 먼저 1997년으로 가 보자. 준비들 됐지?"

"네!"

 전진하는 민주주의

"판결을 하겠습니다!"

다시 입을 연 용선생의 굵직한 목소리에 아이들이 모두 멈칫했다.

"피고 전두환과 노태우는 민주주의 헌법을 짓밟고 군사 반란을 일으켰으며, 이에 저항하는 국민들에게 총을 겨누어 국가 권력을 빼앗았습니다. 또한 정권을 쥐고 있는 동안 부당한 방법으로 많은 재산을 끌어모아 나라의 질서를 어지럽혔습니다. 이러한 죄가 무거우므로 피고 전두환에게 무기 징역형을, 노태우에게는 징역 17년

재판을 받는 전두환과 노태우　1996년 8월 26일 법정에 선 전두환(오른쪽), 노태우(왼쪽) 전 대통령의 모습이야. 이들은 1997년 4월 대법원에서 무거운 형벌을 선고받았지만 12월 김영삼 대통령이 특별 사면하여 석방되었어.

을 선고합니다!"

용선생이 펼쳐 든 사진에는 두 전직 대통령이 죄수복을 입고 나란히 선 모습이 담겨 있었다.

"이 사람들이 재판을 받았다고요? 저번에 직선제 개헌으로 끝난 게 아니었고요?"

"응! 6월 민주 항쟁으로부터 10년이 흐른 1997년 4월의 일이었어. 비록 이런저런 이유로 해서 그들의 감옥살이는 몇 달 만에 끝나긴 했다만, 이건 의미가 큰 장면이었지. 이제 대한민국은 국민 앞에 큰 죄를 지은 독재자에게는 끝까지 그 책임을 물어 잘못된 역사를 바로 세울 것이다! 이런 뜻을 담고 있는 장면이었어."

"그러네요. 어쨌거나 전직 대통령들인데…… 그냥 안 넘어가고 확실히 죄인이라고 땅땅! 못을 박은 거잖아요?"

"그렇지. 여기서 끝이 아니야. 2000년대 중반, 우리 사회는 다시 한번 그동안 묻혀 있던 어두운 역사들을 들추어냈어. 정부가 앞장서 만든 '진실·화해를 위한 과거사 정리 위원회'는 이 일을 전문적으로 맡아 하는 곳이었지. 이로써 과거 독재 정권들이 국민을 탄압한 사건들에 대해 하나둘 진실이 밝혀졌고, 많은 이들이 억울함을 풀고 명예를 되찾을 수 있었단다. 이렇게 역사를 바로 세우는 작업이 꾸준히 이어지는 한편, 2001년부터는 '국가 인권 위원회'가 세워져서 국민의 자유와 인권을 보장하는 일에 더욱 힘이 실리게 됐어."

국가 인권 위원회 2006년 11월 24일 국가 인권 위원회 설립 5주년 기념식의 모습이야. 인권을 보호하고 민주적 기본 질서를 지키는 게 설립 목적이야.

"흠, 그럼 다시 독재 정치를 하려던 사람도 없었던 거죠? 혹시나 해서 말이죠."

왕수재가 손가락을 까닥거리며 하는 말이었다.

"그야 물론이지! 더는 아무도 힘으로 권력을 빼앗거나 여러 번 대통령을 하려 들 수 없었어. 말이 나온 김에 노태우 대통령 이후에는 어떤 대통령들이 있었나 살펴보자."

용선생이 준비해 온 자료를 컴퓨터 화면에 띄웠다.

"직선제 개헌 뒤 5년이 흐른 1992년 말, 14대 대통령으로 뽑힌 사람은 김영삼 후보였어. 1961년에 박정희가 5·16 군사 정변을 일으켜 권력을 잡은 뒤 처음으로 군인 세력과 관계되지 않은 사람이 대통령이 된 거였지. 그래서 김영삼 정부는 '문민정부'라는 이름을 내걸었단다."

"문민? 문민이 뭐예요?"

"군인이 아닌 민간인을 의미해. 그리고 다시 5년 뒤인 1997년에는 김대중 후보가 대통령으로 뽑혔어."

"가만, 옛날에 독재 정부랑 싸우던 두 야당 지도자들이 차례로 대통령이 됐네요?"

"그렇긴 한데, 김영삼 대통령은 당시 여당과 손을 잡고 여당 후보로 나서서 당선이 된 거였어. 야당 후보가 당선된 것은 김대중 대통령 때가 처음이었지. 그래서 1997년의 대통령 선거는 여당과 야당 간에 처음으로 '평화적 정권 교체'가 이루어졌다는 점에서 의미가 있지."

"다음 대통령 선거는 또 5년 뒤니까, 2002년인가요?"

"그렇지. 16대 대통령으로 뽑힌 것은 인권 변호사 출신의 노무현 후보였어. 국민과 소통하는 정부, 국민이 직접 참여할 수 있는 정치를 강조했던 노무현 정부는 스스로를 '참여 정부'라고 불렀단다. 2007년 선거에서는 10년 만에 여야 간에 다시 정권이 바뀌었어. 기업가 출신의 이명박 후보는 경제를 더욱 성장시키겠다는 약속과 함께 17대 대통령으로 당선됐지. 그리고 다시 5년이 흐른 2012년, 이

1990년대 이후 대한민국의 대통령들

14대 김영삼
(1993~1998)

15대 김대중
(1998~2003)

16대 노무현
(2003~2008)

17대 이명박
(2008~2013)

18대 박근혜
(2013~2017)

19대 문재인
(2017~2022)

①제헌 국회 간접 선거(1948)

②직접 선거(1952)

③국회 간접 선거와
내각 책임제(1960)

④직접 선거(1963)

⑤통일 주체 국민 회의
간접 선거(1972)

⑥대통령 직선제(1987)

번엔 우리 역사상 첫 여성 대통령이 나왔단다. 18대 박근혜 대통령
은 5~9대 박정희 대통령의 딸이기도 해. 그러나 탄핵으로 임기를
다 채우지 못하고, 문재인 정부로 정권이 교체되었지. 2022년에는
여야 간에 다시 정권이 교체되면서 윤석열 후보가 20대 대통령으로
당선되었어."

"이렇게 한꺼번에 모아 놓으니까 무척 다양한 사람들이 대통령으
로 뽑혔다는 걸 알겠어요." 허영심이 흥미롭다는 듯 말했다.

"그래. 앞으로도 우리 국민들은 자신의 뜻에 따라 나라를 이끌어 갈 지도자를 선택하겠지! 이렇게 시간이 흐르는 동안 우리 민주주의도 더욱 발전해 왔어. 특히 1995년부터 본격적으로 시작된 지방 자치 제도는 우리나라의 풀뿌리 민주주의를 정착시키는데 큰 영향을 미쳤지. '지방 자치'란 각 지방 사람들이 스스로 자기 지역을 다스린다는 뜻이야. 도지사나 시장, 구청장, 군수 등 지역의 단체장은 물론 시·도 의회 의원, 시·군·구 의회 의원 등 지역의 대표를 지역 주민이 직접 뽑는 일이지."

"아하, 대통령 뽑을 때만 직선제를 하는 게 아니구나!"

"정치뿐 아니라 다른 분야에서도 우리 사회는 꾸준히 민주화의 길을 걸어 왔어. 특히 시민들이 직접 나서서 사회의 크고 작은 문제들을 해결하기 위해 활동하면서 민주주의는 생활 속 곳곳으로 퍼져 나갔단다. 6월 민주 항쟁 뒤 정치의 민주화가 이루어지고 이제 독재냐 민주주의냐를 넘어 다양한 분야의 가치가 중요하게 여겨지면서, 한국에서도 시민운동이 본격적으로 발전하기 시작한 거야. 1990년대를 거치며 무럭무럭 성장해서, 지금은 다양한 분야에서 많은 시민운동 단체들이 활동을 하고 있지."

"어떤 단체가 있는데요?"

나선애가 궁금한 표정으로 물었다.

"예를 들어 경제 단체는 우리 경제가 건강하게 잘 돌아가는 데 도움이 되는 활동을 해. 또 깨끗한 환경을 지키기 위해 노력하는 환

시민운동 단체들의 활동 왼쪽은 환경 운동 연합의 집회 모습이야. 동물원이나 수족관에서 사육되고 있는 돌고래들을 모두 자연으로 돌려보내자고 호소하고 있어. 오른쪽은 참여 연대의 집회 모습이야. 공직자들의 부패 행위를 없애기 위해 부패 방지법을 만들자고 주장했고, 이 법은 실제로 2001년에 국회에서 통과되어 시행되고 있어.

경 단체, 국민의 인권을 지키기 위해 노력하는 인권 단체, 여성에 대한 차별을 없애고 양성이 평등한 사회를 이루려는 단체, 그 밖에도 언론을 더욱 공정하게 바꾸어 나가려는 단체, 소비자의 권리를 보장하려는 단체 등 무척 다양하지."

"혹시 학교에서 시험 없애기 시민운동은 누가 안 하나요?"

"흐음, 학교를 민주적인 공간으로 만들고 교육의 질을 높이기 위해 노력하는 시민운동 단체도 여럿 있다만, 시험을 아예 없애자는 말은 아직 못 들어 봤구나."

쩝쩝 입맛을 다시는 장하다를 보며 아이들이 키득거렸다.

"그리고 이렇게 시민운동이 하루가 다르게 발전해 가는 가운데, 또 하나의 뜻깊은 장면이 탄생했어. 바로 일제 강점기부터 시행되어 온 호주제가 폐지된 일이었지."

"호주제? 그게 뭔데요?"

"호주제라는 건 호주를 중심으로 가족 구성원들의 출생과, 혼인, 사망 등의 신분 변동을 기록하는 것을 말해. 이때 가족 중 호주가 될 수 있는 자격에 순서를 매겨 놓았는데, 남자가 무조건 우선이었지. 아버지, 그 다음은 큰아들, 그 다음이 작은아들들, 그 뒤에야 딸인데 그것도 결혼을 한 딸은 다른 집안의 호적에 오르기 때문에 결혼 안 한 딸이어야 했지. 그 뒤가 어머니였고."

"호주가 되면 뭐가 다른 건데요? 특별한 점이라도 있었나요?"

"호주에게만 많은 재산이 상속되고 부부가 이혼을 해도 아버지만이 자녀의 법정 대리인이 될 수 있는 등, 호주제의 세부 조항들은

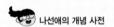

나선애의 개념 사전

호주와 호적
호주란 집 호(戶), 주인 주(主)로 한 집안의 주인이라는 뜻이야. 호적은 집 호(戶), 문서 적(籍)으로, 나라에서 호주를 중심으로 그 집에 속하는 사람들의 이름, 생년월일 등을 기록했던 문서였어.

여성의 권리를 크게 해쳐 왔
어. 이런 조항들은 여러 번의
법 개정을 통해 조금씩 사라져
갔지. 하지만 호주제 자체가
이어지는 한, 사회의 기본 단
위인 가정에서부터 여성 차별
이 대물림되는 일을 피하기 어
려웠지. 호주 자리를 이어받을
남자아이를 더 귀하게 여기는
분위기도 이어졌고."

호주제 폐지 발표에 환호하는 여성 단체 2005년 3월 2일, 호주제 폐지 법률안이 국회에서 통과되자 국회 회의장 입구에서 결과를 기다리고 있던 여성 단체 회원들이 기뻐하며 박수를 치고 있어.

"맞다, 그게 바로 딸보다 아들을 낳고 싶어 하는 남아 선호 사상
이라는 거죠?"

"그렇지. 한편 엄마 혼자서 아이들을 키우는 경우나 재혼 가정에
서는 특히 불편함이 컸어. 호주제 아래서는 자녀들이 호주인 아버
지의 성을 물려받도록 되어 있었으니까. 많은 사람들이 이러한 차
별을 없애야 한다고 주장해 온 가운데, 2000년에는 호주제 폐지를
외치는 시민운동 단체가 탄생했어. 그들의 노력 덕분에 5년 뒤인
2005년 3월, 마침내 국회에서 호주제 폐지 법안이 통과되었단다."

"그러면 이제 호주제는 아예 없어진 거예요?"

"응, 호주제는 물론 호적 제도가 전부 사라졌고, 그 대신 개개인
을 중심으로 가족 관계를 정리한 '가족 관계 등록부'를 사용하도록
바뀌었어. 자녀의 성도 낳아 준 아버지만이 아니라, 어머니나 새아

버지의 성을 따를 수도 있게 되었지."

"와! 잘됐네요!"

"시민운동 등을 통해 시민들이 사회를 변화시키는 동안 정부 역시 모든 국민이 교육을 받고, 저렴하게 의료 시설을 이용할 수 있도록 노력해왔단다. 전 국민을 대상으로 건강 보험을 적용해 좀 더 저렴하게 병원이나 약국을 이용할 수 있도록 하고, 육아 비용 지원과 함께 보육 시설 확대에 힘쓰고 있지. 게다가 중학교까지 의무 교육을 실시하면서 시민 의식 성장에 도움을 주고 있어. 자, 다음은 경제 쪽으로 가 보자."

IMF 외환 위기를 넘어

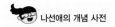 나선애의 개념 사전

IMF(International Monetary Fund)
'국제 통화 기금'
이라고 도 해.
국제 무역의 안정을
위해 1945년에
설립한 금융 기구야.
회원국들의 돈을
모아 놨다가, 경제
위기에 처한 나라가
생기면 빌려줘.

컴퓨터 화면에 뉴스의 한 장면이 떠오르고, 곧 앵커의 비장한 목소리가 울려 퍼졌다.

"우리 정부가 IMF에 긴급 구제 금융을 신청했습니다! 빌려 와야 하는 금액은 수백억 달러 수준으로, 사실상 국가 부도의 상황이라고 합니다!"

"구, 국가 부도? 뭔 소리냐?"

"부도면 망한다는 얘기잖아. 우리나라가 망하게 생겼다는 거네?"
아이들이 웅성거리자 용선생이 입을 열었다.

"1997년 11월 어느 날, 이렇게 갑자기 온 나라를 뒤흔드는 엄청난 뉴스가 터졌어. 이 뉴스를 본 사람들은 하나같이 뒤통수를 맞은 듯 할 말을 잃고 말았지. 'IMF 외환 위기'라고 불리는 매서운 시련의 시작이었어."

IMF 시대 1997년 12월 3일 오후, 임창열 경제 부총리(가운데)가 IMF와의 최종 협상 결과를 발표하고 있어. IMF는 우리나라에 돈을 빌려주는 대신, 부실 기업들을 퇴출시키고 시장을 세계에 완전히 개방하라고 요구했어. 오른쪽은 미셸 캉드쉬 IMF 총재, 왼쪽은 이경식 한국은행 총재야.

"'아이엠에프'가 뭔데요? 나는…… 에프다? 에프가 그렇게 무서운 거예요?"

장하다가 끔벅거리며 하는 말에 용선생이 손을 저었다.

"그런 게 아니라, IMF는 경제 위기에 처한 나라에 돈을 빌려주는, 말하자면 국제 은행의 역할을 하는 곳이야. 1997년 겨울, 우리나라도 경제가 거의 망하기 직전 상황에서 IMF에 큰돈을 꾸기로 한 거였어."

"아니, 대체 왜 경제가 그 지경이 됐대요? 저번 시간에 1980년대 말에는 엄청 경제가 잘 풀렸다고 하셨잖아요."

"그래, 당시의 호황은 곧 잦아들기는 했다만 1990년대에도 경제의 흐름은 나빠 보이지 않았어. 1995년에는 1인당 국민 소득이 1만 달러를 넘어서고, 이듬해인 1996년에는 OECD에도 가입하면서 우리나라도 선진국 대열에 들어선 듯 들뜬 분위기가 이어졌지. 하지만 우리 경제는 속으로 많은 문제들을 안고 있었단다.

"어떤 문제죠?"

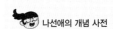
나선애의 개념 사전

OECD
(Organization for
Economic Co-
operation and
Development)
'경제 협력 개발 기구'
라고도 해. 1961년에
유럽과 미국,
캐나다 등 서방
선진국 20개국이
경제 협력을 위해
만들었어. 2014년
현재, 우리나라를
포함해 34개국이
가입되어 있어.

"가장 큰 문제는 외국에 진 빚이 많다는 거였어. 우리나라 경제는 외국에서 빌려 오는 자본과 원료로 물건을 만들어 다시 외국에 내다파는 방식으로 발전해 왔잖아. 이 과정에서 빚은 점점 늘어갔어. 특히 대기업들은 외국에서 끌어온 자본으로 자꾸만 무리해서 새 사업을 벌였어. 이런 상황에서 1997년, 그동안 쌓인 문제들이 한꺼번에 터진 거야."

"무슨 일이…… 벌어졌는데요?"

곽두기가 조심스레 묻는 말이었다.

"내로라하는 대기업들이 잇달아 쓰러지기 시작하더니, 그들이 갚지 못한 엄청난 빚을 고스란히 떠안은 은행들도 쓰러져 나갔어. 그러자 놀란 외국의 투자자들이 한국에 투자했던 돈을 너도나도 빼 갔어. 결국 나라 안의 외환이 너무 모자라서 당장 그해 말까지 외국에 갚아야 할 빚을 갚지 못할 지경이 되었지."

"외환이 모자라서 빚을 못 갚았다니, 외환이라는 게 뭐예요?"

"외환은 국제 거래에서 화폐 대신 사용하는 문서를 말해.

도산하는 기업들 1997년 2월, 한보 그룹의 노조와 협력 업체 직원 등 2백여 명이 경영 정상화를 위한 지원을 요구하며 시위를 벌이고 있는 모습이야. 한보 그룹이 부도가 나면서 한보 그룹 직원들뿐 아니라 협력 업체 직원들도 일자리를 잃었기 때문이지.

일단 외국 돈, 즉 외국 화폐는 외화라고 한단다. 그런데 국제 거래에서는 직접 금이나 화폐를 주고받는 것보다 문서를 사용하는 게 훨씬 편하기 때문에 외환을 많이 사용해."

"흐음, 그렇다면 외환이 부족해져서 생긴 경제 위기라 '외환 위기'라고 부르는 거군요."

"어흑, 그래서 급하게 IMF에 돈을 꾸게 된 거구나."

"응. 그런데 돈을 빌려 오는 덴 조건이 있었어. 그 돈을 다 갚을 때까지 한국은 IMF의 관리를 받으면서 그들이 내미는 경제 정책을 모두 받아들여야만 했어. 이 과정에서 수많은 국민들이 고통을 겪어야 했지. IMF는 이것저것 무리하게 사업을 벌였던 기업들에게 이익을 내지 못할 것 같은 사업은 없애고 부서들도 많이 줄이라고 했어. 기업들은 저마다 살아남기 위해 직원들을 해고했지. 그나마 살아남은 기업은 운이 좋은 거였어. 1997년 12월부터 이듬해 5월까지 무려 1만 5천 개 이상의 기업이 문을 닫았어."

"맙소사……. 그럼 거기 일하던 사람들도 다 직장을 잃은 거잖아요."

왕수재가 걱정스러운지 턱을 슥슥 문지르며 말했다.

"외환 위기 직후에만 실업자 수가 150만 명에 달했어. 순식간에 먹고살 길이 막막해진 사람들이 엄청나게 많았던 거야. 그뿐이겠니. 이렇게 경제가 꽁꽁 얼어붙자 사람들은 쉽게 돈을 쓰지 않으려 했고, 그 때문에 물건을 파는 가게나 음식점 중에도 문을 닫는 곳이 많았어."

"어휴, 그러고 보니…… 저희 할아버지 가게가 문을 닫은 것도 그때쯤이었던 거 같아요."

나선애의 말에 용선생이 고개를 끄덕였다.

"응, 그 시기엔 집집마다 어려운 사연이 다 있었을 거란다. 그런 상황을 벗어나려면 어서 IMF에 빚을 갚고 그들의 관리에서 벗어나는 수밖에 없었지. 힘든 상황에서도 우리 국민들은 이를 악물고 달렸어. 특히 이때 집안에 있는 금붙이를 모아 나

금 모으기 운동 1998년 1월 서울 신사동에서 금을 파는 사람들의 모습이야. 당시 전국적으로 약 350만 명이 금 모으기 운동에 참여했고 이때 모인 금은 227톤 정도였다고 해.

라 빚을 갚는 데 보태자며 벌어진 '금 모으기 운동'은 외국인들에게 강한 인상을 주었지."

"어라? 옛날에 일본에 진 나라 빚을 갚기 위해 국민들이 모금 운동을 했던 거랑 비슷하네요?"

"맞다. 예나 지금이나 우리 국민들은 나라가 어려울 때면 자기 주머니를 생각하지 않고 발 벗고 나서곤 한 거야. 이렇게 고통을 견디며 다 함께 노력한 끝에, 결국 한국은 2001년 8월, 예정보다 일찍 IMF에 빌린 돈을 모두 갚을 수 있었단다."

"우아, 다시 금세 일어섰네요! 역시 우리나라!"

아이들의 표정이 다시 확 밝아졌다.

"그렇지만 외환 위기를 거치며 달라진 점이 있었어. 일단 어렵게

살아남은 기업들은 직원을 많이 뽑으려 하지 않았고, 많은 기업에서 비정규직 일자리를 늘렸어."

"비정규직, 뉴스에서 많이 들어 본 것 같긴 한데 그게 뭐에요?"

"보통의 정규직 직원과 달리 안정적인 고용 조건을 보장받지 못하고, 회사와 1~2년 정도의 짧은 기간 동안 계약을 하고 일하는 직원을 말해. 기업 입장에서는 1, 2년 후에 회사 사정이 어떻게 될지 모르니 일단 비정규직을 늘렸던 거야. 비정규직은 정규직보다 해고하기 쉽고, 직원 복지를 위한 비용도 덜 드니까 많은 비용을 절감할 수 있었거든."

용선생의 진지한 설명에 아이들은 다시 차분해졌다.

"한편 은행들은 돈을 빌려주는 조건을 까다롭게 내걸었지. 그러니 기업이나 가게를 운영하다, 또 직장에 다니다가 실업자가 된 사람들은 다시 일어서기가 쉽지 않았어. 결국 한국 사회에서는 중산층이 큰 폭으로 줄고 가난한 사람들과 부자들이 확연히 나뉘는 양극화 현상이 굳어지고 말았어."

"양극화요?"

"응, 양쪽 끝을 향해 점점 더 멀어지는 현상을 말해. 중간은 없어지고 가난한 사람들과 부자들만 남게 되는 거지. 이건 앞으로 우리 사회가 꼭 풀어 나가야 할 숙제

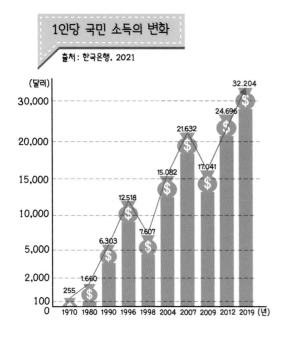

1인당 국민 소득의 변화

출처: 한국은행, 2021

야."

"아웅, 빨리 해결해서 다 같이 잘사는 나라가 되면 좋겠어요."

곽두기가 안타까운 표정으로 하는 말이었다.

"그럼, 그래야지! 외환 위기를 극복한 뒤로도 우리 국민들은 열심히 일했어. 그 덕에 경제도 다시 앞으로 달려 나가기 시작했지. 2007년에는 1인당 국민 소득이 2만 달러를 넘어섰어. 50여 년 전에는 100달러도 채 안 되던 것을 생각하면 정말 엄청난 변화지. 특히 1990년대부터 컴퓨터나 휴대 전화가 빠른 속도로 퍼지면서, 이 시기에는 반도체나 정보 통신 기술 분야가 크게 발전했어. 이 분야에서 한국은 이제 세계 최고 수준의 기술력을 자랑하고 있단다."

"오! 맞아요. 외국에서도 우리나라의 휴대 전화가 인기라면서요?"

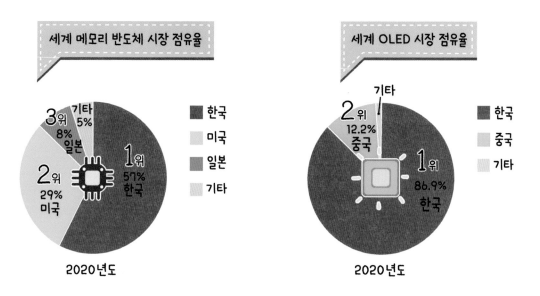

"그래, 반도체와 휴대 전화는 세계 시장에서 1, 2위를 다투고 있지. 또 휴대 전화나 TV 화면에 들어가는 OLED 기술력도 상당하지. 선박과 자동차도 국제적으로 인정받는 수출 품목이야. 자, 또 다음 장면으로 가 볼까? 이렇게 경제가 회복되고 우리 기업들이 세계 시장에서 활약을 하기 시작할 무렵, 세계 곳곳에 한국을 널리 알린 일이 또 한 번 있었단다."

세계 속의 한국, 한국 속의 세계

용선생이 별안간 두 팔을 번쩍 치켜 올리더니 "대~한민국! 오~ 필승 코리아!" 하고 소리쳤다.

"아하! 월드컵이다!"

"그래! 한일 월드컵 대회가 열린 2002년 6월, 대한민국은 정말 뜨거웠어. 어른 아이, 남자 여자 가릴 것 없이 온통 붉은색 응원 티셔츠를 입고 거리로 뛰어나와선, 팔짝팔짝 뛰며 모르는 사람과도 스스럼없이 얼싸안았지. 뜨거운 응원의 열기 속에서 한국 대표팀도 월드컵 4강에 오르는 좋은 성적을 냈어."

"끝내 줬죠! 저는 그때 경기들 다 찾아 봤잖아요?"

장하다가 신이 나서 축구공 차는 시늉을 해 보였다.

"2002년 월드컵은 올림픽 이후 다시 전 세계의 시선을 한국으로 잡아끄는 계기가 되었어. 안 그래도 아시아를 중심으로 한류 현상

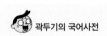 곽두기의 국어사전

한류(韓流)
한국 한(韓), 흐를 류(流)로 1990년대 말부터 아시아에서 일기 시작한 한국 대중문화의 열풍을 의미해.

이 일고 있었기 때문에 '도대체 한국은 어떤 나라이기에?' 하는 관심이 더욱 커졌지."

"아, 한류! 그거 외국 사람들이 한국 가수 노래를 따라 부르고 그런 거죠?"

허영심이 반가워하며 하는 말이었다.

"한국 문화가 해외에서 인기를 끌고 있는 현상을 한류라고 불러. 처음 이 말이 생긴 것은 1990년대 후반 한국 드라마가 중국에서 큰 인기를 끌면서부터였어. 1990년대, 정치 상황이 안정된 상황에서 대중문화가 눈에 띄게 발달한 덕이었지. 2000년대 이후 한류는 점

2002 월드컵 현장 속으로!

참고 영상

2002 한일 월드컵 서울 시청 앞 광장에 모여 대표팀을 응원하는 사람들의 모습이야.
한일 월드컵이 열린 2002년에는 전국 곳곳에서 거리 응원이 펼쳐졌어.

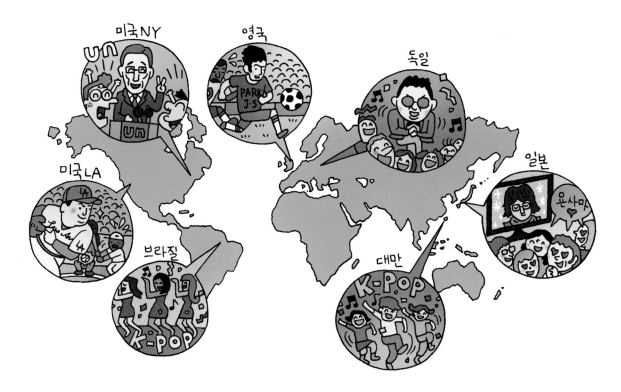

점 더 넓은 지역으로, 또 다양한 문화 영역으로 퍼져 나갔어. 요즘
은 특히 한국 가요가 세계 곳곳에서 큰 인기를 누리고 있지!"

"인터넷에 올라온 동영상 보니까 우리 가수의 노래랑 춤을 유럽
사람도 따라하고, 남미 사람도 따라하더라고요. 괜히 제가 으쓱해
지는 기분이었어요."

허영심의 말에 왕수재가 슥 끼어들며 "그게 다가 아니지" 했다.

"국제단체에서 일하는 사람들도 많대. 너희들, 반기문 국제 연합
사무총장 알지? 국제 연합은 세계에서 가장 큰 규모의 국제기구인
데, 세계 평화를 위해 힘쓰고 있지. 나도 세계를 무대로 꿈을 펼치
는 사람이 될 거야."

"그래, 한국은 국제 연합 사무총장도 배출하고, 아시아 태평양 경
제 협력체(APEC) 정상 회의, 세계 주요 20개국(G20) 정상 회의, 세계

박람회(EXPO) 등을 개최하면서 국제 사회에서 영향력을 키우고 있
단다."

용선생이 어깨를 들썩이며 말했다.

"그런데 세계로 나가는 한국인뿐만 아니라, 한국으로 오는 세계
인들도 많지. 여행객도 많고, 한국어를 배우고, 또는 일을 하러 오
는 사람들도 많아. 특히 1990년대에 외국인 노동자들이 국내에 들
어와 일할 수 있도록 제도가 바뀐 뒤로는 우리와 함께 살아가는 외
국인 수가 엄청나게 늘었어. 어느 정도냐면, 2015년 기준으로 한국
에 사는 외국인 수는 무려 170만 명이 넘는다고 해. 큰 도시 하나의
전체 인구와 맞먹는 숫자지."

"그 정도나 돼요? 헤, 진짜 많은 거네."

"또 외국인만 많아진 게 아니라, 한국인이 외국인과 결혼을 해 꾸
린 '다문화 가정'도 계속해서 늘어 가고 있어. 이런 다문화 가정의

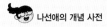 나선애의 개념 사전

다문화 가정
여기서 '다(多)'는
'많다'라는 뜻이야.
서로 다른 국적,
인종이나 문화를
지닌 사람들로
이루어진 가정을
가리키는 말이지.

친구들은 생김새가 조금 다를 뿐 모두 한국에서 태어나 자란 한국인이지."

"저도 엄마가 외국인인 친구가 있어요. 한별이라고 한자반에서 만났는데 저랑 엄청 잘 통해요. 맨날 게임도 같이 하고 얼마 전엔 캠핑도 갔다 왔어요. 가끔 필리핀에 있는 외갓집 이야길 해 주는데, 진짜 재미있는 얘기가 많아요."

곽두기가 종알종알 하는 말에 용선생이 미소를 지었다.

"그래. 이처럼 우리 사회의 구성원들은 날로 다양해지고 있어. 덕분에 우리가 경험하는 언어, 풍습, 문화의 폭이 한층 넓어지고 있지. 너희들 '지구촌'이라는 말 알고 있지? 교통과 통신, 인터넷이 발달하고 모든 분야에서 세계의 교류가 활발해지면서 이제는 온 지구가 하나의 공동체나 다름없다는 뜻으로 쓰이는 말이야. 우리도 세계로 뻗어 가는 한국의 모습만 자랑스럽게 여길 것이 아니라, 마음을 열고 한국 속에 들어온 세계와 조화롭게 살아가야지! 무슨 말인지 알겠지?"

아이들이 씩씩한 목소리로 "네!" 하고 대답했다.

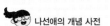

나선애의 개념 사전

지구촌(地球村)
'지구'에 마을 촌(村)을 붙인 말이야. 1988년 문화 비평가 맥루한이 자신의 책 《지구촌(Global village)》에서 처음으로 정리한 개념이야.

한반도의 평화와 통일을 위하여

"자, 이번엔 사진을 볼까?"

용선생이 꺼내 드는 사진을 본 아이들은 의아한 표정을 지었다.

"트럭이잖아요?"

"응. 트럭마다 뭐가 실려 있는지 자세히 한번 봐."

목을 쑥 빼고 들여다보던 아이들 중에 곽두기가 먼저 "소다!" 했다.

"그래! 이렇게 줄줄이 늘어선 트럭에는 5백 마리나 되는 소 떼가 타고 있었어. 1998년 6월, 이 소들은 판문점을 거쳐 북으로 넘어갔단다."

소 떼를 싣고 북으로 가는 트럭들   1998년 당시 현대 그룹의 정주영 회장은 2차례에 걸쳐 소 1,001마리를 이끌고 북한을 방문했어. 이는 분단 이후 민간인이 남북 양쪽의 합의하에 판문점을 통해 북한에 들어간 첫 사례였지. 그동안 이루어지지 못했던 남북 간 민간 교류의 물꼬를 튼 역사적인 사건이었어.

"북이라면…… 북한? 사람도 못 가는데 소들이 북한엘 갔다고요?"

아이들은 더 알 수 없다는 표정들이었다.

"들어 봐. 너희들 1972년에 남과 북이 통일 회담을 거쳐 '7·4 남북 공동 성명'을 발표했던 것 기억하니?"

"아! 생각나요. 계속 싸우다가 그때 처음 회담을 했던 거죠?"

"그랬지. 그 뒤 다시 차갑게 식었던 남북 관계가 달라지기 시작한 것은 1980년대 후반의 일이었단다. 이 무렵, 전 세계를 휩쓴 엄청난 변화의 바람 때문이었지. 소련과 동유럽 나라들에서 사회주의 체제가 무너지면서 자본주의 세계와 사회주의 세계가 대립하던

무너진 베를린 장벽 1961년에 만들어진 베를린 장벽은 냉전 시대의 상징으로 28년 동안 독일을 둘로 가르고 있었어. 1989년 11월 9일 독일이 통일될 것이라는 소식이 전해지면서 기쁨에 들뜬 시민들이 너도나도 베를린 장벽 위로 올라갔어.

냉전 시대가 막을 내리게 된 거였어."

"냉전이 드디어 끝이 났군요?"

"응, 특히 당시 사회주의 동독과 자본주의 서독으로 나뉘어 있던 독일이 통일을 이루면서 비슷한 상황에 놓인 한반도에서도 통일에 대한 기대감이 커졌어. 이런 분위기에서 당시 노태우 정부는 변화의 시기를 맞이한 사회주의권 나라들과 적극적으로 외교를 맺어 나갔어. 여러모로 북한이 혼자서만 문을 걸어 잠그고 버티기 어려운 상황이었던 거야."

"오호, 그래서 결국은 북한도 우리랑 다시 대화를 시작하게 됐다, 이거군요?"

"그래. 1990년대에 들어서면서 남과 북은 서로에게 성큼 다가서게 됐어. 일단 남북의 총리끼리 만나 회담을 나눈 끝에 1991년, 남과 북이 나란히 국제 연합에 가입을 했지!"

"우아~"하고 소리치다 말고 장하다가 머리를 긁적거렸다.

"근데…… 그게 뭐가 좋은 건지 모르겠는데요. 헤헤."

"남과 북이 비로소 서로를 인정했다는 뜻이었거든! 그동안 남과 북은 서로에게 분단의 책임을 돌리며 상대방 정부를 인정하지 않았지. 대외적으로도 '한반도에 정부는 우리 하나뿐이오!" 하는 태도를 고집했고. 그런 상황이 이어지는 한 국제 연합처럼 공식적인 국제기구에 가입한다는 건 쉽지 않은 일이었어."

"아항, 이제 국제 연합에 같이 가입했으니까 서로를 인정한 거 맞네!"

남북 기본 합의서 교환 1991년 12월 13일, 남북 기본 합의서가 교환되는 순간이야. 남한 대표 정원식 총리(오른쪽)와 북한 대표 연형묵 총리(왼쪽)가 악수를 나누고 있어.

"그리고 같은 해인 1991년이 끝나기 전에 '남북 기본 합의서'라는 또 하나의 성과가 나왔어. 정식 이름은 '남북 사이의 화해와 불가침 및 교류·협력에 관한 합의서'란다. 서로를 인정하고 존중하는 가운데, 가능한 한 교류의 폭을 넓히자고 뜻을 모은 거였지."

"진짜 이름만 딱 봐도 싸우지 말고 사이좋게 지내자는 거네요!"

"하지만, 이것으로 오랫동안 꽁꽁 얼어붙어 있던 남북 사이가 모두 풀리진 않았어. 때로는 대화가 끊어지기도 하고 서로 등을 돌리기도 하며, 어느덧 1990년대 후반이 되었지. 이때 새로 들어선 김대중 정부는 '햇볕 정책'이라는 것을 추진했어."

"햇볕? 햇볕을 비추는 정책인가요?"

"그래, 얼어붙은 남북 관계를 녹이려면 북한을 찬바람이 아닌 따뜻한 햇볕으로 대해야 한다는 뜻이었지. 남한이 이런 입장을 분명

금강산 관광　1998년 가을, 금강산에 관광 온 사람들의 모습이야. 금강산 관광이 본격적으로 시작된 건 1998년 11월 18일부터였고, 2008년에 중단되었어.

히 밝히자, 북한의 태도도 다시 바뀌었어. 국민들 사이에도 남북 관계가 나아지리라는 기대감이 커졌지. 그리고 1998년 6월, 북쪽이 고향인 대기업 경영자 정주영이 이렇게 소 떼를 몰고 올라가 북한 땅을 밟은 거였어!"

"아, 그럼 저 소들은 북한에 주는 선물이었나 봐요? 근데 하필 소 람?"

나선애가 궁금한 표정을 지었다.

"거기엔 정주영 회장이 가난하던 어린 시절 집에서 소 판 돈을 몰래 가지고 나왔던 기억이 영향을 미쳤다고 해. 어쨌든 이후 남북 사이에는 진짜로 '교류'와 '협력'이 시작되었어. 특히 1998년 11월부터 '금강산 관광 사업'이 시작되면서 나라가 갈라진 뒤 처음으로 민간인이 북한 땅에 들어설 수 있는 길이 열렸지."

금강산이라는 말에 장하다의 눈이 문득 커다래졌다.

"네? 아니 그럼 우리도 금강산에 갈 수 있다는 거잖아요?"

말뜻을 알아챈 허영심도 "아! 저번에 38도선까지 넘어 놓고 진짜 금강산 갔다 올 걸!" 했다.

"음, 얘들아, 금강산 이야긴 조금 뒤에 다시 해 줄게. 일단 자, 사진 한 장 더!"

용선생이 다른 사진을 새로 꺼내 들었다. 밝게 웃으며 손을 맞잡은 두 사람의 모습이었다.

"남북의 교류가 늘어 가는 가운데 2000년 6월, 또 하나의 놀라운 장면이 탄생했어. 남한의 김대중 대통령과 북한의 김정일 국방 위원장, 남북 두 정상이 처음으로 직접 만난 거였어! 두 정상은 남북의 교류와 협력, 그리고 통일 문제에 대해 많은 이야기를 나누고는, 그 결과를 '6·15 남북 공동 선언'이라는 이름으로 발표했단다."

"우아, 제일 높은 사람들끼리 약속을 한 거니까 그 뒤로는 남북이

남북 정상의 첫 만남 2000년 6월 13일 남북 정상 회담에 참여하기 위해 평양 순안 공항에 내린 김대중 대통령(오른쪽)과 마중 나온 김정일 국방 위원장(왼쪽)이 손을 잡고 있는 모습이야. 두 사람은 손을 잡고 '반갑습니다. 보고 싶었습니다'라는 말을 했다고 해.

올림픽 남북 공동 입장 2000년 시드니 올림픽 개막식에서는 국제 경기 최초로 남북한 선수들이 한반도기를 앞세우고 공동 입장했어. 한반도기를 함께 들고 있는 사람은 한국 농구 대표팀의 정은순 선수(오른쪽)와 북한 유도 대표팀의 박정철 감독(왼쪽)이야.

더 가까워졌겠네요!"

"당장 그해, 2000년 9월에 열린 시드니 올림픽 개막식 때는 남북의 선수단이 우리 한반도 모양이 그려진 한반도기를 들고 나란히 함께 입장했단다. 이 장면은 세계 사람들에게도 큰 감동을 주었어."

"어머어머! 그런 일이 있었어요? 너무 멋지다. 그 장면도 보여 주시지!"

영심의 말에 용선생이 재깍 사진을 바꿔 들었다.

"여기 있지! 한반도기를 들고 세계인 앞에 나서는 한반도의 건강한 청년들!"

"꺄아!"

"히야, 북한과 우리 사이에 이런 일들이 있었을 거라곤 상상도 못했네."

"맞아! 생각했던 것보다 훨씬 더 가깝게 지낸 거잖아! 아직은 못 했지만…… 통일, 진짜 할 수 있을 것 같지 않냐?"

흥분이 배인 채 아이들끼리 하는 이야기를 들으며 용선생이 빙그레 웃음을 지었다.

"이후로도 남북 사이의 대화와 교류가 이어졌어. 2007년에는 다

시 남한의 노무현 대통령과 북한의 김정일 국방 위원장이 만나 두 번째로 정상 회담을 갖기도 했지. 하지만 그 이후에 북한의 핵 개발과 장거리 미사일 발사 실험 등으로 한반도에 다시 긴장감이 감돌기도 했어. 금강산 관광도 지금은 갈 수 없게 됐지. 통일에 이르기 위해서는 넘어야 할 고비가 참 많구나. 그래도 2018년에 또다시 문재인 대통령과 북한의 김정은 국무 위원장이 만나면서 한반도의 평화를 위한 노력은 계속되고 있어."

"어휴…… 빨리 다시 사이가 좋아지고 다 같이 평화롭게 지내는 세상이 됐으면 좋겠어요."

"그래. 선생님도 그랬으면 좋겠구나. 중요한 건 남과 북이 여전히 경제와 학문, 스포츠, 예술, 관광 등 다양한 분야에서 교류를 다시 시작하기 위해 노력하고 있다는 점이야. 남북은 때로는 대립하며 갈등을 겪기도 했지만, 그동안 같은 상처를 공유하고 많은 시련을 함께 이겨 내 왔잖아. 선생님은 한반도가 꼭 평화롭고 조화로운 미래를 위해 나아갈 거라고 믿는다. 통일도 분명 그 과정에 들어 있을 거야! 통일의 날이 과연 언제일지, 또 어떤 모습일지는 앞으로 우리들의 손에 달려 있겠지?"

조용해진 아이들이 제법 진지한 표정으로 고개를 끄덕였다.

"자, 얘들아!"

용선생이 천천히 아이들을 둘러보았다. 수업이 끝났다는 뜻이었다. 용선생의 얼굴에 빙긋이 떠오른 미소가 아이들에게도 하나둘 번져 가기 시작했다.

"너희들, 그동안 정말 수고 많았다! 우리, 이번 주말엔 같이 소풍 갈까? 선생님이 우주 최고의 김밥을 싸 볼까 하는데……. 김밥도 나눠 먹고, 그동안 우리가 쌓은 이 어마어마한 정도 팍팍 나누고 말이지. 어떠냐?"

용선생이 혹시나 하는 표정으로 아이들의 대답을 기다렸다.

"당연히 가죠! 음료수는 제가 싸 올게요!"

"흠, 저도 간단히 치킨 몇 박스 정도?"

"어! 그럼 난 뭘 싸 오지? 일단 입이나 잘 챙겨 와야겠다! 으하하!"

장하다가 웃어 젖히는 소리에 "선생님 김밥이 얼마나 맛있는지 소문 들었지?" 하고 시작된 용선생의 허풍까지, 역사반이 금세 시끌벅적해졌다.

나선애의 정리노트

1. 전진하는 민주주의

- 직선제 개헌 후 국민들의 직접 선거를 통해 평화적으로 정권이
  교체되어 옴
- 민주주의 발전 – 지방 자치 실시, 활발해진 시민운동, 호주제 폐지

2. 경제 위기의 극복과 발전

- 1997년 IMF 외환 위기로 큰 시련을 겪었으나 금 모으기 운동 등 국민들이
  힘을 합해 위기를 극복함
- 이후 1인당 국민 소득이 2만 달러를 넘어섰고, 한국 기업들이 세계 시장에서
  크게 활약함

3. 세계 속의 대한민국

- 2002 한일 월드컵, 한류 열풍 등으로 세계 속에 한국의 위상이 높아짐
- 지구촌으로 하나 되는 세계 안에서 한국 내 외국인, 다문화 가정과
  조화롭게 살아가는 태도가 중요함

4. 한반도의 평화와 통일을 위하여!

- 1991년 남북이 동시에 국제 연합에 가입하고 남북 기본 합의서를 채택함
- 김대중 정부의 '햇볕 정책' 시행
- 2000년 6·15 남북 공동 선언 발표

용선생의 역사 카페

역사계의 슈퍼스타,
용선생의 역사 카페에
오신 걸 환영합니다

Log in

게시판 ∨

📄 역사가 제일 쉬웠어용!
📄 이제는 더~ 말할 수 있다!
📄 필독! 용선생의 매력 탐구
📄 전교 1등 나선애의 비밀 노트

한국을 도운 에티오피아, 에티오피아를 돕는 한국

아프리카 대륙의 에티오피아에는 '한국촌(Korean Village)'이라는 마을이 있어. 한국인이 모여 사는 곳이냐구? 아니야. 바로 6·25 전쟁 때 국제 연합군의 일원으로 참전한 에티오피아 군인들이 모여 살았던 마을이야. 에티오피아는 아프리카 국가 중 유일하게 우리나라에 군대를 보내 준 나라야. 당시 6,000여 명의 에티오피아 군인들이 강원도 철원, 화천 일대에서 힘껏 싸웠지.

60여 년이 지난 지금, 우리나라는 전쟁의 폐허를 딛고 눈부신 성장을 이루었어. 하지만 안타깝게도 당시 우리를 도왔던 에티오피아는 현재 세계에서 가장 가난한 나라 중 하나야. 우리나라는 '우리가 받았던 도움을 국제 사회에 되돌려 주자'는 마음가짐으로 에티오피아를 돕는 데 힘쓰고 있어.

우리나라는 1960년대 후반부터 에티오피아를 원조해 왔고, 1996년에는 한국 국제 협력단(KOICA)이 아프리카 국가로는 처음으로 에티오피아를 협력 국가로 지정해 개발 사업을 운영하고 있어. 한국 국제 협력단이 에티오피아에서 가장 중점을 두고 있는 사업 중 하나는 '교육'이야. 당장 필요한 물질적 지원도 중요하지만 이들이 가난의 대물림에서 벗어날 수 있게 해 주려면 교육이 우선되어야 한다고 본 거지.

해외 봉사단 선생님이 진행하는 미술 수업

한국 국제 협력단은 2004년부터 '한국촌'에 초등학교를 세우는 사업을 진행했어. 2006년 완공된 초등학교의 이름은 '히브레 피레'. 이곳 사람들의 말로 '협력의 아름다운 결과'라는 뜻이야. '히브레 피레' 초등학교의 설립으로 참전 군인의 후손들이 제대로 된 교육을 받을 수 있게 되었어. '히브레 피레'에선 한국 국제 협력단에서 파견한 봉사 단원들이 수학, 음악, 미술, 체육, 컴퓨터, 한국어를 가르치고 있어. 한국에서 온 열정적인 선생님들 덕분에 '히브레 피레'는 이제 주변에서 가장 좋은 명문 학교가 되었다고 해.

COMMENTS

장하다 : 나도 봉사단에 들어갈래. 나는 아이들에게 축구를 가르쳐 주겠다. 으하하하!

↳ 용선생 : 그래! 해외 봉사단에 뽑히려면 자기 분야의 전문가여야 한단다. 지금부터 준비해서 꼭 뽑히도록!

한국사 퀴즈 달인을 찾아라!

01 ★★☆☆☆

다음은 2000년에 일어난 역사적인 한 장면이야! 남북의 두 정상이 처음으로 만나 통일 문제에 대해 많은 이야기를 나누고 이 선언을 발표하였지. 이 장면과 관련 있는 선언은 무엇일까? (   )

02 ★★★☆☆

수재가 1990년대 이후 우리나라 경제 상황에 대해 정리하고 있어. 밑줄 친 부분 중 연결이 잘못되어 있는 내용을 골라 줘!

(   )

우리나라는 1990년대에 들어와 1인당 국민 소득이 1만 달러를 넘어서고 ① OECD에도 가입하면서 선진국 대열에 들어선 것 같았어. 그런데 1997년 ② IMF 외환 위기가 터지면서 나라 경제가 매우 어려워졌어. 힘든 상황에서도 우리 국민들은 ③ 국채 보상 운동을 벌여 나라 빚을 갚기 위해 애썼어. 결국 우리나라는 2001년 8월 예정보다 빨리 빚을 갚을 수 있었단다. 그 이후로도 우리 국민들은 열심히 일하며 다시 달려 나갔어. 2007년에는 1인당 국민 소득이 2만 달러를 넘어섰고 이제는 ④ 반도체와 정보 통신 기술 분야에서 세계 최고 수준을 자랑하고 있어.

도착!

04 ★★★★★

장하다가 옛 신문 기사에서 다음 연설을 보았어. 이 당시 정부에서 추진한 정책으로 옳은 것은 무엇일까? (   )

지난해 남과 북은 유엔에 동시 가입한 후 대결과 단절의 시대를 끝내고 평화와 공영의 새 시대를 열기로 합의했습니다.(…) 이제 우리에게 통일은 소망이 아니라 현실로 다가오고 있습니다.

① 한·일 월드컵

② 남북 정상의 만남

③ 남북 기본 합의서 교환

④ 금 모으기 운동

03 ★★★★☆

우리나라 민주주의의 발전에 대해 말하고 있어. 틀린 말을 하는 사람은 누구일까?

(   )

 ① 국가 인권 위원회가 세워져서 국민의 자유와 인권을 보장하는 일에 힘쓰고 있어.

 ② 지방 자치 제도를 통해서 도지사나 시장, 구청장, 군수 등을 대통령이 임명하게 되었지.

 ③ 호주제를 폐지해서 여성에 대한 차별이 대물림되는 일을 막았지.

 ④ 시민들이 직접 나서서 사회 문제들을 해결하기 위해 활동하는 시민운동이 발전하고 있어.

• 정답은 357쪽에서 확인하세요!

자연 유산을 간직한
순천에 가다

떠나 볼까?

용선생 현장 강의

전라남도 동남쪽에 위치한 순천은 자연 환경이 잘 보존된 생태 도시야. 사람과 자연이 서로 조화를 이뤄 함께 살아가는 곳인 순천으로 떠나 볼까?

순천만 습지

드넓게 펼쳐진 갯벌이 참 아름답지? 친구들과 함께 순천만 습지를 가 봤어. 순천만 갯벌은 지역 개발 때문에 없어질 뻔하다가 순천 시민들의 노력으로 지금까지 보존될 수 있었대. 이후 세계가 보호해야 할 자연 유산으로도 인정받아 유네스코 세계 자연 유산으로 등재되었지.

순천만 갯벌 갯벌에 펼쳐진 드넓은 갈대밭과 S자형의 물길이 아름다워. 전망대에서 바라보는 일몰도 장관이지.

순천만 갈대밭 하천의 하류에 펼쳐진 습지에는 갈대밭이 있어. 이곳엔 수많은 물고기들이 살고 있는데, 온갖 새들이 물고기들을 잡아먹으려고 갈대밭에 찾아 와. 새들은 갈대밭에서 겨울의 찬 바람을 피하기도 하지. 순천만이 희귀 조류의 서식지가 된 데에는 이 갈대밭의 역할이 매우 크다고 해.

순천만에는 무려 축구장 100개를 합친 넓이의 갈대밭이 있었어. 바람에 따라 살랑살랑 흔들리는 갈대 사이를 걷고 있으니 내가 갈대밭 안에 포근히 안긴 느낌이 들었지. 갈대꽃이 피는 가을 무렵이면 수많은 관광객이 아름다운 순천만 습지를 찾아온대!

짱뚱어 톡 튀어나온 눈이 귀엽지? 순천만 갯벌에서 볼 수 있는 물고기야. 순천의 마스코트이기도 해.

흑두루미 순천의 또 다른 마스코트이자 국제 멸종 위기종이기도 해. 순천만은 흑두루미의 세계 최대 월동지야.

순천만 국가 정원 우리나라 최초의 국가 정원이야. 국가 정원은 나라에서 만들고 운영하는 정원을 말해.

순천만 국가 정원

히야~ 저 꽃들 좀 봐. 정말 아름답지? 순천만 습지에서 북쪽으로 걸어 올라가면 순천만 국가 정원이 나와. 2013년 순천만 국제 정원 박람회가 이곳에서 열렸는데, 박람회가 끝난 뒤 박람회장을 개조해 국가 정원으로 운영하고 있는 거래. 활짝 피어난 각양각색의 꽃과 세계 여러 나라의 정원을 구경했는데, 다채로운 풍경이 참 예뻤어!

송광사

순천에는 유서 깊은 절도 많아. 송광사는 신라 말에 지어진 작은 절이었는데, 1200년 고려의 지눌 스님이 이곳에서 도를 닦기 시작하면서 큰 절이 되었대. 송광사는 훌륭한 스님을 많이 배출한 절이라 하여 승보 사찰이라고도 불려. 그리고 국보로 지정된 건물과 불상, 불화도 있으니 꼭 가보도록 해!

순천 드라마 촬영장

 예전에 부모님들이 어떻게 살았는지 궁금하다고? 그렇다면 1960~1980년대 동네를 만날 수 있는 순천 드라마 촬영장을 추천할게! 이곳은 서울 관악구 옛 달동네를 그대로 재현한 곳이야. 드라마 〈사랑과 야망〉, 영화 〈말모이〉 등 많은 작품들이 이곳에서 촬영되었지. 친구들과 함께 옛날 교복을 입고 한참을 놀았어. 타임머신을 타고 시간 여행을 하는 기분이었지!

짱뚱어탕

순천에서만 맛볼 수 있는 짱뚱어탕도 먹었어! 짱뚱어와 된장, 그리고 각종 채소를 넣고 끓여 낸 거야. 여행하며 지친 몸에 불끈 힘을 불어 넣어 주었지!

"엥? 선생님 옷차림이……

오늘 무슨 일 있으세요?"

강바람이 흩날리는 한강 변, 용선생은 줄무늬 양복에 하얗게 반짝이는 구두,
목에는 나비넥타이까지 매고 있었다.

"제자들아, 어찌 이 스승의 깊은 뜻을 몰라주느냐. 오늘은 우리 역사적인
역사반을 마치는 역사적인 날인즉……."

"그래서 역사적으로다가 이런 차림으로 나타나셨다는 말씀?"

"오오냐! 너희들, 솔직히 이 선생님이 이 정도까지 멋있는 줄은 몰랐지?"

더벅머리 한 가닥이 휘릭 그의 눈가를 뒤덮는 모습을 지켜보며 아이들은 아무
대꾸 없이 자리에 앉았다.

"얘들아, 우리 역사적인 마지막 소풍을 그냥 흘려보내면 안 되겠지? 서로
그동안 느낀 것들을 이야기해 보면 어떨까? 수천 년이나 되는 길고 긴 역사가
흐르는 동안 우리 땅에서는 수많은 사람들이 살다 갔고, 셀 수도 없이 많은
일들이 있었잖아. 그중에서 제일 기억에 남는 이야기를 해 보는 거야. 그렇게
이야기를 나누다 보면 그동안 우리가 역사 공부를 통해 무엇을 배웠는지,
역사를 배운 이유가 무엇이었는지도 짚어 볼 수 있을 거야."

잠시 뒤, 아이들이 하나둘 호기심 어린 표정으로 서로를 둘러보기 시작했다.
모두 준비가 되었다는 뜻이었다.

제가 제일 먼저 생각난 건 고려의 왕씨 왕족들이 망한
이야기였어요. 생각해 보니까 나라가 위태로울 때면 꼭
지도자들한테 문제가 있었던 것 같아요. 삼국 통일을 하고
그렇게 잘 나갔던 신라가 무너질 때도 높은 사람들은
사치스럽게 살면서 백성들을 돌보지 않았고, 또 고려가 무너질
때도 비슷했어요. 결론은 역시 지도자들이 제대로 정치를 해야
나라가 평화롭게 유지될 수 있다는 것입니다!

중요한 이야기구나. 높은 자리에 앉아 나라를 이끌어 가는 사람들이 제 몫을
해내지 못하면 나라는 금세 흔들리게 되지. 역사에서 이런 교훈을 잘 배우는
사회라면 같은 실수를 반복할 가능성도 줄어들 거야. 지금은 옛날하고 달라서
지도자들을 국민의 손으로 직접 뽑잖아? 그러니 어떤 사람들을 지도자로 뽑을
것인가도 무척 중요하지.

전 국민들이 직접 해야 할 일도 많다는 생각이 들어요.
옛날에도 높은 사람들이 나라를 잘못 이끌면 농민들이
봉기를 일으켰잖아요? 또 외적 때문에 나라가 위험할 때면
의병 운동이 벌어지기도 하고. 특히 저는 4·19 혁명이랑
민주화 운동에 대해 배우고 나니, 세상을 바꾸는 게 꼭 높은
사람들만 하는 일이 아니구나 싶었어요. 지금 우리나라가
이만큼 민주주의 사회를 이룬 건 국민들이 독재 정치에 맞서
끝까지 싸웠기 때문이잖아요?

암, 그렇고말고. 사회를 발전시켜 가는 것이 지도자들만의 몫은 아니지.
덧붙이면, 민주주의가 겨우 뿌리를 내리기는 했지만, 아직도 우리 사회에는
많은 숙제들이 남아 있어. 이제 여성, 장애인, 외국인 노동자들, 또 너희 같은
어린이와 청소년들이 충분히 자신의 목소리를 내고 권리를 누릴 수 있는 성숙한
사회로 나아가야지. 이런 문제들을 해결해 나가는 데 시민들의 역할은 점점 더
커져 가고 있단다.

저는요, 원래 역사 하면 용감한 장군님들 이야기밖에 몰랐거든요.
근데 지금 생각해 보니까 왕과 왕비, 유명한 장군이나
정치가들 이야기만 역사가 아니었던 거예요. 그냥 평범한
사람들이 다들 어떻게 살았나, 집은 어땠고 어떤 옷에
무얼 먹으며 지냈나, 그런 걸 새로 알아 가는 게 참
재미있었어요. 사람들이 즐거워할 때, 슬퍼할 때는
언제였는지, 이런 이야기들을 더 알고 싶다는 생각이
들어요.

어이구 장하다, 장하구나! 그래, 정치, 경제, 사회의 구조 같은 커다란 줄기만
본다고 역사를 제대로 이해할 수 있는 건 아니지. 지금 우리의 삶이 한두 마디
설명만으로 대신할 수 없는 것이듯, 역사 속 한순간 한순간도 무척 다양하고
복잡한 모습을 갖고 있어. 그러니 '누가 살았지? 어떻게 살았지?'에서 시작해서
하다 말처럼 '왜 그랬을까? 무슨 생각을 했을까? 어떤 감정을 느꼈을까?' 하고
그 시대의 모습에 찬찬히, 한 발짝씩 다가가는 거야. 그러다 보면 사람들의 삶의
모습이 결국은 그 시대의 커다란 줄기와도 연결되어 있음을 느낄 수 있을 거야.

저는 그중에서도 특히 두 가지가 기억에 남아요. 조선 시대 신분 체험했던
거랑 한 많은 한씨 여인 이야기. 남편이 죽었다고 부인한테 따라 죽으라고까지
했던 건 정말 심했어요. 그리고 노비! 신분 체험할 때
잠깐이지만 노비가 되니까 세상이 달라 보이더라고요.
감히 양반들한테 대들 수도 없었고……. 근데 그땐
사람들이 서로 다른 대접을 받는 게 당연했지만,
역사가 흐르면서 달라졌잖아요? 그런 걸 보면 오래
걸리긴 해도 역사는 분명히 더 좋은 쪽으로 바뀌어
온 것 같아요.

호오, 그거 근사한 얘기다! 역사를 있는 그대로 바라보려는 노력도 필요하지만,
역사가 발전해 온 방향을 읽어 내는 것도 중요해. 우리가 공부한 내용 중에는
밝고 힘찬 역사만 있던 게 아니라 슬프고 안타까운 역사도 있었지. 그럼에도
역사는 분명 한 걸음씩 앞으로 전진해 왔어. 물론 거기엔 이 땅에 살다 간
수많은 사람들의 노력과 희생이 숨어 있지. 역사가 앞으로 나아가는 힘을 믿는
것. 이것도 너희가 배운 점이구나!

저는 역사반에 처음 들어와서 배운
이야기들이 제일 많이 기억나요. 곰에서
사람으로 변한 웅녀한테서 태어났던
단군이랑 알에서 태어난 왕들 이야기가
무지 재미있었거든요. 고구려, 신라,
백제가 처음 생길 때 배웠던 신화들이요.

오, 그렇구나. 그 재미난 이야기들이 모두 옛 사람들이 역사를 기록해 온 방식이었지? 그런 이야기들이 전해지지 않았다면 우리가 몇천 년 전, 이 땅에 하나둘 나라가 생겨날 때의 역사를 지금처럼 잘 알기 어려웠을 거야.

 네. 그냥 옛날이야기가 아니라, 진짜 역사가 그 속에 수수께끼처럼 숨어 있다는 게 더 재미있었어요. 꼭 그런 이야기를 통해서 먼 옛날 사람들이 저한테 말을 걸어 주는 것 같은 느낌이 들었거든요.

그 느낌! 나도 알 것 같아. 저는 한강에 와서 그런지, 예전에 갔던 선사 시대 마을이 생각났어요. 그때 사람들은 여기저기 떠돌아다니다가 겨우 농사를 짓기 시작하고 마을에 모여 살기 시작했다고 그랬잖아요? 그러던 사람들이 나라를 세우고 사회는 점점 복잡해져 가고. 그때부터 이 한강에는 아주 많은 사람들이 거쳐 갔을 거예요. 백제 사람들도, 또 고려 때도 조선 때도, 사람들은 계속 이 강가를 지나다녔겠죠. 저는 그 많은 사람들이 각자 다른 모습으로 살다 간 곳에 지금 제가 있다는 사실이 갑자기 무척 신기하게 느껴져요.

히야…… 너희가 온몸으로 역사를 느끼고 있구나! 그래. 선생님이 너희를 오늘 괜히 한강으로 불렀겠니! 이 강은 우리가 그냥 스쳐 지나간다면 오늘의 한강일 뿐이야. 하지만 역사를 떠올리는 순간, 우리는 이 강이 품고 있는 기나긴 시간들, 수많은 사람들과 마주치게 되지. 저 강물을 한번 봐라. 먼 옛날부터 푸르게 흐르던 저 도저한 물결처럼 역사도 지금껏 흘러왔어. 우리는 그 흐름 위에 잔물결을 일으키며 몸을 싣고 있는 거야. 마치 저기 떠가는 유람선처럼. 그리고 지금 이 강, 이 순간 역사의 주인공은 바로 너희들이지!

용선생이 한 마디 한 마디 힘주어 하는 말에 아이들은 가슴이 부풀어 오르는 듯했다. 넓어진 가슴으로 모두 함께 흐르는 강물을 바라보며, 역사반은 잠시 말이 없었다.

짧고도 긴 침묵을 깬 것은 용선생의 비명 소리였다.

"악! 저, 저기 금방 유람선에서 내린 사람! 아니 어떻게 알고 여기까지……? 일단 숨자!"

"네? 숨다니요? 마지막 날까지 이게 무슨……."

용선생은 미적거리는 아이들을 두고 그만 혼자 간이 화장실로 달려갔다. 코를 쥔 채 숨을 참고 있기를 몇 분. 똑똑, 화장실 문을 두드리는 소리가 용선생의 심장을 울렸다.

"지금 대체 뭐하시는 겁니까? 당장 거기서 나오세요, 용선생님!"

'어쩌지? 나가면 뼈도 못 추릴 텐데……. 끝까지 여기서 버틸까? 그랬다간 내일 더 난리가 나겠지? 아이구 망했다!'

삐그덕 문이 열리고, 줄무늬 양복과 나비넥타이의 남자가 세상에서 제일

불행한 표정으로 화장실을 나섰다. 고개 숙인 그의 눈앞으로 뭔가가 곧장
날아들었다.

"이, 이게 뭔가요 교장 선생님?"

"보면 몰라요? 그동안 학부모님들한테 제가 얼마나 많은 얘길 들었는지
압니까?"

"무, 무슨……?"

"다들 용선생님한테 정말 고맙답니다. 나도 솔직히 용선생님이 이렇게까지
역사반을 잘 이끌어 줄지는 몰랐어요. 그래서 오늘 마지막으로 소풍을 간다고
하기에 학교를 대표해서 내가 온 겁니다. 자, 이 떡 케이크 받아요. 그동안
용선생님도 역사반도 모두 수고 많았어요."

넋이 나간 얼굴로 떡 케이크를 바라보던 용선생이 한참 만에 겨우 입을 뗐다.

"제, 제가 진짜 고맙습니다. 쿨쩍……."

"선생님 혹시 지금 우시려고요? 에이,
이제부터 잔치를 시작할 건데요!"

장하다의 말이 신호라도 되는
듯, 둘러선 아이들이 와아, 하며
폭죽을 터뜨렸다.

순식간에 세상에서 제일 행복한
남자가 된 용선생이 고개를 반짝
들었다. 어깨도 쫙악 폈다.

"그래! 잔치 시작이다!"

교과서에 나오는 **한국사-세계사 연표**

한국사

1945년	**1945년 8월**	우리나라가 일제로부터 해방되다
	1946년 3월	제1차 미소 공동 위원회가 열리다
	1946년 7월	좌우 합작 위원회가 만들어지다
	1948년 5월	5·10 총선거가 실시되다
	1948년 8월	대한민국 정부가 수립되다
	1948년 9월	북쪽에 조선 민주주의 인민 공화국이 들어서다
	1949년 1월	반민족 행위 특별 조사 위원회의 활동이 시작되다

대한민국 정부 수립 기념식

1950년	**1950년 6월**	6·25 전쟁이 일어나다
	1952년 7월	발췌 개헌을 하다
	1953년 7월	휴전 협정이 맺어지다
	1954년 11월	사사오입 개헌을 하다

휴전선을 확인하는 두 대표

1960년	**1960년 3월**	대통령 선거에서 많은 부정이 일어나다(3·15 부정 선거)
	1960년 4월	전국적으로 이승만 정부의 독재를 비판하는 시위가 일어나다(4·19 혁명)
	1961년 5월	박정희를 중심으로 군인들이 정변을 일으키다(5·16 군사 정변)
	1962년 1월	제1차 경제 개발 5개년 계획이 발표되다
	1964년 6월	한일 협정에 반대하는 6·3 시위가 일어나다
	1964년 9월	베트남에 군대를 보내다
	1965년 6월	한일 협정이 맺어지다

한일 협정 조인식

1970년	**1970년 7월**	경부 고속 국도가 개통되다
	1970년 11월	전태일이 근로 기준법 준수를 요구하며 스스로 몸에 불을 붙여 사망하다
	1972년 7월	남북이 7·4 남북 공동 성명을 발표하다
	1972년 10월	비상 계엄령이 선포되고 유신 체제가 시작되다
	1973년 12월	장준하가 개헌을 요구하는 백만인 서명 운동을 벌이다
	1974년 1월	긴급 조치 제1호가 발동되다
	1979년 10월	박정희 대통령이 총에 맞아 사망하다(10·26 사태)
	1979년 12월	전두환을 비롯한 신군부가 군사 정변을 일으키다(12·12 사태)

전태일 동상

1980년	**1980년 5월**	광주에서 5·18 민주화 운동이 일어나다
	1987년 6월	전국적으로 6월 민주 항쟁이 일어나다
	1988년 9월	서울 올림픽 대회가 열리다
1990년	**1990년 9월**	소련과 국교를 맺다
	1991년 9월	남북이 국제 연합에 동시 가입하다
	1991년 12월	남북이 남북 기본 합의서를 채택하다

남북 기본 합의서 교환

	1997년 12월	외환 위기로 IMF의 긴급 구제 금융을 받다
2000년	**2000년 6월**	김대중 대통령이 김정일 국방 위원장을 만나 6·15 남북 공동 선언을 발표하다
	2002년 5월	한일 월드컵 축구 대회가 열리다
	2005년 3월	호주제가 폐지되다
	2007년 10월	제2차 남북 정상 회담이 열리다
2010년	**2018년 2월**	평창 동계 올림픽이 열리다

세계사

1945년	**1945**년 **12**월	모스크바 3국 외상 회의가 열리다
	1947년 **3**월	트루먼 미국 대통령이 공산주의와 싸우는 나라를 돕겠다고 선언하다(트루먼 독트린)
	1948년 **6**월	소련이 베를린을 봉쇄하기 시작하다
	1949년 **4**월	공산주의에 반대하는 서유럽 국가들이 집단 방위 조약을 맺다(북대서양 조약 기구)
	1949년 **10**월	중국에 사회주의 국가인 중화 인민 공화국이 세워지다
1950년	**1950**년 **6**월	국제 연합이 6·25 전쟁에 국제 연합군을 파병하다
	1952년 **7**월	이집트에서 쿠데타가 일어나 왕정이 폐지되고 공화정이 시작되다
	1955년 **4**월	인도네시아 반둥에서 아시아·아프리카 29개국이 모여 제국주의와 인종주의에 반대하다
	1959년 **1**월	쿠바에 혁명이 일어나 독재 정권이 물러나고 사회주의 정권이 들어서다
1960년	**1960**년 **1**월	카메룬 공화국을 시작으로 아프리카의 17개국이 독립하여 '아프리카의 해'를 맞이하다
	1961년 **8**월	서독으로 탈출하는 주민들을 막기 위해 동독이 베를린에 장벽을 쌓다
	1962년 **10**월	소련이 쿠바에 핵미사일을 배치하려고 하여 미국과 전쟁이 일어날 뻔하다
	1964년 **8**월	미국이 베트남 전쟁에 참여하다
	1968년 **5**월	프랑스에서 사회 변혁을 요구하는 68 혁명이 일어나다
	1969년 **7**월	아폴로 11호가 최초로 달에 착륙하다

국제 연합의 결의

1970년	**1970**년 **3**월	미국, 영국, 소련 등 세계 56개국이 합의한 핵 확산 금지 조약이 발효되다
	1972년 **2**월	닉슨 미국 대통령이 중국을 방문하다
	1973년 **10**월	제4차 중동 전쟁이 벌어져 석유 파동이 일어나다
	1975년 **4**월	베트남 전쟁이 끝나다
	1978년 **12**월	미국과 중국이 국교를 정상화하다
	1979년 **12**월	소련이 아프가니스탄을 침공하다

미국과 중국의 외교

1980년	**1985**년 **3**월	소련의 고르바초프가 공산당 서기장이 되어 개혁을 실시하다
	1989년 **6**월	중국에서 민주화를 요구하는 대규모 시위가 발생하다(톈안먼 사건)
	1989년 **11**월	독일의 베를린 장벽이 무너지다
1990년	**1990**년 **10**월	동독과 서독이 하나의 독일로 통일되다
	1991년 **12**월	소련이 해체되고 독립 국가 연합이 탄생하다
	1993년 **11**월	유럽 연합(EU)이 결성되다
	1993년 **12**월	남아프리카 공화국에서 인종 차별 철폐에 힘쓴 넬슨 만델라가 노벨 평화상을 받다

무너진 베를린 장벽

2000년	**2001**년 **9**월	미국 국방부 청사와 세계 무역 센터에 비행기를 이용한 테러가 발생하다(9·11 테러)
	2003년 **3**월	미국이 이라크를 침공하다
2010년	**2015**년 **12**월	프랑스 파리에서 전 세계 국가들이 온실 가스 감축에 관한 협약을 맺다

찾아보기

참고문헌

도록 및 사진집

《80년 5월에서 87년 6월로》, (사)6월항쟁계승사업회·민주화운동기념사업회, 2007

《가까운 옛날》, 국립중앙박물관·20세기민중생활사연구단, 2004

《격동반세기》, 문화관광부, 1998

《격동의 시대 서울》, 서울역사박물관, 2012

《대한민국 50년 제2의 건국》, 한국사진기자회, 1998

《대한민국 정부 기록사진집》 1~11, 공보실, 2002~2012

《대한민국역사박물관》, 대한민국역사박물관, 2012

《백범김구사진자료집》, 백범김구선생기념사업회, 2012

《사진으로 보는 서울》 1~7, 서울특별시편찬위원회, 2002~2012

《사진으로 보는 한국 백년》, 동아일보사, 1978

《사진으로 본 감격과 수난의 민족사》, 조선일보사, 1998

《오월, 민주주의의 승리》, 5·18 기념재단, 2006

《오월, 우리는 보았다》, 5·18 기념재단, 2004

《캠페인을 보면 사회가 보인다》, 서울시립대학교박물관, 2002

고명진, 《다시 쓰는 그날 그 거리》, 한국방송출판, 2010

박도, 《지울 수 없는 이미지》 1~3, 눈빛, 2004~2007

신복진, 《광주는 말한다》, 눈빛, 2006

이경모, 《격동기의 현장》, 눈빛, 1989

전민조, 《그때 그 사진 한 장》, 눈빛, 2000

교과서

초등학교 5학년 2학기 《사회》, 2015

초등학교 5학년 2학기 《사회》, 2019

초등학교 6학년 1학기 《사회》, 2016

초등학교 6학년 1학기 《사회》, 2019

초등학교 《사회과부도》, 2019

노대환 외, 중학교 《역사2》, 2020

최준채 외, 고등학교 《한국사》, ㈜금성출판사, 2020

책

《브리태니커 대백과사전》, 한국 브리태니커 회사, 1994

《한국민족문화대백과사전》, 한국정신문화연구원, 1991

(사)신산업전략연구원, 《대한민국 기업사 2》, 주영사, 2010

강응천, 《역사가 흐르는 강, 한강》, 웅진주니어, 2007

강이수, 《1920~60년 한국 여성노동시장 구조의 사적 변화》, 1993

강준만, 《한국현대사산책 1940년대편》 1~2권, 인물과사상사, 2004

강준만, 《한국현대사산책 1950년대편》 1~3권, 인물과사상사, 2004

강준만, 《한국현대사산책 1960년대편》 1~3권, 인물과사상사, 2004

강준만, 《한국현대사산책 1970년대편》 1~3권, 인물과사상사, 2002

강준만, 《한국현대사산책 1980년대편》 1~3권, 인물과사상사, 2003

고경태, 《대한국民 현대사》, 푸른숲, 2013

교과서포럼, 《대안교과서 한국 근·현대사》, 기파랑, 2008

김기협, 《해방일기 4》, 너머북스, 2012

김성보 외, 《사진과 그림으로 보는 북한 현대사》, 웅진지식하우스, 2004

김성보, 《북한의 역사 1》, 역사비평사, 2011

김육훈, 《살아있는 한국 근현대사 교과서》, 휴머니스트, 2006

김정남, 《4·19 혁명》, 민주화운동기념사업회, 2004

김진국 외, 《www.한국현대사.com》, 민연, 2000

김태호, 《박종철 평전》, 박종철출판사, 2002

김행선, 《유신체제기 통일주체국민회의의 권한과 활동》, 선인, 2014

김흥식·고지훈, 《1면으로 보는 한국 근현대사》 1권, 서해문집, 2009

김흥식·고지훈, 《1면으로 보는 한국 근현대사》 3권, 서해문집, 2011

박완서, 《그 산은 정말 거기 있었을까》, 웅진지식하우스, 1995

박태균, 《한국 전쟁》, 책과함께, 2005

서중석, 《6월 항쟁》, 돌베개, 2011

서중석, 《대한민국 선거이야기》, 역사비평사, 2008

서중석, 《사진과 그림으로 보는 한국현대사》, 웅진지식하우스, 2013

서중석, 《이승만과 제1공화국》, 역사비평사, 2007

서중석, 《한국 현대 민족운동 연구 1 : 해방후 민족국가 건설운동과 통일전선》, 역사비평사, 1993

서중석, 《한국현대사 60년》, 역사비평사, 2007

석혜원, 《대한민국 경제사》, 미래의 창, 2012

역사비평 편집위원회, 《논쟁으로 읽는 한국사 2》, 역사비평사, 2009

역사비평 편집위원회, 《역사용어 바로쓰기》, 역사비평사, 2006

유시춘, 《6월민주항쟁》, 민주화운동기념사업회, 2009

이기형, 《여운형 평전》, 실천문학사, 2004

이연식, 《조선을 떠나며》, 역사비평사, 2012

이임하, 《여성, 전쟁을 넘어 일어서다》, 서해문집, 2004

이임하, 《전쟁미망인, 한국현대사의 침묵을 깨다》, 책과함께, 2010

이임하, 《한국전쟁과 여성노동의 확대》, 2003

이종석, 《북한의 역사 2》, 역사비평사, 2011

장달중 편, 《현대북한학강의》, 사회평론, 2013

정용욱, 《해방 전후 미국의 대한정책 : 과도정부 구상과 중간파 정책을 중심으로》, 서울대학교 출판부, 2004

정주영, 《이 땅에 태어나서》, 솔, 2009

정진성·안진, 《한국현대여성사》, 한울아카데미, 2004

정태헌, 《문답으로 읽는 20세기 한국현대사》, 역사비평사, 2010

정해구, 《10월 인민항쟁 연구》, 열음사, 1988

정해구, 《전두환과 80년대 민주화운동》, 역사비평사, 2011

정혜주, 《유신헌법반대운동》, 민주화운동기념사업회, 2006

조호상·김영미, 《시골소녀 명란이의 좌충우돌 서울살이》, 사계절, 2013

조희연, 《박정희와 개발독재시대》, 역사비평사, 2007

최규석, 《100℃》, 창비, 2009

최영희, 《격동의 해방3년》, 한림대학교출판부, 1996

한국구술사학회, 《구술사로 읽는 한국전쟁》, 휴머니스트, 2011

한국사연구회, 《새로운 한국사 길잡이》 하, 지식산업사, 2009

한국생활사박물관 편찬위원회, 《한국생활사박물관》 12, 사계절출판사, 2004

한국역사연구회, 《우리는 지난 100년간 어떻게 살았을까》 1~3, 역사비평사, 1998

한홍구, 《한홍구와 함께 걷다》, 검둥소, 2009

사진 제공

12 몽양여운형선생기념사업회 / 16 눈빛출판사 / 17 눈빛출판사 / 18 왼쪽 눈빛출판사, 오른쪽 몽양여운형선생기념사업회 / 25 연합뉴스 / 26 왼쪽 · 오른쪽 눈빛출판사 / 33 왼쪽 뉴스뱅크, 오른쪽 백범김구기념관 / 37 AP Images / 39 동아일보 / 45 뉴스뱅크 / 47 위키피디아 / 49 고려대학교박물관 / 50 대한민국역사박물관 / 53 백범김구기념관 / 56 왼쪽 독립기념관, 오른쪽 뉴스뱅크 / 58 뉴스뱅크 / 59 독립기념관 / 60 눈빛출판사 / 76 눈빛출판사 / 78 눈빛출판사 / 79 연합뉴스 / 80 연합뉴스 / 82 유로크레온 / 83 눈빛출판사 / 84 유로크레온 / 87 눈빛출판사 / 88 대한민국역사박물관 / 92 북앤포토 / 93 연합뉴스 / 95 눈빛출판사 / 97 뉴스뱅크 / 101 고성군 통일전망대 / 108~109 뉴스뱅크 / 110 국가기록원 / 111 국가기록원 / 112 왼쪽 LIFE지, 오른쪽 뉴스뱅크 / 113 사계절출판사 / 117 대한민국역사박물관 / 118 고성군청, DMZ 박물관 / 119 고성군청 / 120 크라우드픽, 게티이미지뱅크 / 121 traveling Jiny, 크라우드픽 / 125 뉴스뱅크 / 126 왼쪽 뉴스뱅크, 오른쪽 이미지클릭 / 127 눈빛출판사 / 132 북앤포토 / 133 북앤포토 / 138 연합뉴스 / 139 위키피디아 / 142 연합뉴스 / 145 왼쪽 북앤포토, 오른쪽 민주화운동기념사업회(3·15 의거기념사업회) / 146 북앤포토 / 147 북앤포토 / 148 뉴스뱅크 / 149 북앤포토 / 150 동아일보 / 151 왼쪽 · 오른쪽 북앤포토 / 152 뉴스뱅크 / 157 드미트리보리아 / 158 연합뉴스 / 166 북앤포토 / 169 북앤포토 / 172 북앤포토 / 175 북앤포토 / 176 연합뉴스 / 179 《68 보도사진연감》 / 182 오른쪽 북앤포토 / 184 뉴스뱅크 / 185 연합뉴스 / 187 뉴스뱅크 / 188 국가기록원 / 193 뉴스뱅크 / 195 정부기록사진집 / 197 뉴스뱅크 / 202 연합뉴스 / 212 중앙일보 / 214 왼쪽 뉴스뱅크, 오른쪽 연합뉴스 / 219 북앤포토 / 220 전태일재단 / 227 북앤포토 / 230 뉴스뱅크 / 231 왼쪽 정부기록사진집, 오른쪽 정부기록사진집 / 232 왼쪽 동아일보, 오른쪽 뉴스뱅크 / 235 왼쪽 위 농심 · 오리온제과, 왼쪽 아래 LG생활건강 · 삼양식품, 오른쪽 국립민속박물관 · 대한민국역사박물관 / 236 왼쪽 뉴스뱅크, 오른쪽 위키피디아 / 239 뉴스뱅크 / 240 왼쪽 경향신문, 오른쪽 뉴스뱅크 / 241 왼쪽 이장희, 오른쪽 김추자 / 254 위 정부기록사진집, 아래 연합뉴스 / 256 북앤포토 / 258 위 왼쪽 · 오른쪽 · 아래 5·18기념재단 / 259 5·18기념재단 / 261 양재향 / 262 뉴스뱅크 / 265 민주화운동기념사업회(경향신문) / 268 동아일보 / 270 뉴스뱅크 / 271 뉴스뱅크 / 273 뉴스뱅크 / 274 동아일보 / 275 위 고명진, 아래 경향신문 / 279 뉴스뱅크 / 281 연합뉴스 / 282 연합뉴스 / 287 중앙일보 / 288 연합뉴스 / 296 중앙일보 / 297 중앙일보 / 298 연합뉴스 / 301 왼쪽 · 오른쪽 뉴스뱅크 / 302 연합뉴스 / 305 뉴스뱅크 / 307 연합뉴스 / 308 연합뉴스 / 313 뉴스뱅크 / 317 뉴스뱅크 / 318 Alamy / 315 연합뉴스 / 316 뉴스뱅크 / 317 연합뉴스 / 318 연합뉴스 / 327 한국 국제협력단 / 328 Joseph A Ferris Ⅲ / 338 조성근 한국관광공사 / 339 순천시청 / 340 순천시청 / 341 순천시청

* 이 책에 쓴 사진은 해당 사진을 보유하고 있는 단체와 저작권자의 허락을 받아 게재한 것입니다.
* 저작권자를 찾지 못하여 게재 허락을 받지 못한 사진은 저작권자를 확인하는 대로 게재 허락을 받고, 출판사 통상 기준에 따라 사용료를 지불하겠습니다.

정답

1교시

01 ④
02 ③-④-①-②
03 ④
04 ③
05 여운형

2교시

01 ②
02 ③
03 ④
04 ②
05 ②-④-③-①

3교시

01 ④
02 국제 연합 안전 보장 이사회, 국제 연합군
03 ④
04 ①
05 이산가족

4교시

01 ②
02 ②
03 ③
04 ④
05 ③-⑤-④-②-①

5교시

01 ②
02 ③, ②
03 ①
04 ②-③-①-④-⑤

6교시

01 경공업, 중화학 공업
02 ④
03 새마을 운동
04 아파트, 달동네
05 ②

7교시

01 12·12 사태
02 ②
03 ②, ③
04 6·29 민주화
05 ①

8교시

01 6·15 남북 공동 선언
02 ③
03 ②
04 ③

용선생의 시끌벅적 한국사 ⑩ 우리가 사는, 우리가 만들 대한민국

저자 현장 강의 전면 개정판(양장판) 1쇄 발행 2023년 5월 2일
저자 현장 강의 전면 개정판(양장판) 2쇄 발행 2024년 8월 23일

글 금현진, 김진 | 그림 이우일
정보글 오제연, 박수현, 우동현, 조은희, 정은미 | 지도 조고은 | 기획 세계로
검토 및 추천 전국초등사회교과모임
자문 및 감수 김영미
어린이사업본부 이승필
편집 김형겸, 오영인
마케팅 윤영채, 정하연
경영지원 나연희, 주광근, 오민정, 정민희, 김수아, 김승현
디자인 가필드
조판 디자인 구진희, 최한나
사진 북앤포토, 포토마토

펴낸이 윤철호
펴낸곳 (주)사회평론
전화 02-326-1182
팩스 02-326-1626
주소 03993 서울시 마포구 월드컵북로6길 56 사평빌딩
용선생 클래스 yongclass.com
용선생 카페 cafe.naver.com/yongyong
출판등록 1993년 10월 6일 제 10-876호

ⓒ 사회평론, 2016

ISBN 979-11-6273-275-5 63900

• 이 책 내용의 일부나 전부를 다시 사용하려면 저작권자와 사회평론의 동의를 받아야 합니다.
• 잘못 만들어진 책은 구입하신 곳에서 바꾸어 드립니다.

종이에 손을 베지 않도록 주의하세요.
책 모서리에 다칠 수 있으니 책을 던지지 마세요.

이 책을 읽고 추천해 주신 선생님들

강관섭 안산디자인문화고등학교 · 강성기 월랑초등학교 · 강수미 서울홍일초등학교 · 강진영 백록초등학교

고정숙 애월초등학교 더럭분교장 · 고혜숙 신영초등학교 · 고환수 한려초등학교 · 곽병현 표선초등학교

국현숙 영서초등학교 · 권순구 용황초등학교 · 권영성 매곡초등학교 · 권용수 복주초등학교

김경아 아화초등학교 · 김경태 죽전초등학교 · 김대운 신광중학교 · 김도한 화성금곡초등학교

김량현 아양초등학교 · 김미송 성산초등학교 · 김미은 월포초등학교 · 김봉수 기산초등학교

김상옥 인계초등학교 · 김선영 화명초등학교 · 김선화 연수초등학교 · 김설화 제일고등학교

김영주 수완중학교 · 김영희 용황초등학교 · 김옥진 양천초등학교 · 김용현 남원산내초등학교

김우현 한산초등학교 · 김은희 광주동산초등학교 · 김재훈 동랑초등학교 · 김정현 서울수송초등학교

김종관 광주동산초등학교 · 김종훈 우만초등학교 · 김주섭 용남초등학교 · 김진호 경일관광경영고등학교

김현수 이리부송초등학교 · 김현애 영림초등학교 · 남궁윤 평창초등학교 · 박상명 백산초등학교

박상철 광주동산초등학교 · 박성현 상일초등학교 · 박순정 서울남사초등학교 · 박옥주 충주삼원초등학교

박정용 반곡초등학교 · 박종영 광주봉주초등학교 · 배영진 무주적상초등학교 · 배옥영 서울정심초등학교

백승춘 남신초등학교 · 서단 가포초등학교 · 서윤영 황곡초등학교 · 성주연 대구불로초등학교

손유라 교동초등학교 · 손흥호 대구비봉초등학교 · 송준언 서울봉은초등학교 · 신대광 원일중학교

신민경 함덕초등학교 선인분교 · 신은희 서울개웅초등학교 · 양은희 서울문교초등학교 · 양창훈 가락초등학교

양해준 호반초등학교 · 양혜경 복주초등학교 · 양혜경 서울탑동초등학교 · 위재호 서울수송초등학교

윤경숙 새금초등학교 · 윤일영 서울수송초등학교 · 이건진 서광초등학교 · 이기남 본촌초등학교

이수미 운동초등학교 · 이연민 황곡초등학교 · 이유리 황곡초등학교 · 이정욱 대구남산초등학교

이종호 순천도사초등학교 · 이준혁 안계초등학교 · 이지영 서울우이초등학교 · 이충호 가락초등학교장

이혜성 금부초등학교 · 이훈재 서울봉은초등학교 · 전영옥 군자중학교 · 정민영 대운초등학교

정의진 여수여자중학교 · 조성래 진안초등학교 · 조성실 치악초등학교 · 조윤정 서울수송초등학교

진성범 용수초등학교 · 진유미 원봉초등학교 · 진현 황곡초등학교 · 최보람 연수초등학교

최수형 운산초등학교 · 최재혁 남수원초등학교 · 하은경 대반초등학교 · 하혜정 춘천농공고등학교

허승권 비봉고등학교 · 홍경남 서울수송초등학교 · 홍지혜 자여초등학교 · 홍효정 대구동부초등학교

황승길 안성초등학교 · 황은주 검바위초등학교 · 황철형 백동초등학교